Die Hierarchie des Ärztlichen Dienstes im Spannungsfeld
von Direktionsrecht und freiem Beruf

Europäische Hochschulschriften
Publications Universitaires Européennes
European University Studies

Reihe II
Rechtswissenschaft

Série II   Series II
Droit
Law

Bd./Vol. 1819

PETER LANG
Frankfurt am Main · Berlin · Bern · New York · Paris · Wien

Oliver Lücke

Die Hierarchie des Ärztlichen Dienstes im Spannungsfeld von Direktionsrecht und freiem Beruf

PETER LANG
Europäischer Verlag der Wissenschaften

Die Deutsche Bibliothek - CIP-Einheitsaufnahme

Lücke, Oliver:
Die Hierarchie des ärztlichen Dienstes im Spannungsfeld von Direktionsrecht und freiem Beruf / Oliver Lücke. - Frankfurt am Main ; Berlin ; Bern ; New York ; Paris ; Wien : Lang, 1995
(Europäische Hochschulschriften : Reihe 2, Rechtswissenschaft ; Bd. 1819)
Zugl.: Regensburg, Univ., Diss., 1995
ISBN 3-631-49221-9

NE: Europäische Hochschulschriften / 02

D 355
ISSN 0531-7312
ISBN 3-631-49221-9
© Peter Lang GmbH
Europäischer Verlag der Wissenschaften
Frankfurt am Main 1995
Alle Rechte vorbehalten.

Das Werk einschließlich aller seiner Teile ist urheberrechtlich geschützt. Jede Verwertung außerhalb der engen Grenzen des Urheberrechtsgesetzes ist ohne Zustimmung des Verlages unzulässig und strafbar. Das gilt insbesondere für Vervielfältigungen, Übersetzungen, Mikroverfilmungen und die Einspeicherung und Verarbeitung in elektronischen Systemen.

Meinem Vater in Erinnerung
Meiner Mutter in Dankbarkeit
Meiner Frau in Liebe

"Der Beruf des Arztes ist, wie keiner Ausführungen im einzelnen bedarf, in einem hervorragenden Maß ein Beruf, in dem die Gewissensentscheidung des einzelnen Berufsangehörigen im Zentrum der Arbeit steht. In den entscheidenden Augenblicken seiner Tätigkeit befindet sich der Arzt in einer unvertretbaren Einsamkeit, in der er - gestützt auf sein fachliches Können - allein auf sein Gewissen gestellt ist."

(BVerwGE 27, 303 (305))

INHALTSVERZEICHNIS

Vorwort ... 9

A. EINFÜHRUNG ... 10

I. Aufriß der Problematik ... 10

    1. Einleitung ... 10
    2. Direktionsrecht ... 12

II. Aufgabenstellung ... 13

III. Die Organistation des ärztlichen Dienstes ... 14

    1. Der Ärztliche Direktor ... 15
    2. Der Chefarzt ... 16
    3. Der Oberarzt ... 16
    4. Der Assistenzarzt ... 16
        a) Der Assistenzarzt mit Gebietsbezeichnung ... 17
        b) Der Assistenzarzt ohne Gebietsbezeichnung ... 17
    5. Der Arzt im Praktikum ... 17

IV. Grundzüge der angewandten Methode ... 18

B. UMFANG UND GRENZEN DES DIREKTIONSRECHTES 21

I. Das Direktionsrecht gegenüber Chefärzten 21

1. Der Chefarztvertrag 21
2. Der Ausschluß des Direktionsrechts 21
   a) Die Bedeutung des Berufs- und Standesrechts 21
      aa) § 14 Abs. 1 Satz 2,3 Musterberufsordnung (MuBO) 21
      bb) Die Rechtsnatur von Berufsordnungen 22
         (1) Berufs- und Standesrecht 22
         (2) Meinungsstand 23
         (3) Stellungnahme 23
            (a) Berufsordnungen im allgemeinen 23
            (b) Die Länderberufsordnungen der Ärzte
                im besonderen 24
               (aa) Rechtsverordnung 25
               (bb) Satzung 25
         (4) Zwischenergebnis 26
      cc) Bindung der Arbeitgeber an die Berufsordnung? 27
         (1) Die Bindungswirkung der Satzung 27
         (2) Der Arbeitsvertrag und seine Auslegung 27
         (3) Der Ärztliche Direktor als konkreter Prinzipal? 28
   b) Die "Natur der Sache" 29
   c) Arbeitsvertraglicher Ausschluß des Direktionsrechts 30
   d) Zusammenfassung: Erstes Ergebnis 30

II. Das Direktionsrecht gegenüber nachgeordneten Ärzten 31

1. Der Ausschluß des Direktionsrechts 31
   a) Arbeitsvertraglicher Ausschluß 31
   b) Die "Natur der Sache" 31
   c) Die Bedeutung des § 14 Abs. 1 Satz 2,3 MuBO 31
      aa) Die Divergenz zwischen arbeitsvertraglicher Rechts-
          beziehung und faktischer Direktionsrechtsausübung 31
      bb) Rechtsvernichtende oder rechtshemmende Wirkung
          des §14 Abs. 1 Satz 2,3, MuBO 32
      cc) Die Rechtsnatur der "Übertragung" des Direktionsrechts 33
         (1) Die Abtretung gemäß § 398 BGB 34
            (a) Die Abtretung des Anspruchs auf die
                Arbeitsleistung 34
            (b) Die isolierte Abtretung des Direktionsrechts 34
         (2) Die Ausübungsermächtigung 35
         (3) Die Stellvertretung 36
            (a) Allgemeines 36
            (b) Kritik 37
            (c) Zwischenergebnis 38

2. Die Bedeutung des "freien Berufes" 38
   a) § 1 Abs. 1 Bundesärzteordnung (BÄO) 38
   b) Der Begriff des "freien Berufes" 38
      aa) Vorbemerkung 38
      bb) Die Entwicklung der wissenschaftlichen Diskussion 39
         (1) Triepel 40
         (2) Heuß 40
         (3) Feuchtwanger 41
         (4) Scheuner 42
         (5) Deneke 43
         (6) Fleischmann 43
         (7) Michalski 44
         (8) Fuhrmann 44
         (9) Taupitz 45
   c) Wesen und Inhalt des Rechtsbegriffes "freier Beruf" 46
      aa) Einführung 46
      bb) Die Bedeutung des § 18 Abs. 1 Nr.1 EStG 47
      cc) Der aus dem Berufsrecht zu entwickelnde Begriff des
          freien Berufes 50
         (1) Die besondere verfassungsrechtliche Sozialrelevanz 51
            (a) Der bisherige Ansatz von der Allgemeinwohl-
                verpflichtung 51
            (b) Der Ansatz von der besonderen verfassungs-
                rechtlichen Sozialrelevanz 53
         (2) Das Vertrauensverhältnis 56
            (a) Der bisherige Ansatz vom besonderen
                Vertrauensverhältnis 56
            (b) Das personenbezogene gesteigerte Vertrauens-
                verhältnis 57
            (c) Die sachliche Komponente des Vertrauens-
                verhältnisses nach Michalski 61
            (d) Kritik 61
            (e) Die berufsstandsbezogene berufsfunktionale
                Dimension nach Taupitz 64
         (3) Die Freiheit vom Staat 65
         (4) Die Weisungsunabhängigkeit 67
         (5) Weitere Merkmale 70
      dd) Der Rechtsbegriff des freien Berufes 70
         (1) Typus- oder Klassenbegriff 70
         (2) Definition 72
      ee) Verhältnis zum Steuerrecht 73
   d) Zusammenfassung: Zweites Ergebnis 73

3. Die Problematik fachlicher Weisungs(un-)abhängigkeit
   beamteter Ärzte 74
   a) Vorbemerkung 74
   b) Die fachliche Weisungsunabhängigkeit beamteter Ärzte 75
      aa) Die vertragliche Regelung 75
      bb) Die "Natur der Sache" 75
      cc) Die Bedeutung des Berufsrechts 75

III. Auswirkungen des Kernbereichs fachlicher Weisungsunabhängigkeit nachgeordneter Ärzte auf die Organisationsstruktur im Krankenhaus — 77

1. Das Direktionsrecht gegenüber Ärzten mit Gebietsbezeichnung — 77
   - a) Praktische Konkordanz zwischen Direktionsrecht und freiem Beruf — 78
   - b) Konsequenzen für die klinische Praxis — 79
     - aa) Aufgliederung der Fachanweisungen — 79
       - (1) Zielanweisungen — 79
       - (2) Verfahrensanweisungen — 79
     - bb) Grundsätze zur Zulässigkeit von Fachanweisungen — 80
       - (1) Zulässigkeit von Zielanweisungen — 80
       - (2) Ausnahme — 80
         - (a) Die Wirkung der Grundrechte im Arbeitsverhältnis — 81
         - (b) Praktische Bedeutung — 83
         - (c) Stellungnahme — 84
       - (3) Unzulässigkeit von Verfahrensanweisungen — 86
       - (4) Ausnahmen — 90
         - (a) Vorbemerkung — 90
         - (b) Einzelfälle zulässiger Verfahrensanweisungen — 92
           - (aa) Die medizinsch-indizierte Chefarztbehandlung — 92
           - (bb) Die Notfallmedizin — 93
       - (5) Aufgabenentzug — 94
         - (a) Die Aufhebung der Delegation — 95
         - (b) Der Zeitpunkt des Aufgabenentzuges — 96
       - (6) Aufsichts- und Kontrollpflichten — 98
     - cc) Zusammenfassung: Drittes Ergebnis — 98

2. Das Direktionsrecht gegenüber Ärzten in der Weiterbildung — 99
   - a) Das Weiterbildungsverhältnis im weiteren Sinne — 99
   - b) Die Bedeutung der Weiterbildung für den Kernbereich fachlicher Weisungsunabhängigkeit — 100
     - aa) Die gesetzlichen Grundlagen ärztlicher Weiterbildung — 100
     - bb) Das Arbeitsverhältnis — 102
     - cc) Das Weiterbildungsverhältnis im engeren Sinne — 105
       - (1) Inhalt — 105
       - (2) Rechtsnatur — 105
         - (a) Ausgangspunkt — 106
         - (b) Stellungnahme — 106
       - (3) Weiterbildungsrechtliche Weisungsbefugnis und freier Beruf — 109

(4) Umfang weiterbildungsrechtlicher Weisungsbefugnisse	114
(a) Persönlicher Anwendungsbereich	114
(b) Sachlicher Anwendungsbereich	115
dd) Konsequenzen für die klinische Praxis	116
(1) Delegation von Aufgaben	116
(2) Weisungsbefugnisse	117
(a) Grundsatz	117
(b) Entwicklungsphasen des weiterzubildenden Arztes	117
(3) Zusammenfassung: Viertes Ergebnis	119
3. Das Direktionsrecht gegenüber Ärzten im Praktikum	120
a) Vorbemerkung	120
b) Arzt im Praktikum und "freier Beruf"	120
c) Der Ausbildungsvertrag	121
d) Konsequenzen für die klinische Praxis	122
e) Zusammenfassung: Fünftes Ergebnis	123

C. INTERDEPENDEZEN ZWISCHEN WEISUNGS- UND HAFTUNGSSYSTEMATIK IM KRANKENHAUS 125

I. Einführung 125

II. Vertragskonstellationen bei der Behandlung im Krankenhaus 126

1. Stationäre Krankenhausbehandlung	127
a) Der totale Krankenhausaufnahmevertrag	127
b) Der gespaltene Arzt-Krankenhaus-Vertrag	128
c) Der totale Krankenhausaufnahmevertrag mit Arztzusatzvertrag	129
2. Ambulante Krankenhausbehandlung	129
a) Die sog. Chefarztambulanz	130
b) Die sog. Institutionsambulanz	130

III. Die haftungsrechtliche Bedeutung des Kernbereichs fachlicher Weisungsunabhängigkeit angestellter Ärzte — 131

1. Die vertragliche Haftung für eigenes Verschulden — 131
   - a) Die Haftung des Krankenhausträgers — 131
     - aa) Die Organhaftung — 132
     - bb) Das Organisationsverschulden — 133
   - b) Die Haftung des Chefarztes — 134

2. Die vertragliche Haftung für fremdes Verschulden — 135

3. Die deliktsrechtliche Haftung — 136
   - a) Die Eigenhaftung des Krankenhausarztes — 136
     - aa) Grundsatz — 136
     - bb) Sonderfall: Übernahmeverschulden — 136
   - b) Die Eigenhaftung beamteter Ärzte — 139
   - c) Die Haftung des Krankenhausträgers — 140
     - aa) Die Organhaftung — 140
     - bb) Die Haftung für "Organisationsverschulden" — 141
     - cc) Die Haftung für Verrichtungsgehilfen — 141
       - (1) Allgemeines
       - (2) Verrichtungsgehilfe und fachliche Weisungsunabhängigkeit — 142

IV. Zusammenfassung: Sechstes Ergebnis — 143

D. LITERATURVERZEICHNIS — 145

E. ABKÜRZUNGSVERZEICHNIS — 161

F. ANHANG — 165

I. Musterberufsordnung für die deutschen Ärzte — 165

II. Musterweiterbildungsordnung für die deutschen Ärzte — 174

III. Muster eines befristeten Arbeitsvertrages für Ärzte in der Weiterbildung — 185

VORWORT

Die Ausübung sog. "freier Berufe" in abhängigen Arbeitsverhältnissen ist im Zuge des wirtschaftlichen und wissenschaftlichen Fortschritts enorm angestiegen[1], womit sich der freie Beruf zunehmend von seinen geschichtlichen Wurzeln entfernt[2]. Ein typisches Beispiel für diese Entwicklung bildet der angestellte Krankenhausarzt, der in den hierarchischen Organismus eines Krankenhauses eingegliedert ist. Wank schreibt in seiner Habilitationsschrift, "daß mit dem freien Beruf eine Freiheit bei der Berufsausübung assoziiert werde, die sich mit der Abhängigkeit des Arbeitnehmers schlecht vertrage"[3], und Geiger meinte 1969 sogar, daß es "in dreißig Jahren (...) den freien Beruf des Arztes, wie wir ihn heute verstehen, nicht mehr gibt."[4] Wie man aus heutiger Sicht sagen kann, war Geiger's Pessimismus zwar nicht berechtigt, der angestellte Krankenhausarzt, der nunmehr seit etwa einem Jahrzehnt die Mehrheit der deutschen Ärzteschaft darstellt, bestätigt aber entsprechende Tendenzen. Diese Entwicklung wirft u.a. die arbeitsrechtliche Problematik auf, wie sich Freiberuflichkeit des angestellten Arztes einerseits und Direktionsrecht des Arbeitgebers andererseits zueinander verhalten und ob dieses Verhältnis unter Umständen zu einer partiellen oder gar vollständigen, fachlichen Weisungsunabhängigkeit angestellter Ärzte führt.

Vornehmliches Ziel dieser Untersuchung ist es, nach vorangegangener rechtlicher Analyse des Einflusses ärztlicher Berufsordnungen, der rechtlichen Rahmenbedingungen einer "Delegation" von Direktionsrechten im Krankenhaus und des rechtlichen Gehalts des Begriffes "freier Beruf", das wechselbezügliche Spannungsfeld von Direktionsrecht des Arbeitgebers und der "auf eine besondere Unabhängigkeit"[5] hindeutenden Freiberuflichkeit des angestellten Arztes rechtsdogmatisch herauszuarbeiten. Hieraus wiederum wird der rechtliche Maßstab für die Zulässigkeit der Hierarchisierung des ärztlichen Dienstes abzuleiten sein, worauf abschließend überblicksartig auf die haftungsrechtlichen Auswirkungen einzugehen sein wird.

---

1 So schon Herschel, S.6
2 Historisch gesehen haben sich die freien Berufe aus den "artes liberales", die im Gegensatz zu den mit körperlicher Arbeit verbundenen "operae illiberales", auf geisteswissenschaftlichem Gebiet den Freigeborenen vorbehalten waren; vgl. zur geschichtlichen Entwicklung: Deneke, Bd.I, S.13 ff
3 Wank, S.289; in diesem Sinne auch Schäuble, S.191
4 Geiger, FS.f.Stein, S.83(84)
5 Fuhrmann, S.13

A. EINFÜHRUNG

I. Aufriß der Problematik

1. Einleitung

In den letzten Jahrzehnten haben sich die Möglichkeiten ärztlichen Handelns sowohl im diagnostischen wie im therapeutischen, als auch im operativen Bereich in ungeahnter Art und Weise erweitert.[6] Gleichzeitig kam es zu einer sich dynamisch entwickelnden Spezialisierung und Subspezialisierung, zur Schaffung neuer medizinischer Disziplinen und zu einem verstärktem Einsatz medizinisch-technischer Apparaturen[7], was zu einem Ansteigen der fachinternen, aber auch fachübergreifenden, ärztlichen Zusammenarbeit vornehmlich im Krankenhaus führte.[8] Diese Entwicklung ließ auch das traditionelle Berufsbild des niedergelassenen, freipraktizierenden Arztes nicht unberührt: Das Krankenhaus hat als Betätigungsfeld der Ärzteschaft gerade wegen der "explosionsartige(n) Komplexitätssteigerung medizinischer Erkenntnisse"[9] deutlich an Gewicht gewonnen. Ende 1988 waren von 177.001 insgesamt im Gesundheitswesen tätigen Ärzten 89.698 in Krankenhäusern angestellt[10], mithin über 50 %, während noch 1968 lediglich 30.916 Ärzte[11], damals in etwa 34 % der Ärzteschaft im Krankenhaus tätig waren. Eine neuere Statistik der Bundesärztekammer belegt, daß 1976 die Zahl der Krankenhausärzte erstmals die der niedergelassenen Ärzte überwog, und seitdem eine überproportionale Zunahme der berufstätigen Krankenhausärzte im Vergleich zu ihren niedergelassenen Kollegen zu registrieren ist.[12] Wirft man noch einen Blick auf die Anzahl der bundesdeutschen Krankenhäuser, die in den 70er und 80er Jahren etwa bei 3200 stagnierte, so wird der ärztliche Ballungsraum "Krankenhaus" offenbar. Diese Entwicklung wurde durch die Wiedervereinigung Deutschlands nur scheinbar entschärft, von einer Trendwende kann aber nicht gesprochen werden, wenn Ende 1992 von 251.877 im Gesundheitswesen tätigen Ärzten

---

6   *Vgl. statt vieler: Laufs, NJW 1993,1497 f; Genzel, in: Laufs/Uhlenbruck, § 88, Rz.15*
7   *Vgl. das Zitat aus NiedA 1980,49 bei Hahn, S.12, Fn.48: "Das Anlagevermögen medizinischer Geräte in der Bundesrepublik Deutschland repräsentiert - nach vorsichtigen Schätzungen - einen Wert von ca. 25 Milliarden DM"; siehe dazu auch Hummes, S.13*
8   *Richter, KH 1969,174(177); Eichholz, AR-Blattei, Arzt I, Einleitung*
9   *So Hahn, S.12*
10 *Statistisches Jahrbuch 1989 für die Bundesrepublik Deutschland, Hrsg. Statistisches Bundesamt, S.392 ff*
11 *Statistisches Jahrbuch 1972 für die Bundesrepublik Deutschland, Hrsg. Statistisches Bundesamt, S.66*
12 *Statistik der Bundesärztekammer, DÄ 1990,975(976)*

124.111 in Krankenhäusern tätig waren, also nur etwa 49 % der Ärzteschaft.[13] Beachtet man daneben die Tatsache, daß es Ende 1992 in der Bundesrepublik Deutschland nur noch insgesamt 2411 Krankenhäuser gab, so hat die Ärztekonzentration im Krankenhaus weiter zugenommen. Es erscheint als nicht allzu gewagte Prognose, davon auszugehen, daß künftig immer mehr Ärzte an tendenziell weniger Krankenhäusern tätig sein werden.

Seit Adam Smith[14] den produktivitätssteigernden Nutzen der Arbeitsteilung nachgewiesen hatte, begann mit der zunehmenden Industrialisierung Ende des 19./Anfang des 20. Jahrhunderts die Entwicklung hin zu großen, arbeitsteilig organisierten Arbeitsstätten. Dieser allgemeinen Tendenz konnte sich auch das Krankenhaus nicht entziehen und so wandelte es sich vom Pflegeheim für Hilfsbedürftige zu einem hochkomplizierten Betriebsorganismus[15] mit einer Vielzahl von Leistungsbereichen[16] und untergeordneten Leistungsstellen[17]. Das moderne Krankenhaus stellt sich heute als ein hochgradig untergliederter und strukturierter Großbetrieb mit hierarchischem Führungsstil dar. "Arbeitsteilung ist heute aus der Medizin nicht mehr hinwegzudenken. Die damit zusammenhängenden rechtlichen Fragen sind noch weitgehend ungeklärt."[18]

Da die produktivitätssteigernde Wirkung der Arbeitsteilung aber gerade nicht in der Zergliederung des Arbeitsprozesses liegt, sondern erst mittels des arbeitsteiligen Zusammenwirkens, der integrativen Kooperation, erreicht wird[19], bedarf es der Schaffung einer Leitungsstruktur, um die Reintegration der Arbeitsteilleistungen sicherzustellen.[20] Aber nicht nur die Arbeitsteilung, sondern auch die ordnungsgemäße Aufgabenerfüllung der Krankenhäuser im Gesundheitswesen, der Sachkomplex der ärztlichen Aus- und Weiterbildung sowie die Fragen der Verantwortung und Haftung scheinen eine hierarchische Struktur des Krankenhauses zu bedingen.[21] Seitdem jedoch Max Kibler 1962 das Schlagwort vom "kranken Krankenhaus" in die Debatte geworfen hat[22], wird demgegenüber eine Strukturreform des Krankenhauswesens im Sinne einer Demokratisierung ge-

---

13 *Statistisches Jahrbuch 1993 für die Bundesrepublik Deutschland*, Hrsg. Statistisches Bundesamt, S.476,481
14 Adam Smith, *"An Inquiry into the Nature and Causes of the Wealth of Nations"*, Bd.I, Kapitel 1 (deutsche Übersetzung von F. Stöpel, Untersuchung über das Wesen und die Ursachen des Volkswohlstandes, 2.Aufl.1905)
15 Eichhorn, in: Müller, *Führungsaufgaben im modernen Krankenhaus*, S.53
16 Z.B.: Diagnostik, Therapie, Pflege, Versorgung, Verwaltung
17 Z.B.: Laboratoriums-, Operations-, Strahlenabteilung
18 Wilhelm, MedR 1983,45; so auch Carstensen/Schreiber, S.169
19 Vgl. statt vieler: Gutenberg, Bd.I, S.145 ff; Dahrendorf, S.18; einen Kurzüberblick gibt Birk, S.10 ff
20 So auch Birk, S.12 ff; Gehlen/Schelsky, S.188; Dahrendorf, S.65; Michel, S.118
21 In diesem Sinne auch Staudinger-Richardi, Vorbem.zu § 611 BGB, Rz.1634
22 Vgl. Grauhan, KH 1969,253

fordert[23], die nicht zuletzt durch die Kostenexplosion im deutschen Gesundheitswesen auch aus betriebswirtschaftlicher Sicht Aufschwung erhalten hat.[24] Dennoch hat sich in den letzten Jahrzehnten in der Organisation der Krankenhäuser wenig verändert: Nach wie vor besteht eine mehr oder weniger streng durchgesetzte, steile Hierarchie gerade innerhalb des ärztlichen Dienstes.

2. Das Direktionsrecht

Allgemeiner Auffassung zufolge dient dem Arbeitgeber sein subsidiär den gesamten Arbeitsvertrag ausfüllendes Direktionsrecht[25] zur Schaffung der betrieblichen Hierarchie und deren Ausgestaltung im Einzelfall.[26] Die Arbeitnehmer werden auf einer bestimmten Stufe in den hierarchischen Aufbau eingegliedert und unterliegen sodann den Weisungen ihrer Vorgesetzten bzw. üben selbst Weisungsrechte gegenüber ihnen nachgeordneten Arbeitnehmern aus. Hinsichtlich der Ausübung des Direktionsrechts ist zwischen Allgemein- und Einzelanweisungen und unter letzteren zwischen arbeitsbezogenen, arbeitsbegleitenden und organisatorischen Weisungen zu unterscheiden.[27] Die arbeitsbezogenen Weisungen wiederum beziehen sich auf den medizinisch-fachlichen Bereich ärztlichen Handelns[28], d.h. auf die beratende, Krankheiten feststellende, heilende, schmerzlindernde und operative Tätigkeit des Arztes, die dieser aufgrund seiner berufsethisch gebundenen Fähigkeiten und Kenntnisse ausübt. Sie betreffen den Gegenstand des unmittelbaren Arbeitsvollzuges, beziehen sich also auf die Art der Arbeit, ihre Methode und Ausführung.[29]

Die nachfolgenden Erörterungen befassen sich ausschließlich mit der Problematik der Zulässigkeit arbeitsbezogener Weisungen gegenüber angestellten Krankenhausärzten in

---

23 *In Anlehnung an die amerikanischen Universitätskliniken und/oder die "Mayo-Klinik", die ohne Hierarchie mit egalitären, kybernetischen Organisationsformen arbeiten, vgl. dazu Richter, KH 1969, 174(178); Weiß, KHU 1964,182 f*

24 *In diesem Sinne Richter, KH 1969,174 ff; Grauhan, KH 1969,253(260); Perridon, KH 1969,374 ff; Eichhorn, KHU 1989,623 ff; Schilling, FS.f.Küchenhoff, S.389(390)*

25 *Auf allgemeine Fragen zum Direktionsrecht soll in diesem Rahmen nicht eingegangen werden, da die rechtlichen Grundlagen weitestgehend unstreitig sind. Ein genereller Überblick findet sich bei Richardi, MünchArbR, Bd.1, § 12, Rz.50 ff; Birk, AR-Blattei, Direktionsrecht I; eingehender hierzu: vgl. die Monographien von Birk, Böttner, Lange, Ostheim und aus neuerer Zeit Hunold*

26 *Ebenso Bauer, S.149(157); Bydlinski,F., ZfA 1970,249(274)*

27 *Birk, S.21; ebenso Schaub, § 32 VI, S.123; Richter, DB 1989,2378(2379); weitgehende Übereinstimmung besteht bzgl. der Weisungsgebundenheit der Ärzte hinsichtlich arbeitsbegleitender (z.B.: Tragen von Schutzkleidung, Hygienevorschriften) und organisatorischer (z.B.: Dienst-, Urlaubsplan) Weisungen, vgl. hierzu Rieger, Rz. 518*

28 *Rieger spricht vom medizinisch-fachlichen Aufgabenbereich (Rz.518) bzw. vom medizinisch-fachlichen Bereich (Rz.123), ohne dies jedoch näher zu definieren*

29 *Birk, AR-Blattei, Direktionsrecht, A II 1*

deren medizinisch-fachlichem Tätigkeitsbereich. Gegenstand dieser Untersuchung ist somit nicht die Frage nach einer vollkommen Weisungsunabhängigkeit angestellter Krankenhausärzte, die mit dem Status eines Arbeitnehmers unvereinbar wäre[30], sondern ausschließlich die Frage nach einer möglicherweise - ungeachtet der jedenfalls gegebenen Weisungsgebundenheit der Ärzte bezüglich arbeitsbegleitender und organisatorischer Weisungen[31] - bestehenden Weisungsfreiheit im medizinisch-fachlichen Bereich ihrer Tätigkeit.

II. Aufgabenstellung

§ 1 Abs.2, 2.Halbsatz Bundesärzteordnung (BÄO) bezeichnet den ärztlichen Beruf als einen "seiner Natur nach freien Beruf". Dies impliziert eine gewisse beruflich-fachliche Weisungsunabhängigkeit[32] und wirft die Frage auf, ob sich das Direktionsrecht des Arbeitgebers und die "Freiberuflichkeit" des Arztberufes nicht geradezu antagonistisch gegenüberstehen.[33]

Obwohl die Problematik der Bestimmung der Grenzen des Direktionsrechts in der Praxis allgemein von großer Bedeutung und juristisch ein Dauerthema ist[34], ist es bemerkenswert, daß die juristische Literatur den Fragen der Hierarchisierung und Weisungsbeziehungen innerhalb des ärztlichen Dienstes bisher wenig Aufmerksamkeit gewidmet hat. Sofern zu diesem Thema im medizinisch-juristischen Schrifttum Stellungnahmen vorhanden sind, handelt es sich um erste Ansätze, die aber eine vertiefte Auseinandersetzung vor allem in dogmatischer Hinsicht vermissen lassen. Auch die Ergebnisse der vertretenen Auffassungen reichen von völliger Weisungsgebundenheit[35] bis hin zu weitestgehender Weisungsunabhängigkeit angestellter Krankenhausärzte.[36]

---

30 Vgl. BGH, NJW 1961,2085
31 Vgl. Fn.27
32 So auch Fuhrmann, S.13; Wank, S.289
33 Bauer, S.149 spricht von "Gegensatz" und "Spannungsverhältnis"
34 Leßmann, DB 1992,1137
35 So die hM, vgl. etwa Hoffmann, in: Müller, aaO, S.149; Schaub, § 16 VI 2; Eichhorn, Krankenhausbetriebslehre, Bd.II, S.50; Genzel, in: Laufs/ Uhlenbruck, § 88, Rz.17,21, § 89, Rz.23; RGRK-Nüßgens, § 823 BGB, Anh.II, Rz.221; Grauhan, KH 1969,253(256); Hoffmann/Jeute/Baur, AuK 1981,20(22); Eichholz, AR-Blattei, Arzt I, A I 1; Peter, S.21; Birk, S.367; Hopf, KHA 1972,55(57); Wilhelm, S.95; Jansen, AuK 1989,51(54)
36 So Narr, Bd.I, Rz.36,39,40; Staudinger-Richardi, Vorbem.zu § 611 BGB, Rz. 1628,1639; ders., in: MünchArb., Bd.II, § 197, Rz.26; Richter, KH 1969,174(178); Rappenecker u.a., S.19; Laufs, Arztrecht, S.8; ders., in: Laufs/Uhlenbruck, § 3, Rz.11

Ziel dieser Untersuchung ist es, die Grenzen des Direktionsrechts gegenüber angestellten Krankenhausärzten in deren medizinisch-fachlichem Tätigkeitsbereich unter Berücksichtigung allgemeiner Rechtsgrundsätze sowie der berufsspezifischen und -rechtlichen Besonderheiten zu bestimmen. Damit sollen zugleich die Grenzen hierarchischer Leitungsstrukturen im Krankenhaus, insbesondere innerhalb des ärztlichen Dienstes aufgezeigt werden. Bei der Klärung dieser Problematik wird dem freien Beruf, insbesondere dessen juristischem Gehalt wesentliche Bedeutung zukommen. Weiter wird die rechtliche Qualifizierung der von den Länderärztekammern geschaffenen Berufsordnungen und deren Bindungswirkung von Belang sein, sowie zu prüfen sein, welchen Einfluß haftungsechtliche Fragen und die Verbeamtung mancher Ärzte auf den Umfang des Direktionsrechts haben. Letztlich können weitere rechtliche Gestaltungsfaktoren, wie z.b. Grundrechte der Patienten[37] und Ärzte[38] oder etwa Vereinbarungen der beteiligten Interessenvertretungen der angestellten Ärzte[39] und der Krankenhäuser[40] relevant werden.

Dem Verfasser ist sehr wohl bekannt, daß im deutschen Krankenhauswesen de facto jede denkbare Abstufung zwischen "demokratischem" und "diktatorischem"[41] Führungsstil[42] praktiziert wird. Dies kann jedoch weder allgemein, noch de iure befriedigen, vielmehr ist diese weite Bandbreite der Führungsmodalitäten ein Ausdruck der Rechtsunklarheit und -unsicherheit, welche auf diesem Gebiet vorhanden ist[43]. Dies beruht nicht zuletzt darauf, daß die rechtsdogmatische Bewältigung der vielgestaltigen rechtlichen Beziehungen in und um das Krankenhaus erst am Anfang steht[44].

III. Die Organisation des ärztlichen Dienstes

Der ärztliche Dienst und damit jeder einzelne Krankenhausarzt ist bei seiner Leistungserbringung in ein Ordnungsgefüge eingegliedert, welches vom Krankenhausträger seinen Aufgaben und Vorstellungen gemäß eingerichtet worden ist. Die Organisationsformen des ärztlichen Dienstes bewegen sich dabei, wenn man einmal das Ausland mit in die Be-

---

37   Art. 2 Abs.2, Satz 1 GG
38   Die ärztliche Gewissensfreiheit wird teils durch Art.4 GG, teils durch Art. 2 Abs.1 GG geschützt, vgl. S. 72 ff
39   Marburger Bund (MB)
40   Deutsche Krankenhausgesellschaft (DKG)
41   Eichhorn, in: Müller, aaO, S.57, Fn.2
42   Extensive bzw. restriktive Ausübung des Direktionsrechts wirken sich unmittelbar auf den Führungsstil aus
43   So auch Falkenberg, DB 1981,1087
44   Genzel, in: Laufs/Uhlenbruck, § 90, Rz.4

trachtung einbezieht, zwischen zwei gegensätzlichen Polen: Dem deutschen, streng hierarchisch gegliederten Chefarztsystem stehen - in unterschiedlicher Ausprägung - egalitär, kybernetisch strukturierte Systeme gegenüber; Zwischenformen haben sich herausgebildet.[45] Auch in Deutschland wird seit Anfang der siebziger Jahre im ärztlichen Bereich die Ablösung des Chefarztsystems durch das sog. Teamarzt- oder Kollegialsystem diskutiert.[46] Jedoch ist das hierarchische Chefarztsystem - nach der Regel: "Je mehr Arbeitsteilung, desto mehr Hierarchie"[47] - die ganz überwiegende Organisationsform im Krankenhauswesen geblieben.[48] Entwicklungstendenzen in Richtung auf demokratische Gleichordnungsmodelle[49] bilden die Ausnahme[50]. Hier besteht in der Praxis des Krankenhausbetriebes eine Hierarchie, die sich aus folgenden Ebenen zusammensetzt:

1) Der Ärztliche Direktor

Die Krankenhäuser sind nach den jeweiligen Krankenhausgesetzen der Länder[51] verpflichtet, "einen der Medizinalaufsichtsbehörde gegenüber für den Betrieb des Krankenhauses verantwortlichen Arzt zu bestellen."[52] Die Verantwortlichkeit als "Ärztlicher Direktor" bezieht sich allerdings lediglich auf einen organisatorisch ordnungsgemäßen Betriebsablauf im Krankenhaus, die Krankenhaushygiene und weitere, eher verwaltungstechnische Pflichten sowie die Organisation fachabteilungsübergreifender medizinischer Zusammenarbeit.[53] Die Verpflichtung und Berechtigung der Chefärzte und leitenden Abteilungsärzte, ihren Fachbereich eigenverantwortlich und selbständig zu führen, wird durch den Ärztlichen Direktor, dessen Amt regelmäßig einem der Chefärzte übertragen wird, aber nicht berührt.

---

45 *Richter, KH 1969,174(178)*
46 *Hoffmann/Jeute/Baur, AuK 1981,20*
47 *Vgl. Fn.46*
48 *Siehe dazu die Empfehlungen der Deutschen Krankenhausgesellschaft (DKG) für die Struktur und Organisation des ärztlichen Dienstes im Krankenhaus, 1982, Punkt 3.6, abgedr. bei Hoffmann, in: Müller, aaO, S.139; Grauhan, KH 1969,253; Richter, KH 1969,174; Eichhorn, in: Müller, aaO, S.56*
49 *Z.B.: Teamarzt- oder Kollegialsystem*
50 *Vgl. die Vorschläge zur inneren Ordnung der Krankenhäuser des medizinisch-juristischen Arbeitskreises Saar, abgedr. bei Bauer, S.169 ff; Baur, AuK 1978, 373 ff; Beschlüsse der 82. Hauptversammlung des Marburger Bundes zur Förderung der Teamarbeit im Krankenhaus, KH 1992,597 f*
51 *Z.B.: § 37 Landeskrankenhausgesetz (LKHG) Berlin; § 9 LKHG Rheinland-Pfalz; § 21 LKHG Nordrhein-Westfalen; abgedr. allesamt bei Eichhorn, in: Müller, aaO, S.153 ff*
52 *Eichholz, AR-Blattei, Arzt I, A I 3*
53 *Näher zu den Aufgaben des Ärztlichen Direktors, vgl. Eichhorn, in: Müller, aaO, S.68 sowie die "Leitsätze zur Struktur der Krankenhäuser und ihres ärztlichen Dienstes" des Deutschen Ärztetages 1972 (Westerländer Beschlüsse), abgedr. bei Eichhorn, in: Müller, aaO, S.152 f; einen Ausblick auf mögliche Reformen geben Sachweh/Debong, MedR 1993, 141 ff*

2) Der Chefarzt

Allgemein hat sich der Begriff "Chefarzt" für solche leitende Ärzte einer Fachabteilung (wie z.B.: Chirurgie oder Gynäkologie) oder eines Funktionsbereiches (wie z.b: Anästhesiologie, Radiologie oder Pathologie) durchgesetzt, die die Gebietsbezeichnung ihres Fachbereiches[54] besitzen und mit der eigenverantwortlichen Führung einer Fachabteilung oder eines Funktionsbereiches betraut sind. Innerhalb ihres Bereiches sind sie für die ärztliche Behandlung, aber auch für die Grundpflege und -versorgung der Patienten verantwortlich, wobei sie allgemein als weisungsberechtigte Vorgesetzte des nachgeordneten ärztlichen, wie auch nichtärztlichen Dienstes angesehen werden.[55]

3) Der Oberarzt

Oberärzte sind in aller Regel ebenfalls Ärzte mit Gebietsbezeichnung ihres Fachbereiches und besitzen zudem bereits mehrjährige Klinikerfahrung innerhalb ihres Fachbereiches. Eine spezielle Funktionsbeschreibung des Begriffes Oberarzt fehlt.[56] Er ist der "ständige Vertreter des leitenden Abteilungsarztes bzw. Chefarztes. Bei dessen Dienstabwesenheit nimmt er die Funktion des Letztverantwortlichen wahr."[57] Seine Hauptaufgaben liegen in der Beratung, Aufsicht und Kontrolle der in seinem Bereich tätigen, nachgeordneten Ärzte.[58]

4) Der Assistenzarzt

Bei dieser weitaus umfangreichsten Gruppe von Krankenhausärzten[59] ergibt sich qualifikationsbedingt eine weitere Untergliederung in Assistenzärzte mit Gebietsbezeichnung, die also nach abgeschlossener Weiterbildung zum Führen einer Gebietsbezeichnung berechtigt sind, und solche ohne derartige Gebietsbezeichnung.

---

54   *Der Begriff "Facharzt" ist zwischenzeitlich abgeschafft und durch die Gebietsbezeichnung (z.B.: Arzt für ...) ersetzt worden, vgl. dazu Rieger, Rz.608*
55   *Vgl. Fn.35*
56   *Siehe Bauer, S.149(157), Fn.27: "Der Begriff "Oberarzt" wird im BAT nicht verwendet, wohl aber in der Anlage I des Bundesbesoldungsgesetzes. Er ist dort ein Beamtendienstgrad, definiert ist er jedoch nicht."*
57   *Hoffmann/Jeute/Baur AuK 1981,20(22)*
58   *Vgl. Staudinger-Richardi, Vorbem.zu § 611 BGB, Rz.1635*
59   *Konkretes Zahlenmaterial lag dem Verfasser nicht vor, jedoch dürften nach eigener Schätzung, die auf den Zahlen der neuesten Statistik der Bundesärztekammer beruhen knapp 3/4 der im Krankenhaus tätigen Ärzte, mithin ca. 70.000, Assistenzärzte sein*

a) Der Assistenzarzt mit Gebietsbezeichnung

Die Assistenzärzte mit Gebietsbezeichnung werden im allgemeinen als Stationsärzte eingesetzt, d.h. sie sind in dieser Funktion für die ordnungsgemäße ärztliche Versorgung der Patienten ihrer Krankenstation zuständig. Ihr Aufgabenbereich umfaßt vor allem die Aufstellung von Diagnoseplänen, die Durchführung der Diagnostik, die Aufstellung von Therapieplänen und deren Durchführung, sowie die Koordination der Kooperation mit vorgesetzten Ärzten der Abteilung und gegebenenfalls mit Spezialisten anderer Fachgebiete.[60]

b) Der Assistenzarzt ohne Gebietsbezeichnung

Assistenzärzte ohne Gebietsbezeichnung sind bereits voll approbierte Ärzte im Sinne des § 2 Abs.1 BÄO, befinden sich aber noch in einem Weiterbildungsverhältnis, um nach Anerkennung durch die Landesärztekammer die Berechtigung zum Führen einer der Gebiets-, Teilgebiets- oder Zusatzbezeichnung nach den jeweiligen Weiterbildungsordnungen zu erlangen.[61] Entsprechend ihrer geringeren Erfahrung und den geringeren praktischen Fertigkeiten werden sie im Rahmen der ärztlichen Grundversorgung tätig, wobei zunächst Routinemaßnahmen im Vordergrund stehen. Mit zunehmender Berufserfahrung steigt der Anteil der verantwortungsvolleren Mitwirkung in Diagnose und Therapie im Wege einer Unterstützung der vorgesetzten Ärzte an.

5) Ärzte im Praktikum (AiP)

"Seit Herbst 1988 ist die Ausbildung des Mediziners um eine 18-monatige Tätigkeit als Arzt im Praktikum erweitert, die sich an das Hochschulstudium anschließt."[62] Voraussetzung für die Tätigkeit des Arztes im Praktikum ist eine Erlaubnis nach § 14 Abs. 4 BÄO, den ärztlichen Beruf vorübergehend ausüben zu dürfen, die nach bestandener Prüfung gemäß § 3 Abs. 1 Nr.4 BÄO auf Antrag gewährt wird. Die Schaffung des AiP hat zahlreiche Diskussionen vornehmlich über dessen Einsatzmöglichkeiten ausgelöst. Darüber sagt § 34 b der Approbationsordnung/Ärzte (AppOÄ) in der zuletzt durch Verordnung vom 21.12.1989 geänderten Form:

---

60 Vgl. Hoffmann, in: Müller, aaO, S.145
61 § 1 Abs. 1,2,3; § 4 Abs. 1; § 6; § 17 Abs. 2 MuWBO, Stand 1992, abgedruckt im Anhang 2
62 Baur, MedR 1989,111

"Der Arzt im Praktikum wird im Hinblick auf das in Satz 5 genannte Ausbildungsziel unter Aufsicht von Ärzten, die eine Approbation als Arzt oder eine Erlaubnis zur vorübergehenden Ausübung des ärztlichen Berufes nach § 14 Abs. 1 der Bundesärzteordnung besitzen, ärztlich tätig. Er hat seine Kenntnisse und praktischen Erfahrungen zu vertiefen. Ihm ist ausreichend Gelegenheit zu geben, ärztliche Tätigkeiten auszuüben und allgemeine ärztliche Erfahrungen zu sammeln. Er soll die ihm zugewiesenen Aufgaben mit einem dem wachsenden Stand seiner Kenntnisse und Fähigkeiten entsprechendem Maß an Verantwortlichkeit verrichten. Er soll nach Beendigung der Tätigkeit als Arzt im Praktikum in der Lage sein, den ärztlichen Beruf eigenverantwortlich und selbständig auszuüben; Art und Umfang der Aufsicht sollen dem entsprechen."

Die ehemalige Bundesministerin für Jugend, Familie, Frauen und Gesundheit, Frau Prof. Dr. Lehr, stellte zu den Unsicherheiten über den Umfang der Einsatzfähigkeit des Arztes im Praktikum klar, "daß Ärzte im Praktikum in gleicher Weise einsetzbar sind wie die nach bisherigem Recht nach 6-jährigem Medizinstudium approbierten Berufsanfänger. Sie sind haftungsrechtlich so zu behandeln wie diese."[63] Demnach werden die Ärzte im Praktikum zumindest im Hinblick auf ihre Tätigkeit annähernd wie Assistenzärzte ohne Gebietsbezeichnung behandelt[64], aber ausschließlich im Bereich der ärztlichen Grundversorgung eingesetzt.

IV. Grundzüge der angewandten Methode

Betrachtet man die soeben dargestellte, augenscheinlich qualifikationsbedingte Krankenhaushierarchie, so scheint mit steigender Qualifikation der ärztlichen Mitarbeiter das Direktionsrecht des Arbeitgebers im medizinisch-fachlichen Bereich zunehmend eingeschränkt, letztlich - etwa beim Chefarzt - sogar ganz ausgeschlossen zu werden. Die fachliche Qualifikation stellt allerdings - für sich alleine besehen - keine ausreichende Rechtsgrundlage für die Begrenzung des arbeitsvertraglichen Direktionsrechts dar, auch wenn das Zusammenspiel von besonderer Qualifikation und geringerer Weisungsgebundenheit ein im gesamten Wirtschaftsleben weit verbreitetes Phänomen ist.[65] Zwar bedarf es - rein praktisch betrachtet - keiner besonderen Rechtfertigung dafür, daß ein sich noch in der Aus- bzw. Weiterbildung befindlicher Arzt zweckmäßigerweise weitergehenden Weisungsbefugnissen unterworfen ist, als ein voll aus- und weitergebildeter

---

[63] Lehr, AuK 1989, 258(259)
[64] So auch die Entschließung des 93. Deutschen Ärztetages 1990, abgedr. in: DÄ 1990,1323; zur dennoch unterschiedlichen Bezahlung vgl. BAG, MedR 1993, 352 ff
[65] So auch Hüber, S.18 mit einer Aufzählung von teil- und vollumfänglich weisungsfreien Arbeitnehmern auf S.26

Arzt mit Gebietsbezeichnung[66]; juristisch aber ist es fraglich, wie eine derartige, offenbar nach Qualifikation differenzierende Einschränkung der Direktionsrechte begründet werden kann. Es müßte dem Direktionsrecht des Arbeitgebers, auf dem Bildung und Ausgestaltung der Hierarchie beruhen, denknotwendig eine dieses Direktionsrecht nach Qualifikationsstandards abgestuft einschränkende Rechtsposition der ärztlichen Arbeitnehmer gegenüberstehen.

Die von der Praxis vorgegebene Hierarchie sowie der Bestand unterschiedlicher rechtlicher Regelungen[67] für die verschiedenen Ärztegruppen gebieten es, bei der Bestimmung der Grenzen des Direktionsrechtes gegenüber angestellten Krankenhausärzten berufsgruppenbezogen vorzugehen, um so den jeweils vorliegenden gruppenspezifischen Besonderheiten gerecht werden zu können.

---

[66] Ebenso Bauer, S.149(156)
[67] Vgl. etwa die besonderen Regelungen zum Recht des AiP, §§ 1 Abs. 1 Nr.2, 34 a, b AppOÄ; die zwischen Chefärzten und anderen Krankenhausärzten unterscheidende Geltung des BAT; siehe auch Rieger, Rz. 1091; zu den verschiedenen Vergütungsregelungen: BAG, MedR 1993, 352 ff BAG, NJW 1994, 815f; Staudinger-Richardi, Vorbem.zu § 611 BGB, Rz. 1648 ff

B. UMFANG UND GRENZEN DES DIREKTIONSRECHTES

I. Das Direktionsrecht gegenüber Chefärzten

1. Der Chefarztvertrag

Der Chefarzt wird generell aufgrund eines privatrechtlichen Anstellungsvertrages im Krankenhaus tätig.[68] Hierfür werden von der Deutschen Krankenhausgesellschaft (DKG), wie auch von ärztlicher Seite Musterverträge angeboten[69]. Mit der ganz herrschenden Meinung ist davon auszugehen, daß zwischen dem Chefarzt und dem Krankenhausträger ein Arbeitsvertrag vorliegt, der Chefarzt also Arbeitnehmer ist[70], und dieser Arbeitsvertrag als Rechtsgrundlage des Direktionsrechtes anzusehen ist.[71] "Das auf dem Arbeitsvertrag beruhende Weisungsrecht gehört zum wesentlichen Inhalt eines jeden Arbeitsverhältnisses."[72] Daher können auch im fachlichen Tätigkeitsbereich angestellter Chefärzte Direktionsrechte des Arbeitgebers bestehen, wenn und soweit diese nicht ausgeschlossen oder beschränkt sein sollten.

2) Der Ausschluß des Direktionsrechts

a) Die Bedeutung des Berufs- und Standesrechts

aa) § 14 Abs.1, Satz 2,3 der Musterberufsordnung (MuBO)

"Anstellungsverträge dürfen von Ärzten nur abgeschlossen werden, wenn die Grundsätze dieser Berufsordnung gewahrt sind. Sie müssen insbesondere sicherstellen, daß der Arzt in seiner ärztlichen Tätigkeit keinen Weisungen von Nichtärzten unterworfen wird. Sofern Weisungsbefugnis von Ärzten gegenüber Ärzten besteht, sind die Empfänger dieser Weisung dadurch nicht von ihrer ärztlichen Verantwortung entbunden."[73]

---

[68] *Ausnahme: öffentlich-rechtliches Beamtenverhältnis, dazu unten s.S.65 ff*
[69] *Siehe die Musterverträge für leitende Krankenhausärzte in: ArztR 1976,145 ff; ArztR 1983,317 ff; KH 1957,137 ff; ArztR 1993,363 ff; Narr, I, Rz.1118 m.w.N.*
[70] *hM, vgl. Schaub, § 16 VI 3, S.62; zum früheren Streit siehe Eichholz, AR-Blattei, Arzt I, A I 2*
[71] *hM, vgl. die ausführliche Stellungnahme zum Meinungsstreit bei Birk, S.23 ff*
[72] *BAG, DB 1980,1603; a.A. Böker, S.83*
[73] *Diese Regelung der Musterberufsordnung ist in alle Länderberufsordnungen übernommen worden, vgl. z.B. § 14 Abs.1 BO Baden-Württemberg; § 14 Abs.1 BO Bayern; § 10 Abs.1 BO Berlin; § 14 Abs.1 BO Brandenburg; § 10 Abs.1 BO Bremen; § 10 Abs.1 BO Hamburg; § 14 Abs.1 BO Hessen; § 10 Abs.1 BO Mecklemburg-Vorpommern; § 10 Abs.1 BO Niedersachsen; § 10 Abs. 1 BO Nordrhein; § 10 Abs.1 BO Rheinland-Pfalz; § 10 Abs. 1 BO Saarland; § 10 Abs.1 BO Sachsen; § 14 Abs.1 BO Sachsen-Anhalt; § 14 Abs.1 BO Schleswig-Holstein; § 10 Abs.1 BO Thüringen; § 10 Abs.1 BO Westfalen-Lippe
Die gesamte Musterberufsordnung ist in Anhang 1 abgedruckt*

Ausgehend von dieser Regelung der Berufsordnung läßt sich die These ableiten, daß der Arbeitgeber, der regelmäßig kein Arzt sein wird, den angestellten Ärzten keine Weisungen erteilen kann. Ob sich diese Annahme mit der Rechtslage deckt, hängt davon ab, welche Rechtsnatur die Länderberufsordnungen haben und damit zusammenhängend, welche Bindungswirkung sie wem gegenüber entfalten.

bb) Die Rechtsnatur von Berufsordnungen

(1) Berufs- und Standesrecht

Das Berufs- und Standesrecht der Ärzte stellt sich als ein Konglomerat verschiedenartigster, rechtlicher Regelungen dar. Neben bundesgesetzlichen (BÄO) bestehen landesgesetzliche (Kammer- und Heilberufsgesetze) Regelungen, weiter Berufs- und Weiterbildungsordnungen der jeweiligen Länderärztekammern sowie sog. Standesrichtlinien. Allgemein wird in der Literatur, wie in der Praxis oft pauschal vom "Standes- und Berufsrecht" gesprochen. Insoweit besteht zwar eine comunis opinio hinsichtlich der Verwendung des Begriffes, was aber jeweils darunter zu verstehen ist, bleibt weitgehend unklar.[74] Taupitz ist darin beizupflichten, daß die Verwendung der beiden Begriffe "Berufsrecht" und "Standesrecht" eine mögliche Differenzierung der Begriffe indiziert, andernfalls einer der beiden Begriffe überflüssig wäre:

Unter "Berufsrecht" wird man, teleologischer und grammatischer Auslegung folgend, den Inbegriff aller geschriebenen und ungeschriebenen, normativen, aber auch non-normativen Regelungen zu verstehen haben, die reglementierend in Zusammenhang mit einer beruflichen Aus-, Weiter-, Fortbildung oder der Berufsausübung stehen.[75] Von diesem Ausgangspunkt ergibt sich, daß das "Standesrecht", welches sich mit den gleichen Inhalten befaßt, nur als Untereinheit des Berufsrechts angesehen werden kann. Zutreffend stellt die überwiegende Ansicht[76] bei der Bestimmung dessen, was als Standesrecht zu bezeichnen ist, auf den Normgeber ab und gelangt so zu der Erkenntnis, daß das Standesrecht derjenige Teil des Berufsrechts ist, der vom "Stand" bzw. dessen Organen geschaffen worden ist. Es handelt sich beim Standesrecht daher um "sublegales Recht".[77]

---

74 *Als Beispiel der begrifflichen Verwirrung mag dienen, wenn der wirtschaftspolitische Ausschuß des Bundestages von "auf staatlicher Ermächtigung beruhendem Berufsstandesrecht" spricht*
75 *Ähnlich Taupitz, S.157, dessen Definition nicht, bzw. nur unter Berücksichtigung seiner weiteren Ausführungen auf S.158 zum Ausdruck bringt, daß auch die Berufsausbildung erfaßt wird und zudem Regelungen bestehen, wie z.B. Standesrichtlinien oder -sitten, die keinen normativen Charakter innehaben*
76 *So z.B.: Fleischmann, S.142; Taupitz, S.159 f m.w.N. in Fn.23 ff*
77 *Taupitz, S.160*

(2) Meinungsstand

Überprüft man die juristische Literatur unter dem Aspekt der Rechtsqualität von Berufsordnungen, so trifft man in der Regel auf die ebenso beiläufige wie apodiktische, zumeist einer weiteren Begründung entbehrende Feststellung, das durch die verschiedenen Kammern in Form von Berufsordnungen gesetzte Standesrecht sei als Satzungsrecht zu qualifizieren und habe seine gesetzliche Ermächtigungsgrundlage in den jeweiligen Kammer- und Berufsgesetzen der Länder.[78] Auch das Bundesverfassungsgericht hat in seiner grundlegenden Entscheidung zu den ärztlichen Berufsordnungen erkannt, daß diese Berufsordnungen der Ärztekammern autonomes Satzungsrecht seien[79] und hat somit den in der Literatur allgemein vorherrschenden Standpunkt zumindest insoweit bestätigt. Diese durchaus naheliegende und ganz überwiegend vertretene Ansicht ist jedoch nicht unwidersprochen geblieben[80], obwohl z.B. Weissauer/Poellinger[81] meinen, daß dies "nicht zweifelhaft sein" könne. Die Tatsache, daß generell die juristische Diskussion um die Kategorisierung sublegalen Rechts zunehmend mehr Beachtung und Vertiefung findet[82], sowie das Zusammentreffen der in der herrschenden Meinung bestehenden Begründungsschwäche mit der ausgiebigen und beachtlichen Argumentation der von Kleine-Cosack und vor allem Taupitz vertretenen, differenzierenden Mindermeinung rechtfertigen es, sich diesem Fragenkreis näher zu widmen:

(3) Stellungnahme

(a) Berufsordnungen im allgemeinen

Schon eingangs wurde darauf hingewiesen, daß - soweit die Problematik der Rechtsnatur von Berufsordnungen allgemein behandelt wird - diese als Satzungsrecht qualifiziert werden. Dieses pauschale Ergebnis erweckt angesichts der Komplexität des Problembereichs Zweifel an seiner uneingeschränkten Stichhaltigkeit. Dies umso mehr, wenn man die

---

[78] *Vgl. etwa Lach, S.117 f; Michalski, Gesellschafts- und Kartellrecht, S. 38; für die ärztlichen Berufsordnungen im besonderen: Hofstetter, S.88 f; Rieger, Rz.389; Narr, Rz.644,647*
[79] *BVerfG, NJW 1972,1504 ff (sog. Facharztbeschluß); bestätigt in BVerfG, NJW 1988,191(192); jüngst ebenso OVG Schleswig, NJW 1993,808 f; VGH Kassel, NJW 1994,812 f*
[80] *Vgl. Kleine-Cosack, S.60 ff; Taupitz, S.629 ff, die sich für eine differenziertere Betrachtungsweise einsetzen*
[81] *Weissauer/Poellinger, S.8 f*
[82] *Vgl. etwa die Diskussion um die anwaltlichen Standesrichtlinien, Kleine-Cosack, S.64 ff; Büsken, MDR 1985,898(899), Fn.15; Taupitz, S.668 ff; BVerfG, NJW 1988,191 ff; zur Diskussion um die Rechtsqualität der Neutralitätsanordnung gemäß § 116 Abs.3 AFG: Seiter, § 7 III 2; Ossenbühl/Richardi, S.26,29; Isensee, DB 1985,2681(2684 ff)*

Vielzahl von Berufen mit Berufsordnungen[83], die zum Teil erheblich unterschiedlich ausgestalteten, landesgesetzlichen Ermächtigungsnormen innerhalb der einzelnen Berufsgesetze sowie die sich zum Teil nicht deckenden Formulierungen der einzelnen Länderberufsordnungen bedenkt. Taupitz ist daher zuzustimmen, daß man aufgrund der Vielzahl und Inkompatibilität des vorhandenen, sublegalen Standesrechts nicht zu einer einheitlichen Qualifizierung der Rechtsnatur von Berufsordnungen gelangen kann.[84]

(b) Die Länderberufsordnungen der Ärzte im besonderen

Als Ausgangspunkt kann festgehalten werden, daß die einzelnen Länderberufsordnungen jeweils von der zuständigen Landesärztekammer erlassen werden und diese sich dabei jeweils auf bestimmte landesgesetzliche Ermächtigungsgrundlagen stützen können.[85] Ferner handelt es sich bei den erlassenen Berufsordnungen um für eine unbestimmte Vielzahl von Fällen abstrakt-generell getroffene Regelungen, die somit Rechtssatzcharakter innezuhaben scheinen. Dogmatisch kommen daher als Rechtsnatur die Rechtsverordnung, die Satzung oder ein Rechtsakt sui generis in Betracht.

Aufgrund der von Taupitz als unvermeidlich für die Beantwortung der Frage nach der Rechtsnatur der Länderberufsordnungen bezeichneten und durchgeführten Analyse der einzelnen Kammergesetze[86] hat dieser zu Recht darauf hingewiesen, man könne wegen der Nonkonformität der landesgesetzlichen Ermächtigungsnormen nicht einmal unbedingt davon ausgehen, daß sämtliche von Kammern erlassene ärztliche Berufsordnungen die gleiche Rechtsqualität aufweisen müßten. Demnach ist es keineswegs folgerichtig oder gar zwingend, wenn die herrschende Meinung im Regelfall ohne Begründung im einzelnen aus der Tatsache, daß es sich bei den Landesärztekammern um öffentlich-rechtliche Körperschaften handelt, denen klassischerweise die Autonomie eingeräumt ist, ihre Angelegenheiten durch Satzungen weitestgehend selbst zu regeln, den Schluß zieht, dies entspräche auch im Bereich des ärztlichen Standesrecht der Rechtslage. Diese Typizität der mittelbaren Staatsverwaltung durch nichtstaatliche, juristische Personen des öffentlichen Rechts kann allenfalls indizielle Wirkung entfalten, ersetzt jedoch nicht Prüfung und Begründung.

---

83 Vgl. die Zusammenstellung bei Michalski, Begriff, S.30 ff
84 Vgl. im einzelnen hierzu: Taupitz, S.629 ff
85 Eine Zusammemstellung der Kammer- und Heilberufsgesetze findet sich bei Schiwy, Bd.1, Nr.1000 ff
86 Taupitz, S.628 ff

(aa) Rechtsverordnung

Die Verfassungen eröffnen dem jeweiligen Gesetzgeber die Möglichkeit, entgegen dem Grundsatz der Gewaltenteilung, partiell Rechtsetzungsgewalt auf die Exekutive zu übertragen, welche die ihr zugewiesene Gesetzgebungsbefugnis sodann durch den Erlaß von Rechtsverordnungen ausübt. Da die Berufsordnungen abstrakt-generelle Regelungen enthalten, kommt die Rechtsverordnung als Rechtsnatur derselben in Betracht. Bedenken ergeben sich diesbezüglich aber daraus, daß die Verordnungsmacht gemäß Art. 80 Abs.1 GG prinzipiell den staatlichen Stellen, mithin der unmittelbaren Staatsverwaltung, zusteht, so daß es sich fragt, ob nichtstaatliche Stellen wie z.B. die Länderärztekammern grundsätzlich möglicher Adressat einer gesetzlichen Ermächtigung zum Erlaß von Rechtsverordnungen sein können. Diese in der Literatur umstrittene Frage[87] kann hier dahingestellt bleiben, da keines der fraglichen Berufsgesetze mit einer dementsprechenden Verordnungsermächtigung einschließlich weiterer Subdelegationsermächtigung an die jeweilige Länderärztekammer ausgestattet ist.[88] Die Länderberufsordnungen sind demnach keine Rechtsverordnungen.

(bb) Satzung

Da somit die Rechtsverordnung als denkbare Rechtsnatur ausscheidet, ist auf die Rechtsform der Satzung zurückzukommen:

Insoweit gilt es, nicht ebenfalls in den an der herrschenden Meinung gerügten Zustand zu verfallen und die Typizität als Begründung für die Annahme des Satzungscharakters der Länderberufsordnungen ausreichen zu lassen. Demgegenüber ist bei der Klärung der Rechtsfrage von den Ermächtigungsgrundlagen in den jeweiligen Kammer- und Heilberufsgesetzen der Länder auszugehen. Die Analyse der verschiedenen Länderberufsordnungen der Ärzte ergibt, daß einzelne landesgesetzliche Bestimmungen vorliegen, "die den Kammern die Befugnis einräumen, die Berufspflichten der Mitglieder in Berufsordnungen zu regeln, und die diese Ordnungen ausdrücklich als Satzungen bezeichnen."[89] Darüberhinaus bestehen Ländergesetze, welche zwar Berufsordnungen explizit vorsehen,

---

[87] *Dafür: Spanner, DöV 1959,38; Jarass/Pieroth, Art. 80 GG, Rz.17; Wilke, in: Mangoldt/Klein, Art.80, Anm. VIII 3; Taupitz, S.645; dagegen: Lepa, AöR 105, S.337 ff(359 ff)*
[88] *Vgl. die Nachweise in Fn.85*
[89] *§§ 9, 10 Nr.15 Kammergesetz von Baden-Württemberg; § 14 Abs.1,4 Nr.4 Heilberufsgesetz von Rheinland-Pfalz; § 27 Heilberufsgesetz von Schleswig-Holstein*

jedoch deren Rechtsnatur nicht näher bestimmen.[90] Bei dieser Gruppe von Länderberufsordnungen ist die Rechtsnatur jedenfalls nicht eindeutig vom Gesetzgeber bestimmt. Es ist Taupitz soweit zu folgen, als er auch für diese Gruppe von Gesetzen die Absicht des Gesetzgebers bejaht, den Kammern die Möglichkeit zur Schaffung von verbindlichen Berufsordnungen mit berufsausübungsregelndem Inhalt einräumen zu wollen.[91] Diese Annahme rechtfertigt sich zum einen aus der teilweise vom Gesetzgeber in einzelnen Ländergesetzen festgelegten Rechtsformbezeichnung, zum anderen folgt dieses Ergebnis auch für die übrigen Länderberufsordnungen der Ärzte aus der durch die ausdrückliche Festlegung der Satzungsqualität in einigen Ländergesetzen noch verstärkten Typizität, sowie dem Fehlen eines erkennbar abweichenden Willen des Gesetzgebers. Denn wer sich im Bereich von Typizitäten bewegt und eine atypische Rechtsform wählen will, muß diesen abweichenden Willen klar zum Ausdruck bringen. Gleiches gilt insoweit für die Länderärztekammern. Zuletzt spricht auch der Umstand, daß sich die Länderberufsordnungen fast wörtlich an der von der Bundesärztekammer - einem privatrechtlichen Verein - erlassenen Musterberufsordnung orientieren, nicht gegen den Satzungscharakter, da diese nur Vereinheitlichungszwecken dient, nicht aber auf die Rechtsqualität der Länderberufsordnungen einwirkt.

(4) Zwischenergebnis

Die ärztlichen Länderberufsordnungen sind Satzungen.[92] Diese rechtliche Einordnung präjudiziert die rechtliche Qualifizierung sublegalen Standesrechts anderer Berufe nicht und hat insbesondere keine für alle Berufsordnungen freier Berufe generalisierenden Geltungsanspruch. Sie entwickelt allenfalls indizielle Wirkung im Rahmen der Typizität, wenn und soweit nicht der Gesetzgeber andere Rechtsformen vorgibt, oder aber der jeweilige Standesrechtgeber einen abweichenden Willen deutlich macht.

---

90 § 5 Hamburger Ärztegesetz; §§ 29 f Brem.Heilberufsgesetz; §§ 24 f Hess. Heilberufsgesetz; §§ 30 f Nieders.Kammergesetz; § 28 Heilberufsgesetz Nordrhein-Westfalen; § 4 Abs.3 Berl. Kammergesetz; § 19 Saarl.Ärztekammergesetz
91 Taupitz, S.629 f
92 So auch die hM, vgl. die Nachweise in Fn.78 f

cc) Bindung der Arbeitgeber an die Berufsordnung?

(1) Die Bindungswirkung der Satzung

Die Berufsordnungen der Länderärztekammern sind streng an der Musterberufsordnung der Bundesärztekammer orientierte, weitgehend übereinstimmende, autonome Satzungen, die aufgrund gesetzlicher Ermächtigung in den Kammer- und Heilberufsgesetzen der Länder ergehen.[93] Die für die öffentlich-rechtliche Körperschaft "Ärztekammer" bestehende Zwangsmitgliedschaft[94] aller Berufsangehörigen bewirkt, daß diese Berufsordnungen mittels ihres Normcharakters als Satzung für alle Berufsangehörigen unmittelbar rechtsverbindliche Wirkung entfalten. Entsprechend der auf die Mitglieder der Kammer beschränkten, autonomen Rechtssetzungsmacht gelten die Regelungen der Berufsordnungen jedoch regelmäßig nicht für die Arbeitgeber, es sei denn, diese selbst wären - wie z.b. ein Leiter einer Privatklinik - in persona Mitglieder der jeweiligen Ärztekammer.

(2) Der Arbeitsvertrag und seine Auslegung

Durch den Arbeitsvertrag verpflichtet sich der Arbeitnehmer die vertraglich übernommene Tätigkeit auszuüben. Diese Tätigkeit wird je nach ihrer Art sehr allgemein umschrieben oder auch konkret festgelegt. In aller Regel aber wird die vom Arbeitnehmer geschuldete Arbeitsleistung nur gattungsmäßig bestimmt. Die Einstellung erfolgt z.b. als Sekretärin, Arzt, Schreiner oder Rechtsanwalt.[95] Bei der näheren Bestimmung der arbeitsvertraglichen Pflichten des Arztes muß der arbeitsvertragliche Rahmen, innerhalb dessen sich das Direktionsrecht des Arbeitgebers bewegen muß, durch Auslegung des Arbeitsvertrages gemäß den §§ 133, 157 BGB ermittelt werden.[96] Hierbei wird der verwendete Berufsbegriff "Arzt" durch die Regelungen der Berufsordnung näher konkretisiert, da in Fällen "mit deutlich umrissenem Berufsfeld bzw. entsprechender Berufsordnung (...) grundsätzlich nur solche Tätigkeiten Gegenstand der arbeitsvertraglichen Einigung (sind), die diesen entsprechen."[97] Damit werden die Regelungen der Berufsordnung über die Auslegung des Arbeitsvertrages zum Geltung beanspruchenden Inhalt des Arbeitsvertrages, und die Arbeitgeber vertraglich an die Bestimmungen der ärztlichen Berufsordnungen gebun-

---

93 Siehe dazu oben S.13 ff
94 Vgl. weitere Nachweise bei Rieger, Rz.6
95 Vgl. Schaub, § 45 IV, S.220; v.Hoyningen-Huene, S.139
96 Zur Frage der Konkretisierung der Arbeitspflicht ebenso: Hueck/Nipperdey, Bd.I, § 35 III, S. 200
97 Wendeling-Schröder, BB 1988,1742(1747); ähnlich Bauer, S.149(158); Wiesner, BlStSozArbR 1985, 177 (179)

den.[98] Im Einklang mit diesem Ergebnis steht die Tatsache, daß die Einhaltung der Grundsätze der ärztlichen Berufsordnung verfahrensrechtlich durch eine für den Arzt bestehende Vorlagepflicht des noch abzuschließenden Arbeitsvertrages bei der Ärztekammer sichergestellt wird[99], denn ob ein Verstoß gegen die dem § 14 Abs.1 Satz 2 MuBO entsprechende Bestimmung der Länderberufsordnungen die Rechtsfolge des § 134 Abs.1 BGB auszulösen vermag, erscheint zumindest fraglich.[100]

Da also auch die Arbeitgeber an die ärztlichen Berufsordnungen gebunden sind, bricht an dieser Stelle, sobald also Nichtärzte Weisungsbefugnisse ausüben sollen, die Weisungshierarchie in einem Krankenhaus nach oben hin ab. "Welche Rechtsform der Krankenhausträger auch immer haben mag, wenn das leitende Organ selbst kein Arzt ist, ist sein Weisungsrecht an dieser Stelle ausgeschlossen. Letzte Instanz kann also immer nur der hierarchisch höchstrangige Arzt sein."[101]

(3) Der Ärztliche Direktor als konkreter Prinzipal?

Es bleibt aber zu untersuchen, ob unter dem Aspekt des § 14 Abs. 1 Satz 2 MuBO nicht der Ärztliche Direktor, seinerseits Chefarzt und Mitglied des Krankenhausdirektoriums, als weisungsberechtigter Arzt gegenüber den übrigen Chefärzten in Betracht kommt. Aus den Anwendung findenden Grundsätzen der Krankenhausorganisation[102], insbesondere auch nach dem Sinn und Zweck der Institution des Ärztlichen Direktors[103], ergibt sich aber, daß der Ärztliche Direktor nur dann eine Vorgesetztenfunktion den übrigen Chefärzten gegenüber innehat, wenn und soweit es um organisatorische Fragen des Krankenhausbetriebes geht.[104] Gerade in die alleinige Verantwortung der leitenden Abteilungs- und Funktionsärzte für Diagnostik, Therapie und sonstiges ärztliches Handeln inner-

---

98 So auch Schäuble, S.192; Molitor, RdA 1959,2(6); ders., DB 1960,28(30)
99 Vgl. § 14 Abs.2 MuBO (Anhang 1)
100 Vgl. MüKo-Mayer-Maly, Bd.I, § 134 BGB, Rz.28; bejahend für § 18 BO der nordrheinischen Ärzte BGH, WM 1986,565 f
101 Bauer, S.149(158); ebenso Staudinger-Richardi, Vorbem.zu § 611 BGB, Rz.1638
102 Vgl. die verschiedenen Empfehlungen: "Leitsätze zur Struktur der Krankenhäuser und ihres ärztlichen Dienstes" des Deutschen Ärztetages 1972, Punkt IV; "Moderne Krankenhausstrukturen" der Arbeitsgemeinschaft Deutsches Krankenhaus, 1973, Punkt 14.; sowie die Regelungen in den Krankenhausgesetzen einzelner Länder: § 37 KHG Berlin, § 9 KHG Rheinland-Pfalz, § 21 KHG Nordrhein-Westfalen, abgedr. allesamt bei Hoffmann,in: Müller, aaO, S.152 ff
103 Vgl. hierzu S.7 m.w.N. sowie Eichholz, AR-Blattei, Arzt I, A I 3
104 Z.B.: Sicherung der Krankenhaushygiene, der ärztlichen Aufzeichnungen, der Kooperation des ärztlichen Dienstes der verschiedenen Abteilungen; im einzelnen dazu vgl. Hoffmann, AuK 91,188; ders., KHU 91,764 f

halb ihres Zuständigkeitsbereiches darf und kann er nicht eingreifen.[105] Der Ärztliche Direktor kommt damit bezüglich des medizinisch-fachlichen Bereichs ärztlichen Handelns nicht als weisungsberechtigter Vorgesetzter der Chefärzte in Frage. Somit ergibt sich auch aus den jeweiligen, dem § 14 Abs.1 Satz 2 MuBO entsprechenden Bestimmungen der einzelnen Länderberufsordnungen, daß die Chefärzte fachlich weisungsunabhängig sind.

b) Die "Natur der Sache"

Letztlich folgt die fachliche Weisungsunabhängigkeit des einzelnen Chefarztes auch aus der Natur der Sache.[106] Die Natur der Sache ist seit jeher auch eine juristische Denkform.[107] Radbruch bezeichnete den Stand der allgemeinen, wie insbesondere auch der juristischen Diskussion bereits 1947 mit heute noch treffender Genauigkeit, wenn er über die Natur der Sache schrieb:

"Die Wendung Natur der Sache ist in den allgemeinen Sprachgebrauch übergegangen und zwar als Ausdrucksform einer Selbstverständlichkeit, die keiner Begründung zu bedürfen scheint und die weitere Diskussion kurz abschneiden soll. Nicht viel anders erscheint sie wohl gelegentlich in der Rechtspraxis: ohne weitere Gründe, mit dem Anspruch der Evidenz. Aber die Rechtstheorie hat das logische Wesen der Natur der Sache, die merkwürdige Verknüpfung von Seinsfeststellung und Wertbeurteilung, noch nicht genügend geklärt."[108]

Auch Larenz moniert, daß "über den Begriff der Natur der Sache (...) gerade in den letzten Jahren wieder außerordentlich viel geschrieben worden (ist), ohne daß über ihn bisher ein allgemeines Einverständnis erzielt oder eine klare Begrenzung gewonnen wäre"[109] und Burkhard Wilhelm hat die Natur der Sache als "eines der gefährlichsten Werkzeuge wissenschaftlicher Argumentation" bezeichnet.[110] Aufgrund der fortbestehenden Unsicherheit in der juristischen Wissenschaft über die Natur der Sache ist auf die am aussagekräftigsten erscheinende Formulierung des Bundesverfassungsgerichts zurückzugreifen:

"Schlußfolgerungen aus der Natur der Sache müssen begriffsnotwendig sein und eine bestimmte Lösung unter Ausschluß anderer Möglichkeiten sachgerechter Lösung zwingend fordern."[111]

---

105   Vgl. dazu Eichholz, AR-Blattei, Arzt I, A I 3: *"Unbeschadet der Selbständigkeit der leitenden Abteilungs- und Funktionsärzte in der Untersuchung und Behandlung der Patienten trägt der Ärztliche Direktor gegenüber der Medizinalaufsichtsbehörde und gegenüber dem Krankenhausträger die Verantwortung für den ordnungsgemäßen Ablauf des gesamten Krankenhausbetriebes in organisatorischer Hinsicht, für die Krankenhaushygiene und für die Beachtung der seuchenpolizeilichen und sonstigen Meldepflichten."*
106   Näher zur Natur der Sache, Radbruch, FS.f.Laun, S.157 ff m.w.N.
107   Vgl. den kurzen historischen Abriß bei Radbruch, FS.f.Laun, S.157 f
108   Radbruch, FS.f.Laun, S.157(159)
109   Larenz, Methodenlehre, S.417
110   Zitiert nach Radbruch, FS.f.Laun, S.157(170)
111   BVerfGE 11,89(99)

Demgemäß kommt es im Zusammenhang mit der Struktur des ärztlichen Dienstes darauf an, ob der Chefarzt eines Fachbereiches zwingend - unter Ausschluß anderer sachgerechter Lösungen - fachlich weisungsunabhängig sein muß. Dies ist zu bejahen, da es für die Einrichtung "Krankenhaus", ein sinn- und zweckentsprechendes Funktionieren als Zielbestimmung vorausgesetzt, nicht vorstellbar bzw. sachgerecht wäre, daß die Arbeitgeber, die stets mehrere Chefärzte verschiedener Bereiche angestellt haben, diesen medizinisch-fachliche Anweisungen erteilen könnten, obwohl ihnen dazu jedenfalls die fachliche Kompetenz fehlt. Denn ein potentieller Prinzipal kann nicht über die Kenntnisse und Fähigkeiten aller Fach- und Funktionsbereiche in ausreichendem (möglichst: hervorragendem) Umfange verfügen.[112] Da somit andere sachgerechte Lösungen als die fachliche Weisungsunabhängigkeit der leitenden Abteilungs- und Funktionsärzte nicht vorstellbar sind, folgt diese auch aus der Natur der Sache.

c) Arbeitsvertraglicher Ausschluß des Direktionsrechts

Vakante Chefarztstellen werden von vornherein nur unter Zugrundelegung von Musterverträgen[113] oder Richtlinien[114] vergeben, welche allerdings allesamt davon ausgehen, daß der Chefarzt im medizinisch-fachlichen Bereich keinen Weisungen unterliegt[115], so daß das Direktionsrecht des Krankenhausträgers im medizinisch-fachlichen Bereich ärztlichen Handelns auch arbeitsvertraglich ausgeschlossen ist.

d) Zusammenfassung: Erstes Ergebnis

Es ist daher festzuhalten, daß dem Arbeitgeber gegenüber Chefärzten im medizinisch-fachlichen Bereich ärztlichen Handelns kein Direktionsrecht zusteht.[116] Die in den Chefärzteverträgen enthaltenen Pflichtenregelungen ändern hieran nichts, da sie sich nicht auf den medizinsch-fachlichen Bereich des ärztlichen Handelns beziehen.[117]

---

112 *In diesem Zusammenhang zitieren Carstensen/Schreiber,S.167, Gaius Lucilius mit der Einsicht "Non omnia possumus omnes"; die gleiche Argumentation findet bei der sog. Doppelermächtigung zur Weiterbildung Anwendung, vgl. dazu Rieger, Rz.1883*
113 *Vgl. Fn.69*
114 *Vgl. die Richtlinien für Chefarztverträge,KH 1957,137 ff*
115 *Vgl. etwa Punkt II.1. der Richtlinien für Chefarztverträge, KH 1957,137 (138); § 2 Abs.2 des Mustervertrages für leitende Krankenhausärzte, ArztR 1983,317 (320)*
116 *Soweit ersichtlich ganz überwiegende Ansicht, vgl. statt vieler: Staudinger-Richardi, Vorbem. zu § 611 BGB, Rz.1638; Eichholz, AR-Blattei, Arzt I, A I 2*
117 *Vgl. die Chefarztmusterverträge, Fn.69,114*

II. Das Direktionsrecht gegenüber nachgeordneten Ärzten

1. Der Ausschluß des Direktionsrechts

a) Arbeitsvertraglicher Ausschluß

In den Arbeitsverträgen der übrigen Krankenhausärzte findet sich ein den Chefärzteverträgen entsprechender Vertragspassus über die Weisungsunabhängigkeit im medizinischfachlichen Bereich nicht, so daß das auf dem Arbeitsvertrag beruhende[118] Direktionsrecht nicht ausdrücklich vertraglich ausgeschlossen ist.

b) Die "Natur der Sache"

Als juristische Argumentationsform konnte die "Natur der Sache" noch für die Begründung der fachlichen Weisungsunabhängigkeit der Chefärzte herangezogen werden[119], sie versagt indes bei den übrigen Krankenhausärzten. Deren fachliche Weisungsunabängigkeit ist nicht zwingend die einzige sachgerechte Lösung, denn es kann ebenfalls mit plausiblen Gründen eine Weisungsberechtigung des qualifizierteren und erfahreneren Chefarztes und damit eine Weisungsgebundenheit der nachgeordneten Ärzte als sachgerecht angesehen werden.[120] Das arbeitgeberseitige Direktionsrecht ist demnach jedenfalls nicht aufgrund der "Natur der Sache" ausgeschlossen.

c) Die Bedeutung des § 14 Abs.1, Satz 2,3 MuBO

aa) Die Divergenz zwischen arbeitsvertraglicher Rechtsbeziehung und faktischer Direktionsrechtsausübung

Nach den dem § 14 Abs.1 Satz 2,3 MuBO entsprechenden Vorschriften der Länderberufsordnungen[121] dürfen Ärzte keinen Weisungen von Nichtärzten unterliegen. Aber auch dieser Ausschlußgrund in bezug auf fachliche Weisungen scheint gegenüber den nachgeordneten Ärzten nicht durchzugreifen, stehen doch Chefärzte zur Verfügung, die fachliche Weisungen zu erteilen in der Lage sind und die von dieser Weisungsmöglichkeit in

---

118 Vgl. BAG, DB 1980,1603
119 Vgl. oben S.20 ff
120 So auch die Ausführungen bei Hoffmann, in: Müller, aaO, S.107 f
121 Vgl. die Nachweise in Fn.73

Einklang mit der herrschenden Meinung in der Literatur[122] in großem Umfang Gebrauch machen. Bei näherer Betrachtung fällt jedoch auf, "daß das Vertragsverhältnis, aus dem sich ein Direktionsrecht des Arbeitgebers ergibt, nicht zum Chefarzt, sondern zum Krankenhausträger"[123] besteht. D.h. der Krankenhausträger als Arbeitgeber müßte sein Direktionsrecht oder Teile dessen[124] in einer rechtlich zulässigen Form auf die Chefärzte "übertragen".

bb) Rechtsvernichtende oder rechtshemmende Wirkung des § 14 Abs.1 Satz 2,3 MuBO

Um die rechtliche Auswirkung des § 14 Abs.1 Satz 2,3 MuBO auf das Direktionsrecht bestimmen zu können, bedarf es zuvor der Lösung der rechtsdogmatischen Frage, ob der Krankenhausträger als denknotwendige Voraussetzung einer Übertragung oder Delegation grundsätzlich Inhaber eines Direktionsrechtes selbst im medizinisch-fachlichen Bereich - welchen Umfanges auch immer[125] - ist, dieses aber wegen der dem § 14 Abs.1 Satz 2 MuBO entsprechenden Bestimmungen der Länderberufsordnungen lediglich nicht ausüben darf und es daher, um die Ausübung desselben zu ermöglichen, auf die Chefärzte "übertragen" bzw. "delegieren" kann[126]. Andernfalls wäre eine "Übertragung/Delegation" mangels selbst eines derart beschränkten Direktionsrechtes in diesem Bereich eo ipso unmöglich. Mit anderen Worten ist zu klären, ob die angesprochenen Regelungen der Länderberufsordnungen lediglich rechtshemmende oder aber rechtsvernichtende Wirkung im Hinblick auf das Direktionsrecht des Arbeitgebers haben. Diese Fragestellung ist im Wege der Auslegung des Verbotes nichtärztlicher Weisungen durch die Berufsordnungen zu ermitteln.

Sinn und Zweck dieser Regelung liegt in der ärztlichen Berufsethik und deren hohem Stellenwert begründet. Mit dem Verbot nichtärztlicher Weisungen soll nicht primär das Direktionsrecht beschnitten werden, vielmehr soll gewährleistet werden, daß Ärzte nicht den unsachgemäßen, u.U. von anderen Gesichtspunkten als dem Gesetz und dem ärztlichen Gewissen geleiteten, Weisungen gerade von Nichtärzten unterliegen. Es ist daher im Hinblick auf die Regelungen der Länderberufsordnungen nach den Grundsätzen der teleo-

---

[122] *Vgl. Fn.35*
[123] *Staudinger-Richardi, Vorbem.zu § 611 BGB, Rz.1639*
[124] *Becker/Wulfgramm, AÜG, Art.1, § 1, Rz.58 sprechen von sog. sektoraler Aufspaltung des Weisungsrechts, wenn das Weisungsrecht entsprechend den jeweiligen Bedürfnissen des Einzelfalles aufgeteilt wird*
[125] *Dazu unten S.68 ff*
[126] *Nunius, S.109 führt die Parallele zu den §§ 6 Abs.1, Ziff.2 i.V.m. 20, 21, 77 bis 99 BBiG auf*

logischen Auslegung von Rechts wegen nicht zu beanstanden, wenn Krankenhausträger als Arbeitgeber ärztlicher Arbeitnehmer ihr Direktionsrecht, in dessen Ausübung sie durch die Berufsordnung beschränkt sind, auf ihre Chefärzte "delegieren", um den Anforderungen der Berufsordnungen gerecht zu werden. Sie bieten damit die Gewähr, daß fachliche Weisungen gegenüber Ärzten - so sie überhaupt zulässig sein sollten[127] - nicht von Nichtärzten erteilt werden. Aus der soeben gewonnen Erkenntnis, daß eine "Übertragung/Delegation" grundsätzlich rechtlich möglich ist, folgt die Frage, auf welche Art und Weise die "Übertragung/Delegation" juristisch-konstruktiv vollzogen werden kann.

cc) Die Rechtsnatur der "Übertragung" des Direktionsrechts

Im folgenden wird untersucht, mittels welchen konkreten, juristischen Rechtsinstitutes die oben angesprochene "Übertragung" bzw. "Delegation" vorgenommen werden kann. Eine eingehendere Begründung und Auseinandersetzung mit den dabei auftretenden konstruktiven Problemen fehlt bisher weitgehend.[128]

Zwar ist die noch zu behandelnde Problematik, ob dem Krankenhausträger aus dem Arbeitsvertrag ein fachliches Direktionsrecht gegenüber den nachgeordneten ärztlichen Arbeitnehmern, welches gegebenenfalls durch die Chefärzte ausgeübt werden könnte, letztendlich zusteht und bejahendenfalls, welchen Umfang dieses hat, noch nicht geklärt[129], dennoch erscheint es aus darstellungstechnischen Gründen angebracht, bereits an dieser Stelle die rechtsdogmatischen Grundlagen der "Delegation" von Direktionsrechten vorab zu erörtern.

Die Frage nach dem Modus der "Übertragung" bzw. "Delegation" von Direktionsrechten steht in engem Zusammenhang mit der Rechtsnatur des Direktionsrechts, da hieraus verbindliche Prämissen sowohl für die Zulässigkeit als auch die Art und Weise einer "Übertragung" resultieren. Die ganz herrschende Meinung sieht das Direktionsrecht des Arbeitgebers als Gestaltungsrecht und die einzelne Weisung als rechtsgeschäftliche Willenserklärung an.[130] Vom Boden dieser ganz überwiegenden Ansicht aus sind verschiedene rechtliche Konstruktionsmöglichkeiten einer "Übertragung / Delegation" von Direktionsrechten denkbar:

---

127 Siehe dazu unten S. 68 ff
128 Birk, S.159
129 Vgl. Fn.127
130 Vgl. v.Hoyningen-Huene, S.143 m.w.N. zur hM in Fn.24; Birk, AR-Blattei, Direktionsrecht I, B II 1, 2a sowie die Rezension von Söllner's Habilitationsschrift, Richardi, RdA 1970,208 ff; zur beachtlichen Kritik an der hM siehe Birk, aaO

(1) Die Abtretung gemäß § 398 BGB

(a) Die Abtretung des Anspruchs auf die Arbeitsleistung

Die Abtretung des Anspruchs auf die Arbeitsleistung nach § 398 BGB mit der Folge, daß das Direktionsrecht gemäß § 401 BGB auf den Zessionar übergeht, wird hauptsächlich für den Bereich des Arbeitnehmerüberlassungsgesetzes (AÜG) diskutiert.[131]

Rechtstheoretisch wäre dieser Weg wegen der Dispositivität des § 613 Satz 2 BGB auch hier gangbar, jedoch ist er für die Schaffung der innerbetrieblichen Leitungs- und Weisungshierarchie keine adäquate Lösung. Denn der Arbeitgeber will seinem weisungsberechtigtem Leitungspersonal keinesfalls seinen Anspruch auf die Arbeitsleistung der diesen unterstellten Arbeitnehmer abtreten. Die Abtretung des Anspruches auf die Arbeitsleistung, um den Vorgesetzten Weisungsrechte zukommen zu lassen, widerspricht ganz offensichtlich der vorgegebenen betrieblichen Interessenlage, da dies die Arbeitgeberstellung völlig aushöhlen würde, und ist daher abzulehnen.[132]

(b) Die isolierte Abtretung des Direktionsrechts

Da der Arbeitgeber jedenfalls Inhaber des Anspruchs auf die Arbeitsleistung bleiben will, ist daran zu denken, die Direktionsrechte im benötigten Maß isoliert an die Vorgesetzten abzutreten. Aber auch hier entstehen eine Reihe schwieriger, rechtsdogmatischer Fragen:

Zum einen ist das Direktionsrecht nach ganz herrschender Ansicht ein Gestaltungsrecht, mithin keine Forderung i.S. von § 398 Satz 1 BGB.[133] Es könnte daher allenfalls über § 413 BGB eine Abtretung in analoger Anwendung der §§ 398 ff BGB in Betracht kommen. "Zum anderen ist die echte Übertragung von Weisungsrechten im Sinne einer Abspaltung originärer Arbeitgeberrechte ohne Zession des Anspruches auf die Arbeitsleistung gar nicht als ohne weiteres zulässig anzusehen."[134] Fraglich erscheint hierbei, ob die Direktionsrechte als Gestaltungsrechte überhaupt vom Anspruch auf die Arbeitsleistung abtrennbar und damit selbständig übertragbar sind. In der Literatur wird angesichts dieses Problemkreises vielfach zwischen selbständigen und unselbständigen Gestaltungsrechten, die lediglich der Ausübung oder Durchsetzung der Forderung selbst dienen, unterschieden:

---

131 Vgl. Bydlinski, P., S.272 f
132 Ebenso Gick, S.95
133 Vgl. dazu Soergel-Kraft, Bd.III, § 611 BGB, Rz.38
134 Zöllner, ZfA 1983,93(95); in diesem Sinne auch Konzen, ZfA 1982,259(281 f)

"Unselbständige (akzessorische, abhängige) Gestaltungsrechte sollen mit anderen Rechtspositionen, etwa einer Verpflichtung, einer Forderung oder der gesamten Vertragsposition untrennbar verbunden sein."[135] Die Untrennbarkeit und damit nach herrschender Ansicht einhergehend die Unmöglichkeit einer isolierten Abtretbarkeit dieser Gestaltungsrechte wird mit ihrem dienenden Charakter begründet.[136] Selbständige Gestaltungsrechte liegen demgegenüber vor, wenn die Rechte, wie z.B. das Wiederkaufsrecht (§ 497 BGB) oder Aneignungs- und Optionsrechte, ohne mit einer anderen Rechtsposition verbunden zu sein, quasi eigenständigen Charakter haben.[137]

Das Direktionsrecht dient der Konkretisierung der in der Regel im Arbeitsvertrag nur rahmenmäßig bestimmten Arbeitspflicht des Arbeitnehmers[138] und somit der Ausübung und Durchsetzung des Anspruchs des Arbeitgebers auf die Arbeitsleistung. Es ist daher den unselbständigen Gestaltungsrechten zuzurechnen und nicht isoliert abtretbar.[139]

(2) Die Ausübungsermächtigung[140]

Der Arbeitgeber könnte die Chefärzte unter Beibehaltung seiner Rechtsposition unter Umständen nur zur Ausübung seiner Direktionsrechte ermächtigen. Die Einziehungs- bzw. Ausübungsermächtigung ist im BGB als solche nicht geregelt, sie ist jedoch in der Rechtsprechung und ganz überwiegend auch im Schrifttum seit langem anerkannt.[141] Dieses Rechtsinstitut ermöglicht es dem Ermächtigten, das Recht in eigenem Namen auszuüben, ohne das Recht zu erwerben. Der Ermächtigende bleibt also Rechtsinhaber. Die Ausübungsermächtigung ist die den Vorzug verdienende juristische Konstruktion für den Bereich der Arbeitnehmerüberlassung nach dem AÜG, was auch der überwiegenden Ansicht für diesen Bereich entspricht.[142] Sie ermöglicht dem Entleiher, Weisungen in eigenem Namen gegenüber dem Leiharbeitnehmer zu erteilen und behält dem Verleiher sein jederzeitiges, einseitiges Rückrufrecht vor, das im Falle einer Abtretung nicht einseitig,

---

135 Bydlinski, P., S.9 m.w.N. in Fn.28; Bydlinski, F., ZfA 1970,249(282); wohl auch Zöllner, ZfA 1983,93(95 f)
136 hM, vgl. etwa MüKo-Roth, Bd.II, § 399 BGB, Anm.16 ff; Soergel-Zeiss, Bd.II/1, § 413 BGB, Anm.4; Staudinger-Kaduk, § 413 BGB, Rz.35 ff; RGRK-Weber, Bd.II/4, § 413 BGB, Anm.26; Larenz, BGB-AT, § 13 II 7, S.194; Esser/Schmidt, § 5 III, S.91 f; Seckel, FS.f.Koch, S.220 f
137 Vgl. Fn.136
138 Sorgel-Kraft, Bd.III, § 611 BGB, Rz.38; MüKo-Söllner, Bd.III/1, § 611 BGB, Rz. 219; in diesem Sinne auch Schaub, § 31 VI, S.122
139 So insbesondere Konzen, ZfA 1982,259(281); im Ergebnis wohl auch Soergel-Kraft, Bd.III, § 611 BGB, Rz.38; Molitor, RdA 1959,2(3); Zöllner, ZfA 1983,93(95)
140 Näher zu diesem Rechtsinstitut: Larenz, SchuldR-AT, Bd.I, § 34 V c; Rüssmann, JUS 1972,169 ff
141 Gick, S.96 m.w.N.
142 Vgl. nur Birk, S.186 f; ders., AR-Blattei, Direktionsrecht I, D II 2; Konzen, ZfA 1982,259(282); Becker/Wulfgramm, AÜG, Art.1, § 1, Rz.34

sondern nur im Wege der Rückabtretung realisierbar wäre.[143]

Aber auch dieser Ansatz über die Ausübungsermächtigung wird der Sach- und Interessenlage bei der innerbetrieblichen Hierarchiebildung nicht gerecht. Denn es ist davon auszugehen, daß der Arbeitgeber im Zweifel nicht bereit ist, ein "Mehr" an Rechtspositionen zu "übertragen", als unbedingt notwendig ist, und er darüberhinaus Wert darauf legt, daß das Direktionsrecht - nicht zuletzt aus Gründen des innerbetrieblichen Friedens - in seinem Namen und nicht im eigenen Namen des angestellten Führungs- und Leitungspersonals ausgeübt wird.[144] Andernfalls wäre mit nichterwünschtem Autoritätsverlust und weiterer Aushöhlung der Arbeitgeberstellung zu rechnen.

(3) Die Stellvertretung

(a) Allgemeines

Da in der Ausübung eines Gestaltungsrechtes ganz überwiegend eine rechtsgeschäftliche Willenserklärung oder doch zumindest eine geschäftsähnliche Handlung gesehen wird, bieten sich die Stellvertretungsregeln als juristische Grundlage der Leitungshierarchie an.[145] Die Nachteile der zuvor behandelten Konstruktionen werden vermieden, da der Arbeitgeber Inhaber aller Rechte bleibt und das Direktionsrecht in seinem Betrieb auch in seinem Namen ausgeübt werden würde. Zudem ist eine jederzeitige, einseitige Eingriffsmöglichkeit durch Widerruf der Vollmacht gewährleistet. Die "Vollmachtslösung" ermöglicht also eine sach- und interessengerechte Verteilung der Direktionsrechte und wird daher auch von der ganz herrschenden Meinung für den Aufbau der innerbetrieblichen Hierarchie vertreten.[146]

---

143 Konzen, ZfA 1982,259(282); Becker/Wulfgramm, AÜG, Art.1, § 1, Rz.34; dieser hier zu Tage tretende Nachteil der "Abtretungslösung" ist allerdings im Bereich der innerbetrieblichen Hierarchie nicht gegeben: Zwar würde der Arbeitgeber auch hier die Rechtsinhaberschaft bzgl. des Direktionsrechts verlieren, wenn man die Abtretung überhaupt für möglich hält, dabei darf aber nicht übersehen werden, daß der Arbeitgeber auch nach der Abtretung seine Direktionsrechte gegenüber seinen Arbeitnehmern an das Führungspersonal weiterhin die Ausübung der Direktionsrechte gegenüber den Arbeitnehmern kontrollieren und lenken kann, nämlich durch die Ausübung seiner ihm verbleibenden Direktionsrechte gegenüber dem Führungspersonal. Die Mitarbeiterführung gehört zum arbeitsvertraglichen Pflichtenkreis des Führungspersonals, so daß das Direktionsrecht des Arbeitgebers auch diesen Bereich zu erfassen vermag.

144 Auf das allgemeine, bisher noch nicht annähernd bewältigte Problem der Aufspaltung der Arbeitgeberstellung kann hier nur hingewiesen werden, vgl. dazu Ramm, ZfA 1972,263 ff

145 So schon 1903 Seckel, FS.f.Koch, S.205(238); Entwurf für ein allgemeines Arbeitsvertragsgesetz aus dem Jahre 1923, § 30, abgedr. bei Kreller, AcP 123,263(274)

146 Adomeit, S.108; Birk, S.159 ff; Bydlinski,F., ZfA 1970,249(282 f); Bydlinski, P., S.271, Fn.49; Bauer, S.149(157); Molitor,DB 1960,28; Ostheim, S.45; Seckel, FS.f.Koch, S.205(238); Söllner, S.114; Zöllner, ZfA 1983,93(95)

(b) Kritik

Trotz Anerkennung der grundsätzlichen Tauglichkeit der Vollmachtslösung hat vor allem Birk Bedenken formuliert: Unter Berufung auf die Motive des BGB-Gesetzgebers stellt er die Anwendbarkeit des § 174 BGB auf das Direktionsrecht in Abrede, da § 174 BGB auf einmalige Tatbestände wie z.b. die Kündigung, Anfechtung oder Rücktritt zugeschnitten sei und nicht auf die sich ständig wiederholende Ausübung von Direktionsrechten. Außerdem wäre es "äußerst befremdend", wenn ein Arbeitnehmer von seinem Abteilungsleiter wegen § 174 Satz 1 BGB die Vorlage einer Vollmachtsurkunde verlangen würde.[147]

§ 174 BGB steht indes der Vollmachtslösung nicht entgegen, da der Arbeitgeber den einzelnen Arbeitnehmer durch dessen Eingliederung in die betriebliche Organisation bzw. durch die Zuweisung konkreter Vorgesetzter von der Bevollmächtigung i.S. von § 174 Satz 2 BGB in Kenntnis gesetzt hat, der Arbeitnehmer somit auch ohne Vorlage einer Vollmachtsurkunde seitens des Vorgesetzten der erteilten Weisung nachkommen muß. Der Umstand, daß der Gesetzgeber bei Erlaß des BGB vor allem einmalige, einseitige Rechtsgeschäfte vor Augen hatte, schließt die Subsumtion sich wiederholender, einseitiger Rechtsgeschäfte m.E. nicht aus, wie auch die Gesetzgebungsmaterialien bestätigen.[148] Als weiteres Problem zeigt Birk die Schaffung mehrerer Ebenen der Leitungshierarchie durch Bevollmächtigung der ranghöchsten Arbeitnehmer mit der Befugnis zu weiterer Unterbevollmächtigung auf: "Die Hintereinanderschaltung mehrerer Stellvertreter als Vorgesetzte des Arbeitnehmers ließe sich z.B. dann erklären, wenn es sich um eine vom ersten Vertreter ausgehende Kette von Untervollmachten handelte (...). (Dem steht aber)[149] entgegen, daß mit Erlöschen der Vollmacht des Vertreters auch die Untervollmacht hinfällig wird, beispielsweise wenn der Vertreter ausscheidet."[150] Hier weist Birk jedoch selbst den Ausweg, indem er auf die Möglichkeit abstellt, den jeweiligen Vorgesetzten direkt durch den Vertretenen bevollmächtigen zu lassen.[151] Dies wird regelmäßig im Rahmen des Arbeitsvertrags ausdrücklich oder konkludent geschehen.

---

147 *Birk, S.162 f*
148 *Zu den Erwägungen, die zur Ablehnung des Antrages Nr.3 zur Fassung des § 122(jetzt:§ 174 BGB) führten, heißt es bei Mugdan, Bd.I, S.748: "...es könne nicht zugegeben werden, daß bei der Norm des Entw nur an die Anwendung auf Mahnung und Kündigung gedacht und daß die Vorschrift in anderen Fällen einseitiger Rechtsgeschäfte nicht am Platze sei..."*
149 *Einschub des Verfassers*
150 *Birk, S.164*
151 *Vgl. Fn.150*

(c) Zwischenergebnis

Die innerbetriebliche Leitungshierarchie wird durch das Rechtsinstitut der Stellvertretung bei der rechtsgeschäftlichen Ausübung des Direktionsrechtes des Arbeitgebers geschaffen und getragen. Die von Birk gemachten Einwendungen können demgegenüber nicht durchgreifen. Für die Vollmachtslösung spricht noch ein weiterer Aspekt, auf den in diesem Rahmen aber nicht weiter eingegangen werden kann: Die Anwendbarkeit der Grundsätze über die Rechtsscheinsvollmachten.[152]

Mithin bleibt festzuhalten, daß der Krankenhausträger als Arbeitgeber seine Chefärzte bevollmächtigen könnte, seine - in dem noch zu bestimmenden Umfange gegebenenfalls bestehenden - Direktionsrechte auszuüben, ihn also rechtsgeschäftlich zu vertreten.

2. Die Bedeutung des "freien Berufes"

a) § 1 Abs.1, Satz 2,3 Bundesärzteordnung (BÄO)

"Der ärztliche Beruf ist kein Gewerbe, er ist seiner Natur nach ein freier Beruf."

b) Der Begriff des "freien Berufes"

aa) Vorbemerkung

Versucht man eine Definition des Begriffes "freier Beruf" zu finden, so stößt man ganz überwiegend auf Ratlosigkeit[153], obwohl sich verschiedene Wissenschaften - neben der Jurisprudenz auch die Soziologie und die Nationalökonomie - mit dem freien Beruf beschäftigt haben.[154] Eine Legaldefinition fehlt. "Freier Beruf - was ist das?" lautete bezeichnenderweise der Titel eines Beitrages von Deneke aus dem Jahre 1981.[155] Zwar ist

---

152 Vgl. zur Bedeutung des Rechtsscheins im Arbeitsverhältnisrecht, Bydlinski,F., ZfA 1970,249 ff (hier insb. S.281 ff)
153 Vgl. Deneke, Die freien Berufe, S.113; ders., AuK 1981,66; Fleischmann, S.16; Hummes,S.6; Ranke,S.15 f; Heuß, FS.f.Brentano, S.237, Fn.25; Schick, S.1; Schmidt-Seeger, EStG, § 18 Nr.3,18; BVerfGE 10,354 (364); 46,224(240 f); KG, DB 1960,407(408); Görl, S.38; Taupitz, S.17
154 Juristisches Schrifttum: z.B.: Triepel, 1911, FS.f.Binding, S.3 ff; Scheuner, 1938, FS.f.Hedemann, S.427 ff; Fehlmann, 1946; Fleischmann, 1970; Lach, 1970; Schick, 1973; Hummes, 1979; Fuhrmann, 1989; Michalski, 1989
   Nicht-juristisches Schrifttum: Feuchtwanger, Die freien Berufe, 1922; Deneke, Die freien Berufe, 1956; ders., Klassifizierung, 1969; Lüben, Die Fundamente der freien geistigen Berufe, 1959
155 Deneke, AuK 1981,66 ff

in den verschiedensten Bereichen der Wirtschaft und der Praxis vom freien Beruf die Rede[156], aber der Ausspruch von Heuß, der Begriff des freien Berufes sei "nur eine überlieferte Sprachgewöhnung, mit der man in concreto nicht viel anfangen kann"[157], scheint auch heute - 85 Jahre später - Geltung zu beanspruchen und Taupitz[158] trifft mit seiner Beschreibung "Von der Resignation zur Enumeration" präzise die unbefriedigende Lage der juristischen Diskussion über den Begriff des freien Berufes. "Angesichts dieser Unsicherheit ist es nicht überraschend, daß selbst das BVerfG (E 10, 354(364);46,224(240f)) fast schon resignierend feststellt, der Begriff des freien Berufes sei kein Rechtsbegriff, aus dem sich normative Wirkungen für seine Behandlung im Recht ableiten ließen, sondern ein soziologischer Begriff. Und sowohl der Reichsfinanzhof (RStBl. 1939,576; 1941, 179,678) als auch der Bundesfinanzhof (BStBl. 1955 III,255; 1956 III,334; 1978 II,458f) müssen zugeben, nicht zu wissen, was Freiberuflichkeit ist."[159] Einigkeit besteht darüberhinaus nicht einmal dahingehend, daß der "freie Beruf" überhaupt einen materiellen Rechtsbegriff darstellt.[160]

bb)   Die Entwicklung der wissenschaftlichen Diskussion

Wie bereits eingangs erwähnt[161], handelt es sich bei den sog. freien Berufen um eine anscheinend sehr heterogene Berufsgruppe, die sich aus den "artes liberales" entwickelt hat. Von seinem kulturgeschichtlichen Ursprung als ein eher soziologisches Phänomen ausgehend, hat der Begriff "freier Beruf" relativ spät, erst 1920, Eingang in die Gesetzes- und damit in die Rechtssprache gefunden.[162] Seither findet sich der Begriff ausschließlich im Steuer- und Berufs- bzw. Standesrecht wieder.[163] Als Eckpunkte der Entwicklung der wissenschaftlichen Diskussion um den Begriff des freien Berufes sind die Arbeiten von Triepel, Heuß, Feuchtwanger, Scheuner, Deneke, Fleischmann, Michalski, Fuhrmann und Taupitz zu bezeichnen:

---

156   *Schick, S.1 m.w.N.; Fuhrmann, S.15*
157   *Heuß, FS.f.Brentano, 1916, S.237, Fn.25*
158   *Taupitz, S.17*
159   *Michalski, Gesellschafts- und Kartellrecht, S.4 m.w.N. in Fn.17-19*
160   *Dafür: Rittner, S.14; Michalski, Begriff, S.15 f,156; ders., Gesellschafts-und Kartellrecht, S.5; Fleischmann, S.105; Fuhrmann, S.28; M/D-Scholz, Art.12, Rz. 256*
      dagegen: BVerfGE 10,354(364); Görl, S.38 m.w.N. in Fn.21; Littmann-Grube, EStG, § 18, Rz.81; Herschel, S.30; KG, DB 1960,407(408); wohl auch Kleine-Cosack, NJW 1990,1101(1102)
161   *Vgl. Fn.2*
162   *§ 9 Nr.2 EStG vom 29.3.1920*
163   *Vgl. § 18 Abs.1 EStG; § 1 GewSt-Durchführungsverordnung; § 96 Bewertungsgesetz; § 1 Abs.2 BÄO; § 1 BRAO; § 1 Abs.2 WPO; § 22 Abs.1 Steuerberatungsgesetz; § 25 Gesetz über das Seelotsenwesen; § 4 Nr.14 UStG*

(1) Triepel (1911)

Soweit ersichtlich befaßte sich Triepel als erster mit "staatlich gebundenen Berufen" oder "Halbbeamten", wie er sie nannte, ohne jedoch schon den Bezug zur Freiberuflichkeit herzustellen.[164]

Seine Definition der staatlich gebundenen Berufe als Tätigkeit von "Personen, die ohne Beamte zu sein und ohne ein Amt zu haben, kraft eines besonderen Rechtsverhältnisses des öffentlichen Rechts dem Staate oder einem Selbstverwaltungsträger für die Ausübung ihres Berufes verantwortlich sind "[165], kann als erster Versuch gewertet werden, die berufstypischen Merkmale der von ihm noch als Halbbeamten bezeichneten Berufsgruppe herauszuarbeiten.[166] Materiellrechtlich stützte er die Verwandschaft dieser Berufsgruppe auf das preußische Allgemeine Landrecht (II, 20, § 508) und das sächsische Staatsdienergesetz vom 7.3.1835.[167]

(2) Heuß (1916)

Kurz darauf befaßte sich Heuß mit den Organisationsproblemen der freien Berufe[168], wobei er auch Rechtsanwälte und Ärzte - nach Triepel sog. "Halbbeamte" - zu den freien Berufen zählte. Diese Überschneidung ist Spiegelbild einer erst langsam beginnenden wissenschaftlichen Auseinandersetzung mit diesen Berufsgruppen. Heuß hat im Ergebnis eine positive Begriffsbestimmung des Begriffes "Freier Beruf" gar nicht erst versucht, sondern lediglich Punkte aufgezeigt, die seiner Ansicht nach der Freiberuflichkeit entgegenstehen, zumindest aber geeignet sind, diese zu beeinträchtigen bzw. zu gefährden.[169]

164　Triepel, FS.f.Binding, 1911, S.3 ff
165　Triepel, FS.f.Binding, S.66
166　Als Merkmale stellte er die Regelung der Berufsstellung durch Rechtssätze des öffentlichen Rechts(S.70), die Verantwortlichkeit für die Ausübung des Berufes kraft eines besonderen Rechtsverhältnisses in Verbindung mit einer unterschiedlich ausgestalteten, aber jedenfalls existierenden Disziplinargewalt über den Berufsträger(S.73) und die eigenpersönliche Verantwortung für die Art der Berufsausübung als solche (S.75 ff) heraus
167　Sächsisches Staatsdienergesetz, § 2 Z.4: "...alle vom Staate zu öffentlichen Dienstleistungen, jedoch ohne Anstellung Ermächtigte, z.B.: die Mitglieder der Spruchkollegien, Advokaten, Ärzte, Wundärzte, Hebammen."
168　Heuß, FS.f.Brentano, 1916, S.237 ff
169　Heuß, FS.f.Brentano, S.237(238): "Nun sind Arzt und Rechtsanwalt nur (noch) in sehr bedingtem Maße als "freie Berufe" anzusprechen - ihre Ausübung ist an mannigfache Voraussetzungen geknüpft. Nicht nur verlangt der Staat ein bestimmtes System von erfolgreichen Examina - dieses Befähigungsnachweis begleitet dann fernerhin ein staatlicher Gebührentarif und eine behördlich angeordnete Standesorganisation. Dreifach also regelt der Staat - etwa im Unterschied vom Schriftsteller, vom Maler - die Grenzen dieser Berufe: er kontrolliert die Eignung, tarifiert einen Teil der Einnahmen, verordnet Körperschaften, die er mit gewissen disziplinären Rechten ausstattet."

Dies seien vor allem staatliche Berufswahl- und Berufsausübungsbeschränkungen, wie z.b. bei Ärzten und Rechtsanwälten. Er betont somit sein Verständnis von der Freiheit der freien Berufe im Gegensatz zu Triepel als Freiheit vom Staat.

(3) Feuchtwanger (1922)

Feuchtwanger entwarf eine Kulturwirtschaftslehre, indem er innerhalb der Wirtschaftswissenschaft zwischen der Sach- und Idealgüterwirtschaft unterschied[170]. Die Theorie der gesellschaftlichen Kulturwissenschaften stellt für ihn im wesentlichen eine "Theorie des Sozialamtes", eine "Theorie der freien Berufe", dar.[171] "Idealgutproduzenten sind dabei nicht nur die Halbbeamten im Sinne von Triepel, sondern alle Berufsarten, die eine gemeinschaftswichtige, ideelle Tätigkeit verrichten(...). Sie sind selbst Sozialamtsträger, die sich nicht vom Gewinnstreben leiten lassen, sondern einer sozialen und kulturellen, geistige Arbeit erfordernden Aufgabe verpflichtet sind, über deren Erfüllung eine nicht unbedingt gesetzlich geregelte straffe Standesorganisation wacht."[172]

Nach dieser Ansicht ist es im Wesen der Idealgüterproduktion begründet, "daß es keinen ein für alle mal gültigen Katalog der freien Berufstätigkeiten gibt."[173] Diese These wird dem Anschein nach bisher auch entwicklungsgeschichtlich bestätigt, und die Steuergesetzgebung scheint dem in § 18 Abs. 1 Nr.1 EStG Rechnung tragen zu wollen, indem dort die Wendung "ähnliche Berufe" in das Gesetz aufgenommen worden ist.

(4) Scheuner (1938)

Scheuners Beitrag zufolge gibt es eine "Anzahl von Berufen, die nicht beamtet sind, auch nicht in einem öffentlichen oder privaten Anstellungsverhältnis stehen, die aber auch nicht Gewerbetreibende sind, sondern die durch ihre selbständige Berufsausübung eine öffentliche Aufgabe erfüllen, unter besonderer Verantwortung gegenüber dem Staat, ständisch geordnet und unter erhöhter ständischer Berufsdisziplin und Ehrengerichtsbarkeit stehend. Es sind dies die unter dem Namen der freien Berufe zusammengefaßten Berufe, deren Aufgabe in einer persönlichen, auf Vertrauen und sachliches Können gestellten Leistung für andere Volksgenossen besteht, einer Leistung, die aber zugleich auch für das

---

[170] *Feuchtwanger, 1922, S.3 ff*
[171] *Feuchtwanger, S.17*
[172] *Michalski, Begriff, S.22*
[173] *Feuchtwanger, S.28*

Volksganze wichtig und notwendig ist, und unter besonderer Verantwortung ihm gegenüber erbracht wird."[174] Der "Freiheit" der freien Berufe im Sinne einer Unabhängigkeit vom Staat wird insoweit keinerlei Bedeutung beigemessen[175], vielmehr wird die Bindung aufgrund der öffentlichen Aufgabe noch mehr als bei Triepel hervorgehoben, was wiederum auf die gesellschaftspolitischen Rahmenbedingungen dieser Zeit zurückzuführen sein wird. Mag der Beitrag Scheuner's auch unter nationalsozialistischem Sprachgebrauch leiden, so ist es dennoch sein Verdienst, erstmals das Vertrauensverhältnis zwischen den Trägern freier Berufe und der Marktgegenseite sowie die persönliche Leistungserbringung erwähnt, wenn auch nicht näher abgehandelt zu haben.

(5)   Deneke (1956)

Im Jahre 1956 erschien das umfangreiche Werk Denekes "Die freien Berufe"[176], in dem er zwei Definitionen der freien Berufe anbietet:

"Im Sinne einer nationalökonomischen (auch steuerrechtlichen) Definition des Begriffes bilden die Angehörigen der freien Berufe einen Teil der Selbständigen und unterscheiden sich von den sonstigen Selbständigen vor allem dadurch, daß sie - wie die Unselbständigen - Bezieher unfundierter Einkommen aus Entgelten für persönliche und zwar geistige Arbeit sind. Im Sinne einer sozialethischen (auch ständischen) Definition des Begriffes gelten als Angehörige der freien Berufe, jedoch auch solche in abhängiger Stellung geistig Tätige, die in ihrer spezifischen Berufsausübung trotz des wirtschaftlichen Abhängigkeitsverhältnisses nicht an Weisungen ihrer Arbeitgeber gebunden sind oder sein können."[177]
Nachdem Denekes Definition entgegengehalten worden war, daß sie seiner fachlichen Ausrichtung entsprechend die freien Berufe nur als eigenständige, soziale Berufsgruppe erfasse, es aber am materialen Sinngehalt fehle[178], hat Deneke seinen Definitionsansatz weiterentwickelt und 1969 einen Vorschlag für einen Einheitsbegriff gemacht.

Deneke überwindet die Zweiteilung des Begriffes, in dem er die im nationlökonomischen Begriff geforderte wirtschaftliche Selbständigkeit nicht mehr auf den einzelnen Berufsträger, sondern auf den gesamten Berufsstand bezogen wissen will.[179] Zudem fordert er die

---

174 *Feuchtwanger, S.427*
175 *Scheuner, FS.f.Hedemann, S.427,429*
176 *Deneke, Die freien Berufe, 1956*
177 *Deneke, Die freien Berufe, S.116*
178 *Michalski, Begriff, S.24 m.w.N. in Fn.34*
179 *Vgl. Deneke, Klassifizierung, S.27 f; ders. AuK 1981,66*

persönliche Erbringung ideeller Leistungen.[180] Aber auch dieser Definitionsversuch überzeugt nicht, wären unter diesen weiten Begriff doch zahlreiche Fälle aus der Steuerrechtsprechung subsumierbar, deren Freiberuflichkeit zu Recht abgelehnt worden ist.[181]

(6) Fleischmann (1970)

Mit der Dissertation von Fleischmann[182] erfolgt 1970 die erste ausführliche juristische Behandlung der Freiberuflichkeit. Fleischmann differenziert in Fortführung des Ansatzes von Rittner[183] nach Sachgebieten und bildet mehrere Begriffe des freien Berufes mit jeweils unterschiedlichem Inhalt. Für das Steuerrecht gelte ein juristischer Relationsbegriff[184], der ausschließlich der Abgrenzung des freien Berufes und dessen Nichtgewerblichkeit von der gewerblichen Tätigkeit diene; dem Berufsrecht liege "ein materieller Rechtsbegriff mit einem umfassenden materialen Sinngehalt"[185] zugrunde, der aus den einzelnen Berufsrechten entwickelt werden kann. Darüber hinaus bestehe noch ein rein soziologischer Begriff, der nur dazu geeignet sei, soziologische Gemeinsamkeiten einer Gruppierung darzutun und diese als Einheit aufzufassen.[186] Es kann als der besondere Verdienst Fleischmanns gelten, sich entgegen der Auffassung des BVerfG[187], es handele sich beim freien Beruf nur um einen soziologischen Begriff, aus dem sich keine normativen Wirkungen für die rechtliche Behandlung desselben ableiten ließen, an eine juristische Begriffsbestimmung gewagt zu haben. Hummes schreibt daher auch, daß es "besonders den Bemühungen Fleischmanns (...) zu verdanken (sei), daß inzwischen mehr als nur eine gefühlsmäßige Vorstellung vom Wesensgehalt der freiberuflichen Tätigkeit vorhanden ist."[188]

---

180 *Vgl. Deneke, Klassifizierung, S.24 ff*
181 *Siehe die Nachweise bei Michalski, Begriff, S.26 in Fn.46-52*
182 *Fleischmann, Die freien Berufe im Rechtsstaat, 1970*
183 *Rittner, S.3 ff*
184 *Fleischmann, S.43 m.w.N. in Fn.136; seine Definition des steuerrechtlichen Begriffs: "...Berufsträger über eine gewisse Dauer hinweg eine im wesentlichen geistige Leistung, die auf einer bestimmten fachlichen Vorbildung oder einem schöpferischen Vermögen beruht, in wirtschaftlicher Selbständigkeit und unter Einsatz der eigenen Persönlichkeit erbringt."(S.41)*
185 *Fleischmann, S.105; den berufsrechtlichen Begriff definiert er : "...in erster Linie aus, wer als Selbständiger auf geistiger Grundlage unter Einsatz der eigenen Persönlichkeit in Vertrauensverhältnissen tätig und dabei in geistig-ethischer und sachlicher Unabhängigkeit von privaten und staatlichen Weisungen und Anordnungen unter besonderer Verantwortung für das Gemeinwohl in erster Linie ideellen gemeinschaftswichtigen Zwecken dient." Ebenfalls einen freien Beruf in einem weiteren (ständischen) Sinne sollen auch diejenigen ausüben, "die eine solche Tätigkeit im Rahmen eines wirtschaftlichen Abhängigkeitsverhältnisses verrichten, in dem sie jedoch in ihrer spezifischen Berufsausübung nicht an Weisungen ihrer Arbeitgeber oder Auftraggeber gebunden sind."(S.92 f)*
186 *Fleischmann, S.110*
187 *BVerfGE 10,354(364)*
188 *Hummes, S.58*

(7) Michalski (1989)

In jüngerer Zeit hat sich Michalski in seiner Habilitationsschrift mit beachtlichem Aufwand dem Begriff der freien Berufe im Standes- und Steuerrecht gewidmet.[189] Dabei beabsichtigte er eine "umfassende theoretische(n) Grundkonzeption des Charakters der Freiberuflichkeit."[190] Am Ende des ersten Teils seiner Arbeit sieht Michalski seine These vom Bestehen eines einheitlichen Klassenbegriffes des freien Berufes im Standes- und Steuerrecht als belegt und bestätigt an:

"Ein freier Beruf ist eine sämtliche Merkmale des Gewerbebegriffes erfüllende Berufsgruppe, deren Angehörige sich dadurch von einem Gewerbetreibenden abgrenzen, daß sie eine zentralwertbezogene, gemeinschaftswichtige Tätigkeit aufgrund eines zum Vertragspartner bestehenden, durch persönliche (enger Begriff des freien Berufes) oder sachliche Motive (weiter Begriff des freien Berufes) begründeten Vertrauensverhältnisses verrichten, sofern ein nicht unerheblicher Teil der Berufsangehörigen bei gleichzeitig fehlender Verpflichtung zu weisungsabhängigem Tätigwerden wirtschaftlich selbständig ist."[191]

Wenn Michalski auch nur zum Teil, wie noch zu zeigen sein wird, gefolgt werden kann, so gebührt ihm Anerkennung dafür, ganz erheblich zu einer qualitativen Ausweitung und Vertiefung der juristischen Diskussionsgrundlage in diesem eher vernachlässigtem Bereich[192] beigetragen zu haben. Insbesondere seine eingehende Auseinandersetzung mit der Vielzahl von freien Berufen und den sich als solche gerierenden Berufen sowie sein Hinweis auf die Notwendigkeit, den Rechtsbegriff des freien Berufes im Sinne von Tatbestand und Rechtsfolge erfassen zu müssen[193], sind grundlegend.

(8) Fuhrmann (1989)

Ebenfalls in letzter Zeit hat sich Fuhrmann unter dem Aspekt der Rechtsstellung des angestellten Rechtsanwaltes mit dem freien Beruf befaßt.[194] Zwar geht auch er von einem Rechtsbegriff aus[195], doch anders als Michalski, der erstmals versuchte, einen Klassenbe-

---

[189] *Michalski, Der Begriff der freien Berufe im Standes- und im Steuerrecht, 1989*
[190] *Michalski, Begriff, S.9*
[191] *Michalski, Begriff, S.156*
[192] *Vgl. nur den Titel des Beitrages von Steindorff: "Die freien Berufe - Stiefkinder der Rechtsordnung?"*
[193] *Michalski, Begriff, S.12*
[194] *Fuhrmann, Die Rechtsstellung des angestellten Rechtsanwaltes, 1989*
[195] *Fuhrmann, S.30*

griff zu formen, beläßt es Fuhrmann mit der bisher herrschenden Ansicht in der Literatur[196] bei einem Typus[197], dessen Merkmale sich an den Ergebnissen der Vorarbeiten orientieren: "Danach zeichnet sich die freiberufliche Tätigkeit durch die persönliche Leistungserbringung, die Verfolgung gemeinschaftswichtiger Zwecke in besonderer Verantwortung gegenüber der Allgemeinheit, die Unabhängigkeit in der Berufsausübung, das besondere Vertrauensverhältnis zwischen Freiberufler und seinen Mandanten/Patienten und die Eigenverantwortlichkeit (Haftung) aus."[198] Seine Kritik am Versuch Michalskis, einen Klassenbegriff zu bilden, besteht vor allem darin, daß ein solcher wesentlich schärfere Trennlinien durch die fließenden Übergänge der Lebenswirklichkeit legt als vergleichsweise ein Typus, und es sich frage, ob man damit den Besonderheiten des Phänomens der freien Berufe gerecht werden könne. Weiter betont er, daß die Entwicklung neuer Lebenssachverhalte und Erscheinungen im Hinblick auf freie Berufe keineswegs abgeschlossen sei, und es daher nicht möglich sei, die Beurteilung der Freiberuflichkeit vielfältiger und unterschiedlichster Berufe auf einige abschließende Begriffsmerkmale zu reduzieren, anstatt weiterhin auf die Betrachtung des Gesamtbildes von Eigenschaften abzustellen. Zuletzt weist er auf die Gefahr hin, die bei der allgemein notwendigen, hohen Abstraktionsstufe der Begriffsmerkmale eines Klassenbegriffes bestehe, nämlich die Gefahr der "Sinnentleerung" des Begriffes.[199]

(9) Taupitz (1991)

1991 erschien die Habilitationsschrift von Taupitz: "Die Standesordnungen der freien Berufe", in welcher er ein Kapitel der Beschreibung und Definition des amorphen Phänomens "freier Beruf" widmet. Wie Fuhrmann von der These ausgehend, daß ein abstrakt-allgemeiner Begriff "freier Beruf" im Sinne der traditionellen Begriffslehre für sich allein nicht ausreicht, um der Fülle dieser sozialen Erscheinung gerecht zu werden, gelangt er zu dem Schluß, insoweit sei die Fruchtbarmachung der Denkform des Typus die rechtstheoretisch adäquate Lösung.[200] Der Auffassung von Taupitz zufolge ist der Typus "freier Beruf" durch folgende, bei den jeweiligen Berufen durchaus unterschiedlich stark ausgeprägte Charakteristika gekennzeichnet:

---

196 *Vgl. die Nachweise bei Fuhrmann, S.30, Fn.94*
197 *Näher zu dem Begriffspaar: "Klassen- und Typusbegriff" unten S.61 ff*
198 *Fuhrmann, S.71 f*
199 *Fuhrmann, S.30 ff; ähnliche Bedenken finden sich bei Taupitz, S.18 ff*
200 *Taupitz, S.23; ähnlich Fuhrmann, S.30 ff; näher zu dem Begriffspaar "Klassen- oder Typusbegriff" siehe unten S.61 ff*

"Freiberufler erbringen in wirtschaftlich selbständiger Stellung und aufgrund qualifizierter Ausbildung bzw. schöpferischer Befähigung persönlich ideelle Leistungen; der Persönlichkeitsbezug der Tätigkeit und das Wissensgefälle zum Auftraggeber bedingen ein besonderes Vertrauensverhältnis zwischen Freiberufler und Auftraggeber; die Berufstätigkeit unterliegt dem ausdrücklichen Postulat, altruistisch - und zwar tripolar gerichtet auf das Interesse des Auftraggebers, des eigenen Standes und das Gemeinwohl -, nicht aber gewinnorientiert-egoistisch motiviert zu sein; den freiberuflichen Berufsständen - heute im soziologischen Sinne verstanden als Gesamtheit der den entsprechenden Beruf Ausübenden - wird von seiten der Gesellschaft stärker als anderen Berufen Autonomie in der Normierung und Interpretation beruflicher Verhaltensstandards sowie in der Ahndung ihrer Verletzung gewährt."[201]

c) Wesen und Inhalt des Rechtsbegriffes "freier Beruf"

aa) Einführung

In Anschluß an Michalski ist es als gesicherte Erkenntnis anzusehen, daß dem Bundes- und den Ländergesetzgebern "die begriffsbildenden Merkmale der Freiberuflichkeit nicht gegenwärtig waren und er bzw. diese sich darum erst gar nicht bemüht haben, weil immer noch rein gefühlsmäßig an eine überlieferte Sprachgewöhnung angeknüpft wurde."[202]

Dies zeigt die Entstehungsgeschichte des EStG[203] und wird weiter durch die große Anzahl von Widersprüchen und Ungereimtheiten im Zusammenhang mit der gesetzgeberischen Verwendung der Begriffe des "Freien Berufes" bzw. "freiberuflich" belegt:

Der Rechtsbeistand z.B. wurde während der parlamentarischen Entstehunggeschichte eines Partnerschaftsgesetzes, trotz des erheblichen Meinungsstreites über dessen Zugehörigkeit zu den freien Berufen[204], aus reinen Zweckmäßigkeitserwägungen zu diesen gerechnet. Des weiteren sah ein früherer Entwurf eines Partnerschaftsgesetzes[205] in seinem

---

201 *Taupitz, S.148 f*
202 *So schon Michalski, Begriff, S.33*
203 *Vgl. die Stellungnahme des Reichsfinanzministers Erzberger auf die Frage eines Abgeordneten des 10. Ausschusses des Reichstags, "weshalb neben der wissenschaftlichen Tätigkeit noch besonders die Berufstätigkeit der Ärzte usw. ausdrücklich aufgeführt worden sei...Damit solle klar ausgedrückt werden, daß jedes Einkommen aus der Ausübung aller sog. freier Berufe als Einkommen aus Arbeit anzusehen sei. Welche Berufe im einzelnen dazu gerechnet werden müssen, lasse sich nicht erschöpfend aufzählen; der Begriff habe sich in der bisherigen Steuergesetzgebung bereits in bestimmter Richtung entwickelt." (Bericht des 10. Ausschusses über den Entwurf eines REStG, in: Verhandlungen der verfassungsgebenden deutschen Nationalversammlung, Bd. 341, Nr.2149, S.2252); siehe zudem Keil, Abgeordneter des Reichstags, 1.Beratung des Entwurfes eines REStG, in: ebenda, Bd.331, S.3859(3865) sowie die weiteren Nachweise in Fn. 215 ff*
204 *Vgl. Buhrow, NJW 1966,2150 ff; Schorn, NJW 1967,911 ff jeweils mit weiteren Nachweisen*
205 *BT-Drs., VII, 4089*

§ 1 Satz 2 die Verkammerung als konstitutives Merkmal der freien Berufe an, wogegen sich der spätere Entwurf[206] mit einer an § 18 Abs. 1 EStG angelehnten Aufzählung begnügt. Ähnliche Unsicherheit bezüglich des Begriffes "freier Beruf" läßt die Entstehung des Seelotsengesetzes (SLG) erkennen: Die verschiedenen Entwürfe schwanken zwischen der Klassifizierung "freier Beruf" und "Gewerbe". Der Gesetz gewordene Entwurf hält wegen der strengen Standespflichten einen freien Beruf für gegeben.[207] Auch die uneinheitliche, vor allem unsystematische Einordnung einzelner anderer Berufe als gewerbliche, nichtgewerbliche oder freiberufliche Berufe unterstreicht diesen Ausgangspunkt.[208]

Da demzufolge keine Legaldefinition des freien Berufes vorhanden ist und auch nicht zu erwarten war, kann methodisch nur der Weg beschritten werden, die durch Berufsausübungsbeschränkungen geprägten Berufsbilder derjenigen Tätigkeiten, die durch Standes- oder Steuerrecht als freie Berufe bezeichnet werden, auf einheitliche, berufsgruppenübergreifende Wesensmerkmale zurückzuführen.[209] Diese könnten dann die Merkmale eines Begriffes bilden. Die Frage, ob es sich dabei um einen Typus- oder Klassenbegriff handelt, hier an dieser Stelle bereits festzulegen, ist noch nicht möglich.[210] Eine Klärung kann erst nach dem Herausarbeiten der konkreten Begriffsmerkmale, je nach deren Schärfe und Prägnanz bzw. Offenheit und Variabilität, herbeigeführt werden.[211]

bb) Die Bedeutung des § 18 Abs.1 Nr.1 EStG

Der Begriff des freien Berufes kommt im wesentlichen nur, um dies noch einmal zu betonen, im Standes- und Steuerrecht vor. Der Gesetzgeber verwendete ihn erstmals 1920 im Steuerrecht. "In die berufssoziologische und -rechtliche Terminologie war der Begriff des freien Berufes jedoch bereits im Mittelalter eingeführt worden."[212] Vor diesem zeitlichen Hintergrund bedarf es der Klärung, ob es zwingend erforderlich oder auch nur geboten ist, die folgende Untersuchung über Wesen und Begriffsmerkmale des freien Berufes neben dem Standes- auch auf das Steuerrecht zu erstrecken. Aufgrund der historischen Entwicklung ist es erforderlich, aber auch ausreichend, lediglich diejenigen Berufe, die eine be-

---

206 BT-Drs., VII, 5402
207 Vgl. die Nachweise dazu bei Michalski, Begriff, S.143, Fn. 571-577
208 Vgl. die zahlreichen Nachweise bei Michalski, Begriff: zum Berufsrecht der öffentlich-bestellten Vermessungsingenieure(S.13, Fn.14-22), der Apotheker (S.31, Fn.75-78), der Architekten (S.36, Fn.114-125), der Zahnärzte (S.32, Fn.83-87) sowie die weiteren Belegstellen auf S.31, Fn.76-78
209 Ähnlich bereits Fleischmann, S.18; Michalski, Begriff, S.16,30
210 So dennoch Fuhrmann, S.30 ff
211 Siehe dazu unten S.61 ff
212 Michalski, Begriff, S.17

rufsrechtliche Regelung erfahren haben, in die Untersuchung miteinzubeziehen und der inzwischen stark angewachsenen gesetzlichen Aufzählung in § 18 Abs.1 EStG, sowie der Flut finanzgerichtlicher Entscheidungen zum "ähnlichen Beruf" im Sinne des § 18 Abs.1 Satz 2 EStG[213] einen Einfluß auf die Begriffsbildung nicht zuzuerkennen.[214] Diese These wird durch die nachfolgende historische, systematische und auch teleologische Argumentation erhärtet und bestätigt: Denn zum einen konnte der Steuergesetzgeber 1920 an berufssoziologische und berufsterminologische Gegebenheiten anknüpfen und hat den Begriff des freien Berufes in Kenntnis und in Anlehnung an die vorangegangene steuergesetzgeberische Entwicklung[215] eingeführt[216], welche ihrerseits vorrangig von der berufssoziologisch, historisch gewachsenen Bedeutung bestimmter Berufe geprägt wurde.[217]

Zum anderen betont die Steuerrechtssprechung[218] schon immer die Eigenständigkeit des Steuerrechts und dessen Begriffsbildungen gegenüber anderen Rechtsgebieten und verneint zudem die Möglichkeit, aus der Aufzählung des § 18 Abs. 1 Nr.1 Satz 2 EStG all-

---

213 *Nach Tipke/Lang S.350 sind zu § 18 Abs. 1, Nr.1 EStG bisher (1994) etwa 700 BFH-Entscheidungen veröffentlicht worden; vgl. auch Littmann-Grube, EStG, § 18, Rz.128 ff*
214 *So im Ergebnis auch Fuhrmann, S. 3*
215 *Vgl. etwa § 4 Nr.7 i.V.m. § 15 Preuß. EStG v. 24.6.1891, sowie Art. 21 der Anweisung des Finanzministers v. 6.7.1900 zur Ausführung des EStG v. 24.6.1891, Anlage II zum EStG v. 24.6.1891, abgedr. bei Grotefend, Preußisch-deutsche Gesetz-Sammlung, Bd. I 2, S.479(480,482) und S.504(513); Art.6 Nr.4 i.V.m. Art.14 EStG v. 19.6.1906, abgedr. ebenda, Bd.VI, S.942(943,945) sowie Art. 21 der Anweisung des Finanzministers v. 25.7.1906, zur Ausführung des EStG i.d.F. der Bekanntmachung v.19.6.1906, abgedr. ebenda, Bd.VI, S.969(981 f); Art. 2 Abs.2 a des Gesetzes v. 19.5.1881 des Königreiches Bayern, die Einkommensteuer betr., abgedr. bei Weber, Neue Gesetze- und Verordnungen-Sammlung für das Königreich Bayern, Bd.I, S.98*
216 *So der Reichsfinanzminister Erzberger, vgl. Fn.203; ebenso RFH 14,145(146 f) m.w.N.*
217 *Auf die geschichtlichen, in der Verkehrsauffassung gewachsenen Bezüge verweist auch die Begründung zu § 4 Nr.7 GewStG v. 1891: "Die unter Nr.7 bezeichneten Erwerbszweige gehören nach der, die Preußische Gesetzgebung von jeher beherrschenden Auffassung sowie nach der allgemeinen Volksanschauung überhaupt nicht zu den Gewerben und sind hier lediglich aufgeführt, um etwaigen Mißverständnissen vorzubeugen" (Verhandlungen der Preuß. Landtages, Haus der Abgeordneten, 1890/91, A II, Anl.Bd. I, Aktenstück Nr.13, S.523 (552)); vgl. auch die Begründung zum EStG v. 1891 (Verhandlungen der Preuß. Landtages, Haus der Abgeordneten, A II, Anl.Bd. I, Aktenstück Nr.5, S.201 (215,217,220 f); Begründung zum EStG v. 1934: Der Gesetzgeber hat, wie es in der Begründung zum EStG v. 1934 heißt, dem seit 1925 eingetretenem Wandel in der Anschauung Rechnung getragen und mit der Einbeziehung der Handelschemiker, Heilkundigen, Zahntechniker, Landmesser, Wirtschaftsprüfer, Steuerberater und Buchsachverständigen in den § 18 EStG "die bisher obwaltenden Zweifel über die Zugehörigkeit dieser Berufe zu den freien Berufen ausgeräumt.", zitiert nach Weis, S.21 m.w.N. in Fn.33. Gleiches ergibt sich aus den Ausführungen des preuß. Finanzministers Miquel in der Ersten Beratung des Entwurfes eines EStG, 3.Sitzung v.20.11.1890 (Verhandlungen der Preuß. Landtages, Haus der Abgeordneten, A II 1, S.19 f) sowie aus der Debatte der Abgeordneten Pleß, Eberhard, Tiedemann, Broemel, Schnatsmeier, Hammacher, Graf zu Limburg-Stirum und des Regierungskommissars, Generalsteuerdirektor Burghart zur Frage der Gewerbesteuerfreiheit der Ärzte und Rechtsanwälte i.S. des § 4 Nr.7 GewStG (Verhandlungen der Preuß. Landtages, Haus der Abgeordneten, A II 3, S.1336-1340) und dem Bericht der XI. Kommission zur Vorberatung des Entwurfes eines EStG (Verhandlungen der Preuß. Landtages, Haus der Abgeordneten, A II, Anl.Bd. II, Aktenstück Nr.70, S.1182(1184 f)*
218 *St.Rspr. des BFH, vgl. etwa BStBl. 1969 II,164 f; 1977 II,668; 1955 III,295*

gemeingültige Merkmale eines potentiellen Rechtsbegriffes vom freien Beruf ableiten zu können.[219] Auch bezweckt die steuerrechtliche Begriffsbildung, insbesondere wegen der Gewerbesteuerfreiheit der freien Berufe, primär eine Abgrenzung der nichtgewerblichen Tätigkeit freier Berufe zum Gewerbe. Schon allein aufgrund dieser sektoralen Ausrichtung auf die Abgrenzung der Gewerblichkeit oder Nichtgewerblichkeit kann der steuerrechtlichen Begriffsbildung keine weitergehende Bedeutung zukommen.[220]

Des weiteren liegt die Besonderheit des Steuerrechts gegenüber anderen Rechtsgebieten gerade darin, daß die Rechtssetzung (hier etwa die Einordnung eines Berufes unter die freien Berufe des § 18 Abs. 1, Nr.1 EStG) überwiegend aus sozial-, wirtschafts- oder finanzpolitischen bzw. volkswirtschaftlichen oder steuertechnischen Gründen erfolgt, und der Steuergesetzgeber es zum Teil auch der Verkehrsauffassung überläßt, "was als freier Beruf zu gelten hat"[221]. Kurzum wird die Steuergesetzgebung weit mehr als die übrige Gesetzgebung von, der juristischen Dogmatik und Methodenlehre weitgehend unzugänglichen, politischen Erwägungen beeinflußt.[222] Michalski hebt hervor, daß "der Charakter der Freiberuflichkeit (...) aus gesellschaftspolitischer Sicht nur einen Ansatz für eine steuerrechtliche Privilegierung dar(stellt), die aus fiskalischen Gründen jederzeit wieder aufgehoben werden kann."[223]

Für eine Ableitung des Rechtsbegriffes des freien Berufes allein aus dem Berufsrecht spricht nicht zuletzt noch der Umstand, daß das Berufsrecht wesentlich mehr Ansatzpunkte hierfür bietet als die bloße Einordnung der Berufe in den Katalog des § 18 Abs. 1 Nr.1 EStG. Da der Begriff des freien Berufes schon vor der Einfügung des Begriffes in das Steuerrecht vorgegeben war, würde auch die Einfügung neuer Berufe in den Katalog des § 18 Abs. 1 Nr.1 EStG bzw. die Streichung der steuerrechtlichen Privilegierung für einzelne oder gar alle derzeit in § 18 Abs. 1 Nr.1 EStG enthaltenen Berufe nichts am Bestehen oder Nichtbestehen der Freiberuflichkeit dieser Berufsgruppen im berufsrechtlichen Sinne ändern.[224]

---

219   St.Rspr. des BFH, vgl. etwa BStBl. 1978,125(129) sowie die weiteren Nachweise bei Michalski, Begriff, S.168, Fn.657; so auch schon der RFH, RStBl. 1941,179; 1941,678; siehe auch BVerfGE 46,224(240 ff)
220   Ebenso Fuhrmann, S.17
221   Weis, S.21 m.w.N. zur Begründung des EStG v. 1934; Görl, S.40 m.w.N. in Fn.30
222   Auch Schäuble, S.39, betont den spezifischen Aspekt steuerrechtlicher Begriffsbildung
223   Michalski, Begriff, S.16
224   In diesem Sinne auch Michalski zum Fortfall der Vergünstigung des § 34 Abs.4 EStG (Begriff, S.162); ders. zur früheren Gewerbesteuerpflicht freier Berufe, aaO

Die Katalogisierung des § 18 Abs. 1 Nr.1 EStG hat also keine über das Steuerrecht hinausgehende Bedeutung und damit keinen zwingenden, begriffsprägenden Charakter für den Rechtsbegriff des freien Berufes. Der Begriff ist vielmehr allein aus dem Berufsrecht zu entwickeln, so daß § 18 Abs. 1 Nr.1 EStG daher bei der tatbestandsmäßigen Erfassung des Rechtsbegriffes des freien Berufes außer acht gelassen werden kann. Wenn indes die Tatbestandsmerkmale eines Rechtsbegriffes des freien Berufes herausgearbeitet wurden, ist der Frage nachzugehen, in welcher Beziehung das Steuerrecht zu diesem steht.[225]

cc) Der aus dem Berufsrecht zu entwickelnde Begriff des freien Berufes

Aufgrund der vorhandenen Arbeiten[226] und der damit verbundenen Bemühungen um eine Definition des Begriffes "freier Beruf" ist bereits ein breites Spektrum potentieller Begriffsmerkmale, die in unterschiedlicher Gewichtung und Kombination Verwendung gefunden haben, gegeben. Zu nennen sind neben den Merkmalen des Gewerbes[227], ein besonderes Vertrauensverhältnis[228], die Verkammerung[229], die wirtschaftliche Selbständigkeit[230], der Gemeinwohlbezug[231], konstitutives oder deklaratorisches Berufsrecht[232], die geistige oder ideelle[233] und persönliche[234] Leistung, die Weisungs-unabhängigkeit[235] sowie das Bestehen von Berufsausübungsbeschränkungen.[236]

---

[225] *Vgl. dazu unten S.64*

[226] *Insb. Deneke, Die freien Berufe; ders.,Klassifizierung; Fleischmann, S.22 ff,45 ff; Fromme, S.212 ff; Hummes, S.56 ff; Michalski, Begriff, S.38 ff; Taupitz, S.17 ff*

[227] *Hummes, S.56; Michalski, Begriff, S.156; Fuhrmann, S.51 ff; a.A. wohl Fromme, S.42 ff; Fleischmann, S.46 ff; M/D-Scholz, Art.12, Rz.255*

[228] *Scheuner, FS.f.Hedemann, S.427; Fleischmann, S.53 f; Michalski, Begriff, S.225; Fromme, S.28; Hummes, S.57; Lach, S.10 ff; M/D-Scholz, Art.12, Rz. 256; Schäuble, S.43 ff*

[229] *Fleischmann, S.137; ebenso der Entwurf eines Partnerschaftsgesetzes, BT-Drs. VII, 4089*

[230] *BVerfGE 10,354(356); Deneke, AuK 1981,66; ders., Klassifizierung, S.27 f; Scheuner, FS.f.Hedemann, S.437; ähnlich Michalski, Begriff, S.112 ff; Hummes, S.69 f; Taupitz, S.46 ff; a.A. Wank, S.297 m.w.N. in Fn.22-24; z.T. auch Fromme, S.22 ff; speziell für den Fall des Arztes: Laufs, AuK 1981,259; Herschel, S.16; Richardi, AuK 1985,213(214): "Für die Freiberuflichkeit der rein ärztlichen Tätigkeit spielt es also keine Rolle, ob es sich um einen freipraktizierenden Arzt oder um einen Krankenhausarzt handelt."*

[231] *Fromme, S.52; Fuhrmann, S.34 ff; Michalski, Begriff, S.71 ff; Scheuner, FS.f. Hedemann, S.427; M/D-Scholz, Art.12, Rz.256; Taupitz, S.63 ff; a.A. Hummes, S.68 f; unklar insoweit Fleischmann, S.91 f,107*

[232] *Für konstitutive Wirkung: Fleischmann, S.137; Fromme, S.28 f; dagegen: Michalski, Begriff, S.15*

[233] *Fleischmann, S.22 ff,45 f; Deneke, Die freien Berufe, S.97 ff,116; Rittner, S.32; Fromme, S.21 f; Taupitz, S.42 ff; für nicht geeignet befinden dieses Merkmal: Hummes, S.66 f; Michalski, Begriff, S.24; Feuchtwanger, JW 1928,2768 f; Fuhrmann, S.39 ff*

[234] *Scheuner, FS.f.Hedemann, S.427; Deneke, Klassifizierung, S.24 ff; Fleischmann, S.35 ff; Bericht der Bundesregierung zur Lage der freien Berufe in der Bundesrepublik Deutschland, BT-Drs. VIII, 3139, S.6; Fuhrmann, S.41 ff; Rittner, S.21; Taupitz, S.40 f; a.A. Michalski, Begriff, S.24*

[235] *Fromme, S.26 f; Fleischmann, S.92; Deneke, Die freien Berufe, S. 116; Taupitz, S.44 ff; a.A. Hummes, S.72; Michalski, Begriff, S.24,104, der in der Weisungsunabhängigkeit lediglich einen unselbstständigen Bestandteil des Merkmals des Zentralwertbezuges sieht*

[236] *Triepel, FS.f.Binding, S.15,70; wohl auch Fromme, S.29; Franke/Hart, S.138; a.A. Heuß, FS.f.Brentano, S.238, der Berufsausübungsbeschränkungen gerade für eine Gefährdung der Freiberuflichkeit hält*

Getreu dem methodisch vorgegebenen Weg[237] soll nun nicht der kleinste gemeinsame Nenner dieser Merkmale, den es zudem gar nicht gibt, als eine Art herrschende Meinung herausgestellt werden, sondern es soll ausgehend von der von Michalski gelieferten Grundlage - einer sehr detaillierten Befassung mit den berufsrechtlich geregelten und einigen diesen nahestehenden Berufen[238] - die Festlegung der essentialia termini des freien Berufes versucht werden.

Signifikantes Kennzeichen der vom Gesetzgeber als freie Berufe eingestuften und auch einiger sonstiger[239] Berufe ist die Bindung an zahlreiche Berufsausübungsbeschränkungen, welche Heuß zu der Annahme verleiteten, dabei handele es sich um die Freiberuflichkeit gefährdende Umstände[240], während Triepel diese Regelungen als konstitutiv betrachtete, um die Berufe als staatlich gebundene Berufe bezeichnen zu können.[241] Da die grundlegenden Berufsausübungsbeschränkungen, nämlich die Verpflichtung zu eigenverantwortlichem und/oder unabhängigem Handeln und die Schweigepflicht, aber auch die Gebührenordnung und das Werbeverbot, alle berufsrechtlich geregelten Berufe prägt[242], könnte man Triepel folgend[243] das Bestehen derartiger Berufsausübungsbeschränkungen als konstitutives Merkmal der Freiberuflichkeit ansehen.[244] Damit bliebe man allerdings am Ausgangspunkt der Untersuchung über die Wesensmerkmale der Freiberuflichkeit stehen, würde Ursache und Wirkung nicht getrennt betrachten bzw. in ihr Gegenteil verkehren und ließe die entscheidende Frage unbeantwortet, warum derartige Berufsausübungsbeschränkungen bestehen. Zutreffend geht Michalski demgegenüber davon aus, daß "die Berufsausübungsbeschränkungen (...) der Schlüssel zum Verständnis (...) der Freiberuflichkeit" sind, jedoch noch nicht "die Beschränkungen als solche (...) den Charakter der Freiberuflichkeit (festlegen), sondern erst die wechselbezogene Schaffung derartiger Verpflichtungen."[245] Er präzisiert dadurch seine Erwartung, daß hinter den einzelnen Berufsausübungsbeschränkungen gemeinsame Wesensmerkmale stehen, welche durch diese konkretisiert werden.[246] Dieser Auffassung ist vom Ansatz her zuzustimmen.

---

237 *Vgl. S.38*
238 *Siehe dazu die Aufstellung bei Michalski, Begriff, S.37*
239 *Zur Bedeutung des privatrechtlich erlassenen Berufsrechts, vgl. Michalski, Begriff, S.34*
240 *Vgl. oben S.31 f; in diesem Sinne auch Geiger, FS.f.Stein, S.83 ff*
241 *Vgl. oben S.31 f*
242 *Die Verpflichtung zu Eigenverantwortlichkeit und Unabhängigkeit fehlt nur beim Prüfingenieur für Baustatik, da er einer Fachaufsicht unterliegt; die Schweigepflicht ist allen Berufen außer den Seelotsen, den Architekten und den beratenden Ingenieuren in Rheinland-Pfalz auferlegt; auch eine Gebührenordnung fehlt nur beim Graphik-Designer, näher zum Ganzen: Michalski, Begriff, S.50 ff*
243 *Triepel, FS.f.Binding, S.70*
244 *So wohl auch Fromme, S.29; Franke/Hart, S.138 ff*
245 *Michalski, Begriff, S.70*
246 *Ähnlich Fleischmann, S.18 unter Verweis auf Rittner, S.9 f; Fuhrmann, S.29*

Ausgehend von dem gesteckten Ziel, diese Wesensmerkmale der freien Berufe zu bestimmen, bietet sich zu Beginn eine funktionelle Betrachtung an: Welche Funktion und Aufgabe kommt den freien Berufen innerhalb der Gesellschaft zu?

Hier fällt sogleich auf, daß die Mehrheit der als frei angesehenen Berufe nicht nur relative, d.h. ihren Vertragspartnern gegenüber bestehende Verpflichtungen erfüllt, sondern darüber hinaus gleichsam der Gesellschaft "verpflichtet" ist, in dem deren Berufsträger durch ihre einzelvertraglich geschuldete Leistung zugleich gesellschaftswichtige Aufgaben wahrnehmen.[247]

(1) Die besondere verfassungsrechtliche Sozialrelevanz

(a) Der bisherige Ansatz von der Allgemeinwohlverpflichtung

Bereits in mehreren Arbeiten über die freien Berufe haben Merkmale wie die besondere Allgemeinwohlverpflichtung bzw. -bindung[248] oder der Zentralwertbezug[249] Verwendung gefunden. Einige Autoren hingegen halten diese besondere Gemeinwohlbindung als Ansatzpunkt eines Begriffsmerkmales der Freiberuflichkeit für ungeeignet.[250]

Evident ist zunächst die besondere Bedeutung der sog. klassischen freien Berufe (Arzt und Rechtsanwalt) für das Gemeinwesen, aber auch für die weiteren berufsrechtlich geregelten Berufe läßt sich der besondere Gemeinwohlbezug - entgegen der Auffassung von Fleischmann[251]- nachweisen.[252] Zwar machen die Kritiker dieses Begriffsmerkmales die Untauglichkeit desselben gerade an seiner Weite fest, da zahlreiche Gewerbe (Versicherungsgewerbe, Bäcker, Fleischer u.a.) ebenfalls unentbehrlich für die Gemeinschaft seien, jedenfalls unentbehrlicher als Dolmetscher und Übersetzer.[253] Auch Fleischmann vermag die, im Gegensatz zu anderen Berufen, "über den jeweiligen Auftrag hinausgehende Verantwortung für die Gemeinschaft"[254] bei Dolmetscher und Masseur nicht zu

---

247   *Vgl. z.B. die ausdrückliche Regelung in § 1 Abs.1 BÄO: "Der Arzt dient der Gesundheit des einzelnen Menschen und des gesamten Volkes."; § 1 BRAO: "Der Rechtsanwalt ist ein unabhängiges Organ der Rechtspflege."*
248   *Vgl. z.B.: Feuchtwanger, S.17 ff; Scheuner, FS.f.Hedemann, S.427; Taupitz, S.63 ff; Fromme, S.52; Franke/Hart, S.138; M/D-Scholz, Art.12, Rz.256; wohl ähnlich Fleischmann, S.92 f, aber siehe auch S.107*
249   *Michalski, Begriff, S.71,156*
250   *Deneke, Die freien Berufe, S.116; ders., Klassifizierung, S.24 ff; Müller, S.67; Hummes, S.68 f; Meier-Greve, S.141; unklar: Fleischmann, S.92 f, 107*
251   *Fleischmann, S.107*
252   *Vgl. dazu ausführlich: Michalski, Begriff, S.74 ff*
253   *So z.B.: Hummes, S.69*
254   *Fleischmann, S.107*

erkennen. Der Auffassung von Hummes und Fleischmann an der Eignung eines - wie auch immer terminologisch gefaßten - Merkmales der "besonderen Allgemeinwohlbindung oder -verantwortung" ist zwar zunächst zuzugeben, daß das Merkmal regelmäßig noch zu undifferenziert verwendet wird. Im Kern geht die Kritik aber fehl, da der Allgemeinwohlbezug einen wesentlichen Ansatzpunkt für die Begriffsbestimmung liefert. Einerseits wird die Bedeutung der Dolmetscher und Übersetzer für das Allgemeinwohl bzw. das Gemeinwesen verkannt[255], andererseits übersieht vor allem Hummes die Tatsache, daß ein - seiner Ansicht nach - zu weit gefaßtes Merkmal noch nicht zwangsläufig dessen Ungeeignetheit für eine Begriffsbildung bedeutet. Ein Begriff setzt sich aus mehreren Begriffsmerkmalen zusammen, wobei ein erstes, eher noch weit gefaßtes Merkmal durch weitere hinzukommende Merkmale konkretisiert und eingeschränkt werden kann. Denn bei der Begriffsbildung im klassischen Sinne werden im Wege einer isolierenden Abstraktion zunächst einzelne Eigenschaften oder Merkmale eines Gegenstandes aus dem Verbund mit anderen gelöst und dann unter bestimmten Begriffen so äußerlich aneinandergereiht, daß es möglich wird, unter sie alle jene Gegenstände zu subsumieren, die sämtliche in der Definition des Begriffes aufgenommenen Merkmale aufweisen.[256]

Es ist somit Folge der noch vorzunehmenden Konkretisierung des Merkmales der besonderen Allgemeinwohlverpflichtung bzw. -bindung und/oder des Hinzutretens wenigstens eines weiteren Begriffsmerkmales, welches die von Hummes[257] genannten gewerblichen Berufe aus der Reihe der freien Berufe ausscheidet und zugleich möglicherweise bedingt, daß Dolmetscher, Übersetzer und unter Umständen Masseure in dieser Berufsgruppe verbleiben.

(b)   Der Ansatz von der besonderen verfassungsrechtlichen Sozialrelevanz

Das Begriffsmerkmal der besonderen Allgemeinwohlverpflichtung bzw. -bedeutung bedarf allerdings der Konkretisierung, um eine Restriktion des Begriffsinhaltes zu erreichen und den Vorwurf zu entkräften, nichts als eine "leere Worthülse", "mit der man alles begründen kann und doch letztlich niemanden zu überzeugen vermag"[258], zu postulieren.

In einem ersten Schritt ist der Begriff der Allgemeinwohlverpflichtung bzw. -bindung durch den Begriff der "Sozialrelevanz" zu ersetzen, denn dieser drückt per se aus, daß es

---

255   *Siehe die Begründung hierzu bei Michalski, Begriff, S.77 f*
256   *Taupitz, S.19*
257   *Vgl. Fn.253*
258   *So Serick, S.14, zitiert nach Lach, S.10, Fn.3*

um die funktionale Bedeutung der Berufe für die Gemeinschaft geht, wie es bei den Begriffen Allgemeinwohlverpflichtung bzw. -bindung oder Zentralwertbezug nicht oder doch nicht in diesem Maße aus sich selbst heraus ersichtlich wird.

In einem zweiten Schritt ist der Zusatz "besondere" Sozialrelevanz, eine annähernd nichtssagende, auslegungsfähige und vor allem -bedürftige Qualifizierung der Sozialrelevanz, zu präzisieren. Ebenfalls in diese Richtung weisen die Versuche von Hummes, Fleischmann und auch Michalski[259], wobei diese die Bedeutung eines Berufes für das Gemeinwohl bzw. -wesen vom Blickwinkel der allgemeinen Verkehrsanschauung her bestimmen wollen. Dieser Ausgangspunkt wird deutlich, wenn etwa Fleischmann ausführt: "Natürlich erfüllen auch diese Berufe (z.B.: Tanz-, Turn-, Schwimm-, Reitunterricht, Dolmetscher, Masseure) in ihrer Gesamtheit wichtige Bedürfnisse der Gesellschaft und sind insoweit für das Funktionieren des sozialen Ganzen unentbehrlich und verantwortlich. Diese Verantwortung kommt aber letztlich allen Berufen zu, die den wirtschaftlichen und kulturellen Bedürfnissen der Gemeinschaft dienen, ohne Rücksicht auf die Art ihrer Tätigkeit"[260]

Demgegenüber muß, um eine entsprechende Differenzierung der Berufsgruppen erreichen zu können, die besondere Sozialrelevanz der freien Berufe objektiv-normativ aus der Sicht des Staates, der primär die Verantwortung für das Wohl des Gemeinwesens trägt, mithin aus der Verfassung entwickelt werden. Nur durch eine Bestimmung der Sozialrelevanz anhand der verfassungsrechtlichen Vorgaben läßt sich die notwendige Differenzierung innerhalb des großen Feldes potentieller und tatsächlich freier Berufe in einer dem Gebot der Rechtssicherheit entsprechenden und zugleich der Tatsache der Fortentwicklung der Verfassungswirklichkeit ausreichend Rechnung tragenden Form erreichen. Von verfassungsrechtlich belegter Sozialrelevanz sind daher nur solche Berufe bzw. Berufsfelder, deren besonderer Sozialrelevanz ein derart hoher Stellenwert zukommt, daß sie in der Verfassung entweder unmittelbar oder zumindest mittelbar angelegt ist. Es ist somit zu überprüfen, welchen Berufen und beruflichen Betätigungsfeldern in der verfassungsmäßigen Ordnung besondere Sozialrelevanz zuerkannt wird. Dabei ist primär von den fundamentalen Vorschriften der Verfassung, den Art. 1 bis 20 GG, auszugehen. Bei deren Analyse stellt sich die begrifflich geforderte, gesteigerte, verfassungsimmanente Sozialre-

---

259 Hummes, S.68 f.; Fleischmann, S.107 f.; Michalski, Begriff, S.74 mit z.T. richtigem Ansatz in Richtung Verfassung, der allerdings nicht konsequent weitergeführt wird
260 Fleischmann, S.107

levanz für die Rechts- und Steuerrechts-[261], die Gesundheits-[262], und die Wirtschaftspflege[263] heraus. Den Gebieten der Kunst, Kultur, Wissenschaft und Forschung[264], des Wohnungs- und Städtebauwesens[265], des Erziehungswesens[266] sowie dem - die Meinungsäußerungs-, Informations-, Presse-, Film- und Rundfunkfreiheit umfassenden - Medienwesen[267] spricht die Verfassung einen ebenso hohen Stellenwert zu. Das Sozialstaatsprinzip[268] wirkt dabei auf alle diese Gebiete ergänzend[269] ein. Damit sind die Sachbereiche des sozialen Lebens verfassungsrechtlich fest umrissen, auf denen freie Berufe ausschließlich entstehen können. Jedoch auch diese soeben aus der Verfassung abgeleitete, besondere Sozialrelevanz beschreibt nur das Betätigungsfeld potentieller freier Berufe, nicht schon diese selbst. Es bedarf eines weiteren einschränkenden Merkmales, um die Träger freier Berufe von anderen auf diesen Gebieten Tätigen abzugrenzen, da nicht jeder Beruf auf einem der als besonders sozialrelevant ermittelten Betätigungsfelder eo ipso ein freier Beruf ist.

Hierbei geht es vor allem um die Abgrenzung der freien Berufe zu deren Hilfsberufen, wie z.b. Arzthelfer, Rechtsanwalts-, Steuerberatergehilfe, medizinsch-technische(r), phar-

---

261 Art. 20 Abs.3 GG; Schmidt-Bleibtreu/Klein, Vorb.vor Art.92, Rz.5: "Soweit der Grundsatz der Rechtstaatlichkeit die Idee der Gerechtigkeit als wesentlichen Bestandteil enthält (...) verlangt er die Aufrechterhaltung einer funktionstüchtigen Rechtspflege"; näher dazu v.Münch-Schnapp, Art.20, Rz.21 ff; für Bayern: Art.3 Abs.1, 123 BV

262 Art. 2 Abs.2 S.1 GG; näher zu der aus Art. 2 Abs.2 S.1 GG abgeleiteten Schutzpflicht des Staates für Leben und Gesundheit: v.Münch-Münch,I., Art. 2 GG, Rz.61 ff; Stein, § 22 I, S.269 ff

263 Art. 2 Abs.1 GG; v.Münch-Gubelt, Art.12 GG, Rz.3: "Art.12 - wie auch das GG allgemein enthält keine Grundsatzentscheidung für ein bestimmtes Wirtschaftssystem. (...) Dies besagt allerdings nicht, daß der Bereich der Wirtschaft einen "verfassungsfreien Raum" darstellt; vielmehr müssen sich wirtschaftslenkende Maßnahmen an der Gesamtheit der im GG enthaltenen wirtschaftlichen Grundrechte (Art.2, 3, 14, 15 u.a.) und den tragenden Verfassungsprinzipien (...) ausrichten."; näher dazu Badura, C 80, 87, S.145 f; Schmidt-Bleibtreu/Klein, Einl., Rz.60 ff; für Bayern vgl. Art.151 ff BV

264 Art. 5 Abs.1,3, Art. 2 Abs.1 GG; Badura, C 76, S.134: "Als objektive Wertentscheidung für die Freiheit der Kunst stellt Art. 5 Abs.3 GG dem modernen Staat zugleich die Aufgabe ein freiheitliches Kunstleben zu erhalten und zu fördern (...) Dieser kulturstaatliche Schutz- und Förderauftrag..."; Stein spricht im siebten Teil vom "Kulturverfassungsrecht", S.287 ff

265 Art. 13, 14, 15 (74 Nr.18) GG; Zur grundsätzlichen Bedeutung des Wohnungswesens, vgl. Schmidt-Bleibtreu/Klein, Art.13 GG, Rz.3; Art.74, Rz.38 f; Art.14, Rz.6; v.Münch-Kunia, Art.13, Rz.1 ff; Stein, § 34 I, S.287 ff; für Bayern vgl. Art. 106 BV

266 Art. 6, 7 GG; Schmidt-Bleibtreu/Klein, Art.6 GG, Rz.8: "Aus der durch Art.6 Abs.2, S.2 GG auf die staatliche Gemeinschaft übertragene Verpflichtung, die Pflege und Erziehung des Kindes zu überwachen..."; näher zum Wächteramt des Staates, v.Münch-Münch,E.-M., Art.6, Rz.40; Badura, C 70, S.128; für Bayern siehe Art. 126 ff BV

267 Art. 5 GG; Art. 5 GG enthält die in einer Demokratie zur Meinungsbildung unersätzlichen "Kommunikationsgrundrechte", denen nach BVerfGE 10,121; 20,174 f "verfassungsstrukturelle Bedeutung" zukommt. Zu deren zentraler Bedeutung, vgl. Badura, C 60 f, S.64-69

268 Art. 20 Abs.1 GG; Siehe hierzu die Erläuterungen bei v.Münch-Schnapp, Art.20 GG, Rz.16 ff; Stein, § 21, S.170 ff

269 Zur Wirkung der in Art. 20 GG festgelegten Prinzipien vgl. v.Münch-Schnapp, Art. 20 GG, Rz.20

mazeutisch-technische(r) Assistent(-in) etc., aber auch um die Einordnungsproblematik von beratendem Ingenieur, Krankengymnast, Hebamme, Masseur, med.Bademeister, Psychologe, Psychotherapeut, Journalist und anderer Berufe, die wenigstens im allgemeinen Sprachgebrauch in der Nähe der freien Berufe angesiedelt werden. Eine Rückbesinnung auf den Ausgangspunkt der Begriffsbestimmung, die berufsrechtlichen Berufsausübungsbeschränkungen, insbesondere die augenfällig die freien Berufe kennzeichnende Schweigepflicht, legen das nächste, hier zu der erforderlichen Unterscheidung beitragende Merkmal nahe:

(2) Das Vertrauensverhältnis

(a) Der bisherige Ansatz vom besonderen Vertrauensverhältnis

Auch das Merkmal des besonderen Vertrauensverhältnisses ist keineswegs neu in der juristischen Diskussion um den Begriff des freien Berufes[270]. Es wird "in der Literatur (...) häufig ohne eigene Reflexion und nähere Konkretisierung auf die vertrauensvolle Zusammenarbeit zwischen dem Berufsangehörigen und dem Vertragspartner verwiesen"[271], wie Michalski, der sich neben Lach[272] eingehender mit der Vertrauensbeziehung auseinandergesetzt hat, völlig zu Recht bemerkt.

Mit seiner Unterscheidung zwischen einem Vertrauensverhältnis mit persönlicher Komponente oder sachlicher Komponente hat Michalski [273] einen engen und einen weiten Begriff des freien Berufes entwickelt. Da die - auch von ihm als gewichtiger eingeschätzte - persönliche Komponente, "das Vertrauen in die vertrauliche Behandlung persönlicher Mitteilungen"[274], auf mehrere berufsrechtlich als freie Berufe anerkannte Berufe nicht zutrifft (z.B.: Vermessungsingenieur, Seelotse), gelangt Michalski nur über die zusätzliche Schaffung einer sachlichen Komponente zu der Bestätigung der von ihm aufgestellten These vom Einheitsbegriff. Dabei hält er das Vertrauen der Vertragspartner in die fachliche Qualifikation der Berufsträger für geeignet und auch ausreichend, um das besondere Vertrauensverhältnis zu begründen.[275]

---

270   Vgl. die Nachweise in Fn. 228
271   Michalski, Begriff, S.80 m.w.N. in Fn.363
272   Lach, S.10 ff
273   Michalski, Begriff, S.82
274   Vgl. Fn 273
275   Michalski, Begriff, S.92 ff

Fleischmann etwa will dem besonderen Vertrauensverhältnis dagegen die Eignung als allgemeines Abgrenzungskriterium für alle freien Berufe überhaupt absprechen.[276] Es bleibt also zu prüfen, welche Bedeutung dem Vertrauensverhältnis bei der Begriffsbildung zukommt:

(b) Das personenbezogene gesteigerte Vertrauensverhältnis

Vor der Beantwortung der zuletzt aufgeworfenen Frage ist nochmals in Erinnerung zu rufen, daß die Gesetzgeber (Bund und Länder) bei deren Berufsrechtsetzung nicht von einem fest umrissenen Begriff des freien Berufes, geschweige denn von einer klaren Definition desselben ausgegangen sind, vielmehr wurde die Einordnung als freier Beruf mehr an soziologischen Gemeinsamkeiten ausgerichtet.[277] Es ist daher, um nicht von nicht verifizierten Prämissen auszugehen und dadurch die Aussagekraft der Untersuchung zu relativieren, bei der weiteren Untersuchung Bedacht darauf zu nehmen, daß selbst die gesetzliche Kategorisierung bestimmter Berufe als freie Berufe nicht zwingend zutreffend sein muß. Vielmehr ist denkbar, wenn nicht wahrscheinlich, daß bislang als freie Berufe bezeichnete Berufe nach dem herauszuarbeitenden Rechtsbegriff des freien Berufes keine freien Berufe darstellen. Umgekehrt können sich Berufe, denen bislang die Anerkennung als freie Berufe versagt geblieben ist, als solche herausstellen.[278] Dementsprechend darf der Umstand, daß sich verschiedene Berufsverbände und -vereinigungen in ihren privatrechtlichen Vereinssatzungen selbst als freie Berufe bezeichnen und sich ebenso gerieren, nicht überbewertet werden. Die in diesen Fällen vorliegende, allenfalls bedingte Indizwirkung solchen Verhaltens ist Ausdruck der dort gegebenen Eigeninteressen dieser Berufe: Das Streben einer Vielzahl von Berufen über die allgemeine Anerkennung als freier Beruf, welche unter anderem durch eine entsprechende privatrechtliche Einstufung in der Vereinssatzung vorbereitet werden soll, in den Genuß der steuerrechtlichen Vergünstigungen, insbesondere der Gewerbesteuerfreiheit, zu gelangen.

Michalski hat sich im Gegensatz zu Fleischmann[279] nicht damit begnügt festzustellen, daß ein den klassischen Berufen von Arzt und Rechtsanwalt eigenes, besonderes Vertrauensverhältnis den übrigen Berufen - zumindest in diesem Maße - nicht zukomme. Er hat vielmehr die strukturellen Gemeinsamkeiten der an Intensität z.T. unterschiedlichen Vertrauensbeziehungen bei den in Betracht kommenden Berufen herausgearbeitet. Seine

---

276 *Vgl. Fleischmann, S.54 in Fn. 188 m.w.N.*
277 *Siehe dazu S.29 ff*
278 *Zu dieser relativen Maßgeblichkeit der gesetzgeberischen Eingruppierung auch schon Michalski, Begriff, S.13,16*
279 *Fleischmann, S.107*

Schlußfolgerung allerdings, die Besonderheit des Vertrauensverhältnisses sei in seinen zwei "Komponenten", der persönlichen und der sachlichen Komponente, zu sehen, trifft, wie noch zu zeigen sein wird, nicht zu. Insbesondere seiner Vorstellung von der sog. sachlichen Komponente kann nicht gefolgt werden.[280] Gleiches gilt insoweit auch für die Ansicht von Taupitz, den soeben angeführten Komponenten noch eine dritte hinzufügen zu wollen und von einer Tripolarität des Vertrauensverhältnisses zu sprechen, wobei dieses neben der sachlich-qualitativen und der persönlich-privaten noch eine berufsstandsbezogene Dimension aufweise.[281]

Einige Berufsordnungen anerkannter, wie auch nicht als frei anerkannter Berufe weisen auf das besondere Vertrauen, welches den einzelnen Berufsträgern entgegengebracht wird, ausdrücklich hin (z.B.: §§ 43 WPO, 43 BRAO, 1 Abs. 3 MuBO für die dt. Ärzte[282], Art.2 Abs.5 BOH[283], Ziffer III 1 BO des Bundesverbandes der Psychologen). Ob dem hier zunächst nur abstrakt benannten, später noch näher zu definierenden, gesteigerten Vertrauensverhältnis darüber hinaus begriffsbildende, konstitutive Wirkung für den Rechtsbegriff des freien Berufes beizumessen ist, kann sich wiederum allein aus einer Analyse der prägenden Berufsausübungsregelungen aller als freie Berufe in Betracht kommender Berufe ergeben. Danach sind die Berufsordnungen und -gesetze im Hinblick auf Berufsausübungsbeschränkungen zu überprüfen, welche als Konkretisierung des personenbezogenen, gesteigerten Vertrauensverhältnisses dieses vermeintliche Wesensmerkmal der freien Berufe umschreiben. Hierbei stößt man sogleich auf die Schweigepflicht, die den unmittelbarsten Bezug zum personenbezogenen, gesteigerten Vertrauensverhältnis aufweist, aber auch Werbeverbot, Gebührenordnung und Verpflichtung zu eigenverantwortlichem, unabhängigem Handeln und persönlicher Leistungserbringung sind in diesem Zusammenhang von Bedeutung.[284]

Das ist für die Schweigepflicht ganz offensichtlich, ist diese doch ihrem Sinn und Zweck nach auf die Bewahrung privater und persönlicher Vorgänge, die offenbart werden mußten oder sonst zu Tage getreten sind, gerichtet. Werbeverbot und Gebührenordnung dienen ebenso dem Schutz des personenbezogenen, gesteigerten Vertrauensverhältnisses, in dem sie verhindern, daß die Phase der Kontaktaufnahme, der Vertrauensbildung, von aus der Werbung stammenden unsachlichen oder finanziellen Beweggründen negativ beeinflußt wird.[285]

---

280 *Vgl. dazu unten S.52 ff*
281 *Taupitz, S.52*
282 *Musterberufsordnung für die deutsche Ärzteschaft, abgedruckt in Anhang 1*
283 *Berufsordnung der Heilpraktiker*
284 *Zu den Berufsausübungsregelungen vgl. auch S.42 f*
285 *Vgl. Michalski, Begriff, S.88, Fn.389 m.w.N.*

Die Verpflichtung der Berufsträger zu eigenverantwortlichem und unabhängigem Handeln wie auch zur persönlichen Leistungserbringung ist die Kehrseite des personenbezogenen, gesteigerten Vertrauensverhältnisses. Es handelt sich dabei aber nicht um potentielle eigenständige Merkmale der freien Berufe[286], sondern um bloße sachlogische Folgerungen bzw. Ableitungen aus dem Wesen des personenbezogenen, gesteigerten Vertrauensverhältnisses.[287] Dieses schließt ein autoritatives, mit bindenden Weisungsrechten operierendes Einwirken "von oben" auf den Freiberufler und damit auf das Arzt-Patient-Verhältnis aus. Umgekehrt tangieren die aus dem personenbezogenen, gesteigerten Vertrauensverhältnis folgenden Verpflichtungen zu persönlichem, eigenverantwortlichem und unabhängigem Handeln nicht die Möglichkeit, sich qualifizierter Mitarbeiter zu bedienen, wenn und soweit diese unter Leitung des Freiberuflers tätig werden.

Aufgrund des personenbezogenen, gesteigerten Vertrauensverhältnisses muß allerdings gewährleistet bleiben, daß die Leistungserbringung stets als solche des Freiberuflers selbst anzusehen ist, was nur erreichbar ist, wenn der Freiberufler stets die Führungskompetenz innehat, die wesentlichen Entscheidungen trifft und der Mitarbeiterkreis begrenzt und überschaubar bleibt.[288] Ausschließlich eigenpersönliches Tätigwerden ist den Freiberuflern heute zum Großteil nicht mehr möglich, vielmehr sind Mitarbeiter nötig, um wirksam und effektiv arbeiten zu können.[289] Es kann somit gesagt werden, daß die grundlegenden, in annähernd allen Berufsordnungen enthaltenen Berufsausübungsbeschränkungen das personenbezogene, gesteigerte Vertrauensverhältnis als Wesensmerkmal der jeweiligen Berufe voraussetzen, da andernfalls diese elementaren Berufsausübungsregelungen einen Großteil ihres Sinngehaltes und ihrer Berechtigung verlieren würden. Damit ist aber noch keine Klarheit über den Inhalt des personenbezogenen, gesteigerten Vertrauensverhältnisses geschaffen, sondern nur über dessen Bestand als Wesensmerkmal des freien Berufes. Zwangsläufig stellt sich die Anschlußfrage, worin die Besonderheit des Vertrauensverhältnisses liegt, die es zu einem personenbezogenen, gesteigerten, das besondere Vertrauen im Sinne des § 627 Abs.1 BGB beinhaltenden und zugleich darüber hinausgehenden, Vertrauensverhältnis macht.

---

286 *So aber Rittner, S.21; Fleischmann, S.75; auch Fuhrmann, S.41 ff m.w.N., insbesondere zur steuerrechtlichen Bedeutung bei der Abgrenzung zum Gewerbe, wo die persönliche Leistung nicht im Vordergrund steht. Zwar erkennt er die Verknüpfung von Vertrauensverhältnis und persönlicher Leistungserbringung (S.45), ohne jedoch daraus den Schluß auf den unselbständigen Charakter der persönlichen Leistungserbringung zu ziehen*
287 *Im Ergebnis ähnlich, aber mit anderer Begründung: Michalski, Begriff, S.48,94*
288 *In diesem Sinne auch § 18 Abs.1 Nr.1, S.3, 4 EStG; BFH, BStBl. 1963 III,595; Fleischmann, S.38 ff; Fuhrmann, S.43*
289 *Ebenso Fleischmann, S.38; Fuhrmann, S.43*

Die besondere Qualität des Vertrauensverhältnisses besteht darin, daß der Vertragspartner - neben dem aufgrund zwischenmenschlicher Beziehung bestehenden besonderen Vertrauen im Sinne des § 627 Abs. 1 BGB[290] - darauf vertraut und auch vertrauen darf, daß der Freiberufler die ihm offenbarten, vertraulichen, persönlichen oder rein wirtschaftlichen Vorgänge aus der Privat-, Individual- und/oder Intimsphäre nicht unbefugt an Dritte weitergibt.[291] Aufgrund und zum Schutze dieses Vertrauens und Vertrauendürfens existieren die berufsrechtlichen Schweigepflichten[292], welche durch die §§ 203 Abs.1 StGB, 53 StPO sogar strafrechtlich sanktioniert sind.[293] Partner eines solchen besonderen, im Sinne eines personenbezogenen, gesteigerten Vertrauensverhältnisses, können nur Träger von Berufen sein, denen zur Ausübung ihrer berufsspezifischen Tätigkeit vom Vertragspartner (dem Patienten, Mandanten, Klienten etc.) typischerweise zielgerichtet, d.h. auf die Person des Freiberuflers und auf dessen berufsspezifische Tätigkeit bezogen, private, seien es vertrauliche oder persönliche oder rein wirtschaftliche Vorgänge offenbart werden, teils expressis verbis, teils zwangsläufig im Rahmen der Zusammenarbeit.

Dieses zwingende, auf die Person des Freiberuflers bezogene und dessen Tätigkeit erst ermöglichende Anvertrauen privater Umstände als Voraussetzung der berufstypischen Tätigkeit prägt das personenbezogene, gesteigerte Vertrauensverhältnis.[294] Durch dieses Merkmal des zielgerichteten, auf die Person des Freiberuflers bezogene Anvertrauen werden die Hilfspersonen der Freiberufler aus dem Begriff ausgeschieden[295]. Dabei ist auf den erkennbaren Willen des Vertragspartners abzustellen, da dieser den Hilfspersonen nach seiner erkennbaren inneren Willensrichtung keine privaten Umstände anvertraut, sondern diese lediglich "bei Gelegenheit" ihrer Arbeit von vertraulichen Vorgängen Kenntnis erlangen können[296], aber gerade im Gegensatz zum Freiberufler selbst nicht unbedingt müssen. Ein Unterschied zwischen Freiberuflern und deren Hilfspersonen ist mithin darin zu sehen, daß der Freiberufler vom Vertragspartner bewußt, willentlich und

---

290 *Das besondere Vertrauen i.S. des § 627 Abs.1 BGB ist auf das persönliche, unwägbare zwischenmenschliche Verhältnis zugeschnitten, welches durch Sympathie oder Antipathie gekennzeichnet wird, vgl. dazu näher: Dörner, NJW 1979,241 ff; Erman-Hanau, § 627 BGB, Rz.4*

291 *In diesem Sinne auch Lach, S.11; Michalski, Begriff, S.82 ff; die arbeitsrechtliche Verschwiegenheitspflicht (dazu Schaub, § 54) dagegen besteht nur als Nebenpflicht des Arbeitsvertrages und zwar nur gegenüber dem Arbeitgeber und hinsichtlich des Arbeitsverhältnisses, nicht aber für Angelegenheiten bzw. Beziehungen des Arbeitnehmers zu Dritten*

292 *Einer Schweigepflicht unterliegen alle als freie Berufe in Rede stehenden Berufe, abgesehen von Architekt, Seelotse und dem beratenden Ingenieur in Rheinland-Pfalz, vgl. Michalski, Begriff, S.50 f*

293 *Zum potentiellen Täterkreis siehe Schönke/Schröder-Lenckner, § 203 StGB, Rz.35 ff*

294 *Ebenso Taupitz, S.52*

295 *Auf dieses Problem geht Michalski - nach einem Einheitsbegriff suchend und daher zwangsläufig die wirtschaftliche Selbständigkeit in irgendeiner Form als Merkmal des freien Berufes voraussetzend - insoweit konsequent, aber zu Unrecht nicht ein*

296 *Diesem Umstand trägt § 203 Abs.3 StGB Rechnung*

umfassend von vertraulichen Umständen in Kenntnis gesetzt wird, während die Hilfspersonen davon nicht zielgerichtet informiert werden, sondern nur aufgrund ihrer Mitarbeit, quasi beiläufig und in der Regel nur partiell Kenntnis erlangen.

(c) Die sachliche Komponente des Vertrauensverhältnisses nach Michalski

Michalski hat die These aufgestellt, das besondere Vertrauensverhältnis lasse sich auch durch die sog. sachliche Komponente, das Vertrauen der Vertragspartner in die fachliche Qualifikation des Freiberuflers, genügend ausfüllen und daher begründen. Auch Taupitz hat auf die sachliche Komponente des Vertrauensverhältnisses abgehoben.[297] Die sich aufdrängende Frage, worin die Besonderheit eines derartigen Vertrauens liegen solle, welche die freien Berufe von anderen Berufen abzugrenzen vermag, wird nicht überzeugend beantwortet: "Das Vertrauen des Klienten in die fachliche Qualifikation des Berufsangehörigen ist keine auf die standesrechtlich gebundenen Berufe beschränkte Besonderheit. Jeder Kunde eines Handwerkers oder anderer Gewerbetreibender erwartet fachmännisch erbrachte Arbeitsergebnisse", konstatiert Michalski selbst.[298] Dennoch sieht er, wie auch Taupitz, unter Hinweis auf das Qualifikationsgefälle[299] das Vertrauen in die fachliche Qualifikation weiterhin als charakterisierendes Merkmal an, da die Arbeitsleistungen vom einzelnen Nachfrager nach wie vor sachlich kaum nachprüfbar sind und bleiben. Er räumt zwar ein, daß die Ausdehnung des Merkmales "auf immer mehr Berufsgruppen (...) dessen Eignung als selbständiges begriffsbildendes Merkmal der Freiberuflichkeit zumindest fraglich erscheinen "[300] (läßt), will diese Zweifel aber sodann dadurch zerstreuen, daß die fachliche Qualifikation einen anderen Stellenwert erhalte, "wenn sie zur persönlichen Komponente des Vertrauensverhältnisses in Beziehung gesetzt wird."[301]

(d) Kritik

Beizupflichten ist Michalski in seiner Erkenntnis, daß das Vertrauen der Kunden in die fachliche Qualifikation der Berufsträger evidentermaßen kein auf die freien Berufe begrenztes Phänomen und damit keine Besonderheit derselben darstellt. Taupitz verweist zwar auf die zunehmende Verringerung des Wissensgefälles, die er sowohl auf wachsende antiautoritäre und egalitäre Tendenzen und auch auf die steigende interaktive Beteiligung

---

297 *Taupitz, S.54 ff*
298 *Michalski, Begriff, S.91*
299 *Taupitz, S.54*
300 *Michalski, Begriff, S.92*
301 *Vgl. Fn.301*

der Klienten an der Problemlösung zurückführt, stellt dann aber fest, daß eine erhebliche Dominanz der Experten bestehen bleiben wird[302], nicht zuletzt wegen der mindestens gleichermaßen fortschreitenden Mehrung und Vertiefung des verfügbaren Wissens. Diese Dominanz der Experten besteht auch bei Berufen, die eindeutig keine freien Berufe sind, z.B. bei Programmierern, Brokern, Physikern etc., mithin bei jedem Beruf, dessen Ausübung von einer gewissen Berufsausbildungsdauer abhängig ist und einer sich dynamisch entwickelnden Spezialisierung ausgesetzt ist. Das Merkmal des Vertrauens in die fachliche Qualifikation ist somit ungeeignet, eine begriffliche Differenzierung zwischen freien Berufen und anderen Berufen zu fördern.

Um die sich hieraus ergebende Konsequenz - das Scheitern der Bildung eines Einheitsbegriffes für alle als freie Berufe angesehenen bzw. reglementierten Berufe - zu vermeiden, hat Michalski versucht, dem in der Berufswelt allgemein verbreiteten Vertrauen der Marktgegenseite in die fachliche Qualifikation des Berufsträgers dadurch teilweise eine andere, qualifiziertere Bedeutung und damit Unterscheidungskraft hinsichtlich des allgemeinen Qualifikationsvertrauens zu verleihen, daß er dieses sachliche Vertrauen in Beziehung setzt zur persönlichen Komponente des Vertrauensverhältnisses. Wenn er ausführt, daß "die sachliche (...) ein Annex einer vorhandenen persönlichen Komponente (sei)"[303], so kann dem noch als eine Möglichkeit zugestimmt werden, wobei nicht übersehen werden darf, daß es sich dabei um eine mehr rechtstatsächliche (bzw. -empirische), als um eine rechtstheoretische Betrachtung handelt. Denn das Vertrauen in die fachliche Qualifikation bleibt auch hier ein eigenständiges Element, welches allen Berufsträgern entgegengebracht zu werden pflegt, und kann auch ohne ein persönliches Vertrauensverhältnis bestehen, wie ein Blick auf die überwiegende Anzahl "nicht-freiberuflicher" Berufe veranschaulicht.

Seiner weiteren Behauptung, alternativ dazu könne die sachliche Komponente "als alleiniges oder wesentliches Kriterium ein (persönliches Vertrauensverhältnis) im Einzelfall originär (...) begründen"[304] muß indes entschieden entgegengetreten werden, da ihr folgende Fehleinschätzung zugrundeliegt:

Fehlt es im Einzelfall an einem solchen personenbezogenen, gesteigerten Vertrauensverhältnis zum Berufsträger, insbesondere deshalb, weil dem Berufsträger zu dessen Berufstätigkeit keine privaten und vertraulichen Umstände anvertraut werden müssen, und dieser

---

302 Taupitz, S.56 f
303 Vgl. Fn.301
304 Vgl. Fn.301

im Regelfall auch bei Gelegenheit seiner Tätigkeit nicht von derartigen Umständen Kenntnis erlangt, besteht demnach also nur das allgemeine Vertrauen in die fachliche Qualifikation des Berufsträgers, so kann diese unterschiedliche, inhaltliche Wertigkeit der Vertrauensbeziehungen nicht hinwegformuliert bzw. -diskutiert werden. Das fehlende personenbezogene, gesteigerte Vertrauensverhältnis läßt sich aus der vorhandenen sog. "sachlichen Komponente" des Vertrauensverhältnisses nicht ableiten, da es in diesem Falle an dem für das personenbezogene, gesteigerte Vertrauensverhältnis begriffsnotwendigen Vorgang eines Anvertrauens privater, vertraulicher Umstände fehlt. Es ist aber wegen der unterschiedlichen qualitativen Wertigkeit des personenbezogenen, gesteigerten Vertrauensverhältnisses und des bloßen Vertrauens in die fachliche Qualifikation durch letzteres auch nicht ersetzbar, da das Vertrauen in die fachliche Qualifikation im Vergleich zum personenbezogenen, gesteigerten Vertrauensverhältnis ein "aliud" ist.[305]

Anlaß zu Bedenken gibt vor allem, daß Michalski entgegen seinen vorangegangenen Ausführungen[306] mit seiner Behauptung, die persönliche Komponente des Vertrauensverhältnisses könne allein oder doch im wesentlichen durch die sachliche Komponente des Vertrauensverhältnisses originär begründet werden[307] offenbar nicht exakt genug unterscheidet zwischen den verschiedenen Abstufungen der Vertrauensverhältnisse, insbesondere nicht zwischen dem besonderen Vertrauen im Sinne des § 627 Abs.1 BGB einerseits und dem personenbezogenen, gesteigerten Vertrauensverhältnis als Merkmal des freien Berufs andererseits. Aus dem Vertrauen in die fachliche Qualifikation des Berufsträgers kann sich im Einzelfall ein besonderes Vertrauen im Sinne des § 627 Abs.1 BGB entwickeln. Anders liegt es aber beim personenbezogenen, gesteigerten Vertrauensverhältnis, welches das Verhältnis von Freiberufler und Klient wesentlich prägt. Denn ob jemandem zur Ausübung seiner beruflichen Tätigkeit private, vertrauliche Umstände mitgeteilt bzw. zwangsläufig offengelegt werden müssen, folgt aus der Natur der beruflichen Tätigkeit freier Berufe und ist gerade nicht das Resultat eines etwaigen Vertrauens in die fachliche Qualifikation. Dieser strukturelle Unterschied bleibt von Michalski unberücksichtigt.

Bedenklich ist ferner Michalskis Argumentation, wenn er zunächst davon ausgeht, daß es (1.) Berufe gibt, denen das besondere persönliche Vertrauensverhältnis fehlt, bei denen

---

305 *Auch die von Michalski (Begriff, S.93 f) weiter angeführten Argumente für die Bedeutung des Vertrauens in die fachliche Qualifikation innerhalb des Vertrauensverhältnisses zwischen Freiberufler und Klient (subj.Zulassungsbeschränkungen, Pflicht zur Fortbildung, Pflicht zu persönlichem Tätigwerden, Verbot best. Berufe auszuüben) gehen ins Leere, da diese Punkte ebenfalls auf viele Nicht-Freiberufler" zutreffen*
306 *Hier differenziert Michalski (Begriff, S.81 f) zu Recht zwischen dem besonderen Vertrauen i.S. des § 627 BGB und dem besonderen Vertrauensverhältnis im Bereich der freien Berufe*
307 *Michalski, Begriff, S.92 f*

aber (2.) Vertrauen in die fachliche Qualifikation besteht,[308] und dann von der gegebenen sog. sachlichen Komponete auf die persönliche Komponente als deren Folge[309] schließen will. Dieser Schluß steht in Widerspruch zum Ausgangspunkt, zur Prämisse der Überlegung, daß das besondere persönliche Vertrauensverhältnis eben nicht vorhanden ist und nach seinem Inhalt auch nicht sein kann. Denn folgte man dieser Argumentation, so müßte nahezu jeder Berufsträger durch ein besonderes (personenbezogenes, gesteigertes) Vertrauensverhältnis mit seinen Kunden verbunden sein, da de facto jedem Berufsträger das Vertrauen entgegengebracht wird, daß er die nötige fachliche Qualifikation besitzt. Das Vertrauen in die fachliche Qualifikation (nach Michalski die sachliche Komponente des Vertrauensverhältnisses) ist mangels effektiver Aussage und Abgrenzungskraft gegenüber anderen Berufen kein verwertbares Merkmal des freien Berufes.

(e) Die berufsstandsbezogene berufsfunktionale Dimension nach Taupitz

Taupitz zufolge weist das Vertrauensverhältnis eine dritte, berufsstandsbezogene bzw. berufsfunktionale Komponente auf. Der Auftraggeber werde nur dann bereit sein, dem Freiberufler den für die Auftragserfüllung notwendigen Zugang zu den eigenen Rechtsgütern zu gewähren und die erforderlichen, oft vertraulichen oder gar "heiklen" persönlichen, sozialen und wirtschaftlichen Informationen zu liefern, wenn er sicher sein kann, daß die damit verbundene Öffnung seiner Privat- und Intimsphäre auf den jeweiligen Freiberufler beschränkt bleibt.[310] Aus dieser zutreffenden Beurteilung heraus (die allerdings dem personenbezogenen, gesteigerten Vertrauensverhältnis zuzuordnen ist) schließt Taupitz, daß dies nicht nur personalrelativ auf einen bestimmten Freiberufler zutreffen müsse, sondern es einer institutionellen Absicherung bedürfe, daß jeder Freiberufler als Vertreter seines Berufsstandes dieser Erwartung gerecht werde. Das Bedürfnis für eine institutionelle Absicherung des personenbezogenen, gesteigerten Vertrauensverhältnis ist durchaus gegeben. Dennoch ist nicht ersichtlich, welche Bedeutung dieser Aspekt für die juristische Begriffsbildung haben soll, da der entscheidende Kern der von Taupitz geforderten berufsstandsbezogenen bzw. berufsfunktionalen Dimension des Vertrauensverhältnisses - eine institutionelle Absicherung - bereits durch das Strafrecht gewährleistet wird und der von ihm auf den ganzen Berufsstand bezogene Aspekt eines generellen Vertrauenkönnens in die Verschwiegenheit der Freiberufler lediglich eine Projektion der bei jedem einzelnen Freiberufler aufgrund des personenbezogenen, gesteigerten Vertrauensverhältnisses gegebenen Sachlage auf den Berufsstand als Ganzes darstellt.

---

308 *Michalski, Begriff,* S.139 f
309 *Vgl. Fn.308*
310 *Taupitz,* S.58

Als Zwischenergebnis kann daher festgehalten werden, daß allein das personenbezogene, gesteigerte Vertrauensverhältnis, welches gekennzeichnet ist durch das Anvertrauen persönlicher, vertraulicher Umstände aus der Privatsphäre und das Vertrauen auf eine vertrauliche Behandlung dieser Umstände durch den Berufsträger, neben der verfassungsrechtlichen Sozialrelevanz der Berufstätigkeit ein Merkmal des Rechtsbegriffes vom freien Beruf darstellt.

(3) Die Freiheit vom Staat?

Nachdem bereits die Funktion der freien Berufe in der Gesellschaft und das Verhältnis der Freiberufler zur Marktgegenseite untersucht wurden, bietet sich sodann das Verhältnis der freien Berufe zum Staat an, einer Betrachtung unterzogen zu werden.

Schon der terminus technicus "freier Beruf", der eine besondere Freiheit im Vergleich zu anderen Berufen verheißt, wie auch die einzelnen berufsrechtlichen Hervorhebungen der Freiheit und Unabhängigkeit der freien Berufe, müssen nachdenklich stimmen, angesichts der Tatsache, daß Heuß[311] die Freiberuflichkeit durch die umfangreichen staatlichen Berufswahl- und Berufsausübungsbeschränkungen als gefährdet ansah[312] und Triepel[313] gar von "staatlich gebundenen" Berufen sprach. Dennoch wird überwiegend die Unabhängigkeit der freien Berufe vom Staat als wesentlich hervorgehoben.[314]

Nach Michalski ist die besondere Freiheit der freien Berufe im Verhältnis zum Staat darin zu sehen, daß die Angehörigen eines freien Berufes nicht verbeamtet werden können, ohne zugleich ihre Freiberuflichkeit zu verlieren. "Denn der auf persönliche Initiative und Wettbewerb gegründete Individualbezug ihrer Tätigkeit ginge mittels einer Einbindung in staatliche Interessen (...) zugunsten einer unpersönlichen, schematischen Bürokratie verloren"[315]. Die Inkompatibilität von freiem Beruf und Beamtentum will Michalski mit dem Fehlen der wirtschaftlichen Selbstständigkeit begründen[316] und verknüpft daher den fehlenden oder zumindest nicht geforderten Individualbezug in der Dienstausübung nicht mit

---

311 *Heuß, FS.f.Brentano, S.237 ff*
312 *Vgl. oben S.31 f*
313 *Triepel, FS.f.Binding, Staatsdienst und staatlich gebundener Beruf*
314 *Vgl. etwa Hummes, S.70; Fleischmann, S.80 ff; Fuhrmann, S.55 f; Michalski, Begriff, S.128 f; Fromme, S.60 ff; speziell für den Rechtsanwalt: zur "Freiheit der Advokatur", vgl. Fuhrmann, S.55 f m.w.N.*
315 *Michalski, Begriff, S.128*
316 *Michalski, Begriff, S.119 (In diesem Sinne auch Fleischmann, S.83 ff unter Verweis auf Feuchtwanger, S.11 ff)*

dem persönlichen Vertrauensverhältnis, da seiner Ansicht nach auch ein sachlich bzw. durch Neutralität begründetes Vertrauensverhältnis für die Freiberuflichkeit ausreichen soll.[317] Richtig hieran ist, daß sich Freiberuflichkeit und allgemeine Beamtenstellung in der Tat gegenseitig ausschließen, dies aber nicht etwa, weil Beamte nicht mehr wirtschaftlich selbständig sind, sondern weil sie nach allgemeinen beamtenrechtlichen Grundsätzen nicht mehr in der Lage sind, das Merkmal des personenbezogenen, gesteigerten Vertrauensverhältnisses zum Vertragspartner zu erfüllen. Denn das für den freien Beruf geforderte Vertrauensverhältnis, welches ein gegenüber dem besonderen Vertrauen i.S. des § 627 Abs.1 BGB noch gesteigertes Vertrauensverhältnis darstellt, kann bei Beamten wegen der beamtenrechtlichen Verpflichtungen zu objektiver und neutraler Amtsführung[318] nicht entstehen. Zutreffend beschreibt Michalski, daß "es in der Eigenart der Beamtenstellung begründet (liegt), daß der dem Gemeinwohl verpflichtete Beamte dem Bürger unpersönlich(er) gegenübertritt. (...) eine unpersönliche Amtsführung wird noch durch den Anspruch auf staatliche Besoldung begünstigt."[319] M.E. muß diese berechtigte Erkenntnis in Relation gesetzt werden zum personenbezogenen, gesteigerten Vertrauensverhältnis zwischen Freiberufler und Vertragspartner, woraus sich erhellt, daß zu Beamten im Grundsatz zwar ein Vertrauen in deren Neutralität und Objektivität, nicht aber ein besonderes Vertrauen i.S. des § 627 Abs.1 BGB, geschweige denn ein personenbezogenes, gesteigertes Vertrauensverhältnis entstehen kann. Wendet man nun dieses "Unvereinbarkeitsgebot" auf den Fall beamteter Ärzte an, so ergibt sich ein widersprüchliches Bild:

Es existiert eine gewisse Anzahl von verbeamteten Ärzten, etwa im öffentlichen Gesundheitswesen oder in Universitätskliniken. Stimmig erscheint das Abstellen auf das durch den allgemeinen Beamtenstatus ausgeschlossene personenbezogene, gesteigerte Vertrauensverhältnis beim im öffentlichen Gesundheitswesen tätigen Amtsarzt, bei dem der Individualbezug fast völlig entfällt und durch einen Generalbezug ersetzt wird. Er dient der Allgemeinheit unter anderem im Bereich der Seuchenbekämpfung und Hygiene[320]. Ähnliches gilt offenbar für Militär-, Gefängnis- und Polizeiärzte. Bei den beamteten Ärzten in

---

317 *Michalski, Begriff, S.92f, 124 (Michalski versucht die Begründung dafür, daß die Verbeamtung als ein die Freiberuflichkeit hinderndes Kriterium behandelt wird, in der Besonderheit des Staatsdienstes gegenüber der wirtschaftlichen Selbständigkeit zu finden (S.119). Soweit konsequent verknüpft er den "fehlenden oder zumindest nicht geforderten Individualbezug in der Dienstausübung" (S.122) nicht mit dem persönlichen Vertrauensverhältnis, da für ihn ja auch ein sachlich (S.92 f) bzw. durch Neutralität (S.124) begründetes Vertrauensverhältnis ausreicht)*

318 *Vgl. etwa Art.33 Abs.5 GG; § 2, 35-37 BRRG; Art.2 BayBG*

319 *Michalski, Begriff, S.122 f*

320 *Zu weiteren Aufgaben des Amtsarztes, vgl. § 3 Gesundheits-VereinheitlichungsG; siehe auch Rieger, Rz 45 ff*

diversen anderen Einrichtungen ist das Fehlen des personenbezogenen, gesteigerten Vertrauensverhältnisses nicht gleichermaßen augenfällig, wird diesen doch in der Praxis ebenfalls Vertrauliches aus der Privatsphäre offenbart, um deren Arbeit zu ermöglichen, und erreichen andere patientenfremde Aufgaben und Pflichten bei Universitätsärzten nicht das gleiche Maß, wie dies bei Amts-, Militär-, Gefängnis- und Polizeiärzten der Fall ist. Die auf den ersten Blick zu registrierende Unstimmigkeit bei beamteten Klinikärzten erschüttert jedoch nicht die aufgestellte These von der Unvereinbarkeit von freiem Beruf und Beamtenstellung.

Nochmals: Die Freiberuflichkeit im berufsrechtlichen Sinne geht im Falle der Berufsausübung in einem allgemeinen Beamtenverhältnis verloren, da die allgemeinen beamtenrechtlichen Pflichten ein personenbezogenes, gesteigertes Vertrauensverhältnis ausschließen. Dies gilt auch für beamtete Ärzte, deren Rechtsstellung in der Praxis derjenigen der nichtbeamteten Kollegen nur aufgrund einer Modifikation des Beamtenverhältnisses durch das ärztliche Berufsrecht gleichgestellt ist.[321] Letztendlich besteht eine besondere Freiheit der freien Berufe dem Staat gegenüber nicht. Lediglich die Konsequenz aus dem Erfordernis des personenbezogenen, gesteigerten Vertrauensverhältnis bedingt, daß ein freier Beruf im allgemeinen Beamtenverhältnis nicht ausgeübt werden kann.[322]

(4) Die Weisungsunabhängigkeit

Bei der wissenschaftlichen Diskussion um den Begriff des freien Berufes hat regelmäßig ein weiteres begriffsbildendes Merkmal Verwendung gefunden, welches bislang noch nicht Gegenstand der Abhandlung war: Die fachliche Weisungsunabhängigkeit oder Weisungsfreiheit. "Es gab und es gibt (...) Arbeitsverhältnisse, bei denen dem Arbeitgeber eine Einflußnahme auf die sachliche Ausübung der Tätigkeit des Arbeitnehmers bzgl. fachlicher Weisungen rechtlich versagt ist."[323] "Für den wirtschaftlich Selbständigen bedarf diese Form der Freiheit eigentlich keiner besonderen Betonung. Sie ergibt sich regelmäßig schon aus der Tatsache, daß er das wirtschaftliche Risiko trägt."[324] Für den angestellten Krankenhausarzt als Arbeitnehmer bedarf sie jedoch einer Begründung, die die

---

321 *Vgl. dazu ausführlicher unten S.65 ff*
322 *Im Ergebnis ebenso Fleischmann, S.80 ff; Hummes, S.70; Fuhrmann, S.55 f; Ipsen, S.31(37); Scheuner, Versorgungseinrichtungen, S.71,85; Michalski, Begriff, S.128 f; a.A. Steindorff, S.25 f;*
323 *BAGE 11,225(227) m.w.N.*
324 *Hummes, S.72; ähnlich Hüber, S.18; Fuhrmann, S.63, kritisiert daran, daß dies ein "kann" ist, aber kein "muß", wogegen bei den Freiberuflern wegen der Sozialrelevanz ihrer Aufgabe und Funktion eine zur Weisungsunabhängigkeit zwingende Notwendigkeit besteht*

unter Umständen gegebene Abweichung vom Regelfall rechtfertigt. Hummes stellt dabei auf die mit zunehmender fachlicher Qualifikation der Arbeitnehmer abnehmende Kontrollierbarkeit der Leistungen durch die Vorgesetzten ab.[325] Dies stellt aber eine mehr faktische als juristische Betrachtungsweise dar. Auf die mangelnde Kontrollierbarkeit zu verweisen, bedeutet am juristischen Problem vorbeizugehen. Worin liegt aber die juristische Rechtfertigung dafür, daß Arbeitnehmer, insbesondere angestellte Träger eines freien Berufes, trotz theoretischer Kontrollierbarkeit seitens der Vorgesetzten fachlich weisungsfrei handeln können? Was ist der Rechtsgrund, der das mit Abschluß des Arbeitsvertrages entstehende Direktionsrecht des Arbeitgebers im Hinblick auf fachliche Weisungen begrenzt bzw. einschränkt?

Die rechtliche Grundlage für die fachliche Weisungsunabhängigkeit ist der freie Beruf, dessen zwingende Folge die (ethisch-) fachliche Weisungsunabhängigkeit der Berufsträger auch und gerade im Angestelltenverhältnis ist.[326] Die Verpflichtung der Arbeitgeber, die fachliche Weisungsunabhängigkeit angestellter Träger eines freien Berufes zu beachten, ergibt sich unmittelbar aus dem Arbeitsvertrag, in welchem der Arbeitnehmer als Träger eines freien Berufes samt den sich hieraus ergebenden Konsequenzen eingestellt wird.

In der Literatur wird die fachliche Weisungsunabhängigkeit bislang als Begriffs-merkmal des freien Berufes angesehen. Hieran ist richtig, daß die Weisungsunabhängigkeit die freien Berufe zwar kennzeichnet, diese aber nicht definiert, sondern sie als Rechtsfolge der Freiberuflichkeit im berufsrechtlichen Sinne charakterisiert. Bei angestellten Freiberuflern ergibt sich diese Weisungsunabhängigkeit im fachlichen Bereich aus der Freiberuflichkeit als deren Rechtsfolge. Diese hier vertretene Auffassung vom Rechtsbegriff des freien Berufes als einem Tatbestand mit seiner Rechtsfolge der, von der Frage der Selbst- oder Unselbständigkeit unabhängigen, fachlichen Weisungsunabhängigkeit entspricht allein der Bedeutung der den freien Berufen obliegenden gemeinschaftswichtigen Funktionen, die die geistig-ethische fachliche Weisungsunabhängigkeit bedingen[327], sowie der "Stellung und Bedeutung des freien Berufs im Sozialgefüge."[328] Zudem steht sie auf dem Boden des Willens des Bundesgesetzgebers, der diesen in Unkenntnis der Struktur des Rechtsbegriffes des freien Berufes in einigen Berufsgesetzen freier Berufe dadurch zum Ausdruck gebracht hat, daß er den Beruf als "einen seiner Natur nach freien

---

325 *Hummes, S.72*
326 *Dieser Zusammenhang ist in der juristischen Diskussion soweit ersichtlich bisher noch nicht hinreichend beachtet worden; andeutungsweise Michalski, Begriff, S.12*
327 *Ebenso Fuhrmann, S.127 ff, der aber auch die Struktur des Rechtsbegriffes "Freier Beruf" i.S. von Tatbestand und Rechtsfolge verkennt*
328 *BVerfGE 46,224(241f)*

Beruf"[329] bezeichnete, "um klarzustellen, daß grundsätzlich die Freiheit ärztlichen Tuns gewährleistet sein muß, unabhängig davon in welcher Form der Beruf ausgeübt wird."[330]

Durch dieses Verständnis vom Rechtsbegriff des freien Berufes entsteht auch kein Wertungswiderspruch im Hinblick auf verbeamtete Ärzte, die ihrer tatsächlichen Beschäftigung nach eine freiberufliche Tätigkeit ausüben, wegen ihrer Beamtenstellung aber ihre Freiberuflichkeit verloren haben. Zwar können sich diese als Beamte daher nicht unmittelbar auf die Freiberuflichkeit und die hieraus resultierende Weisungsunabhängigkeit berufen, dennoch sind sie in ihrer ärztlichen Tätigkeit ebenso weisungsunabhängig wie ihre nicht verbeamteten Berufskollegen. Das ärztliche Berufsrecht und hier vor allem § 1 Abs.2 BÄO bewirkt eine Gleichstellung beamteter Ärzte mit ihren freiberuflich tätigen Kollegen. Die zunächst mangels Freiberuflichkeit im berufsrechtlichen Sinne bei beamteten Ärzten fehlende fachliche Weisungsunabhängigkeit wird - auch nach dem ausdrücklichen Willen des Gesetzgebers[331] - mittels einer gesetzlichen Fiktion hergestellt. Mit anderen Worten bewirkt § 1 Abs.2 BÄO, der für alle Ärzte gilt, eine gesetzliche Erstreckung der fachlichen Weisungsunabhängigkeit als Rechtsfolge der Freiberuflichkeit im berufsrechtlichen Sinne auch auf diejenigen Ärzte, die gleich aus welchem Grund einen freien Beruf im berufsrechtlichen Sinn selbst nicht ausüben.[332]

Auch die in allen Berufsordnungen vorgesehene, bereits beim personenbezogenen, gesteigerten Vertrauensverhältnis angesprochene Verpflichtung zu eigenverantwortlichem und unabhängigem Handeln erscheint nunmehr in einem anderen Licht, denn sie spiegelt die zwangsläufige Kehrseite der Weisungsunabhängigkeit wider und ist zugleich innere Rechtfertigung der Rechtsfolge der Freiberuflichkeit.[333] Darüberhinaus bedingen die Ausübung eines Berufes mit verfassungsrechtlicher Sozialrelevanz und personenbezogenem, gesteigertem Vertrauensverhältnis die fachliche Weisungsunabhängigkeit, ohne die man beiden Merkmalen der freien Berufe nicht gerecht werden könnte.[334]

Der Rechtsbegriff des freien Berufes mit seiner Rechtsfolge der fachlichen Weisungsunabhängigkeit ermöglicht stets eine klare Lösung der Problemstellung des Umfanges der

---

329 Vgl. z.B. § 1 Abs.1 BÄO; § 1 Abs.2 BTÄO; § 1 Abs.1,S.2,3 BO der ZÄK W-L
330 BT-Drs. III, 2810, S.1; nach Ansicht des BGH ergibt sich das Gleiche für den Beruf des Rechtsanwaltes aus § 46 i.V.m. § 2 Abs.2 BRAO (NJW 1961,219 f); vgl. für den Wirtschaftsprüfer: III Abs. 2, III Abs.1, Ziff.6 der Richtlinien für die Berufsausübung der Wirtschaftsprüfer
331 Vgl. die Stellungnahme des Bundestagsausschusses für das Gesundheitswesen, BT-Drs.III, 2810, S.1
332 Vgl. dazu näher unten S.65 ff
333 So auch Franke/Hart, S.139; ähnlich Fuhrmann, S.137 f
334 In diesem Sinne auch BVerfG, NJW 1980,2123 f; BGH, NJW 1981,397 ff; Herschel, S.19; Michalski, Begriff, S.100 ff

arbeitgeberseitigen Direktionsrechte gegenüber angestellten Freiberuflern, ohne daß man sich mit faktischen Gesichtspunkten wie der fehlenden Kontrollierbarkeit behelfen oder bei fehlender ausdrücklicher Regelung der fachlichen Weisungsunabhängigkeit auf konkludente Vereinbarungen zurückgreifen müßte.[335]

(5) Weitere Merkmale

Der Streit in der juristischen Literatur darüber, ob der freie Beruf ein Gewerbe, eine Art qualifiziertes Gewerbe oder gerade kein Gewerbe sei[336], sowie die Auseinandersetzung um die wirtschaftliche Selbständigkeit als begriffsbildendes Merkmal[337] kann hier dahingestellt bleiben, da diese Fragen nur bei der steuerrechtlichen Variante der Freiberuflichkeit eine Rolle spielen und für den Rechtsbegriff des freien Berufes, wie er sich aus dem Berufsrecht ergibt, keine Bedeutung haben.[338]

dd) Der Rechtsbegriff des freien Berufes

(1) Typus- oder Klassenbegriff?[339]

Wegen seiner kulturgeschichtlichen Wurzeln und seiner historischen Entwicklung wird der freie Beruf, wenn überhaupt als Rechtsbegriff verstanden[340], als Typus aufgefaßt.[341] Erst Michalski hat versucht, einen Klassenbegriff aufzustellen.[342]

Der Klassenbegriff ist "dadurch gekennzeichnet, daß er alle Merkmale nennt, die eine Lebenserscheinung aufweisen muß, um dem Begriff zu unterfallen.(...) Ist auch nur ein einziges Begriffsmerkmal nicht (ganz) erfüllt, fällt der Sachverhalt aus der fraglichen Klasse

---

335 *Siehe auch Hübner, S.26*
336 *Fleischmann, S.45 ff; Michalski, Begriff, S.38 ff; Hummes, S.56 ff*
337 *Siehe dazu Fn.214; auch der Bundesgesetzgeber scheint die wirtschaftliche Selbständigkeit nicht als begriffsbildend anzusehen, vgl. BT-Drs. VIII, 3139, S.6 f,11; in diesem Sinne auch der Verfasser, da die wirtschaftliche Selbständigkeit nur unter dem Blickwinkel des Steuerrechts oder der Soziologie relevant wird*
338 *Das belegen für die wirtschaftliche Selbständigkeit z.B. die §§ 44 Abs.1 Nr.3, Abs.2, 45 WPO; § 22 StBerG sowie die amtliche Begründung zu § 1 Abs.2 BÄO. Gleiches gilt auch für das vermeintliche Merkmal der geistigen oder ideellen Leistung (vgl. Fn.233), da die zunehmende Intellektualisierung der Arbeitswelt dieses Merkmal obsolet gemacht hat, und vom Gesetzgeber vorgesehene Merkmal der Verkammerung (vgl. Fn.229), welches zwar formell klare Abgrenzungen schaffen würde, ohne aber materiell zu bestimmen, welche Berufe zu verkammern wären*
339 *Zur grundsätzlichen Bedeutung der Begriffe ausführlich: Larenz, Methodenlehre, S.420 ff*
340 *Vgl. Fn.160*
341 *So z.B.: Görl, S.42 ff; auch Taupitz, S.23 f; weitere Nachweise bei Fuhrmann, S.30 in Fn.94*
342 *Michalski, Begriff, S.16,156 ff*

heraus."³⁴³ Wegen der feststehenden Merkmale wird der Klassenbegriff durch Subsumtion angewandt, "was die Rechtsanwendung zu erleichtern und die Rechtssicherheit zu erhöhen vermag."³⁴⁴ Demgegenüber wird der Typus durch Ganzheitlichkeit, Abstufbarkeit, Offenheit und Anschaulichkeit geprägt³⁴⁵, seine Anwendung vollzieht sich durch eine wertende Zusammenschau, die den Wesenskern durchscheinen läßt. Wegen seiner Offenheit kann der Typus auch Erscheinungsformen des Lebens erfassen, bei denen das eine oder andere Wesensmerkmal des Typus nur in abgeschwächter Form oder u.U. gar nicht gegeben ist.

Fuhrmann wie Taupitz und mit ihnen die überwiegende Meinung in der Literatur lehnen einen Klassenbegriff des freien Berufes ab, weil ein solcher wesentlich schärfere Trennlinien durch die fließenden Übergänge der Lebenswirklichkeit ziehe, und es sich frage, ob man damit den Besonderheiten des Phänomens der freien Berufe gerecht wird. Vielmehr sei angesichts der historischen Entwicklung der freien Berufe eine "wertende Betrachtung anhand bestimmter Merkmale, die abgestuft - bis hin zu gänzlichem Fehlen - vorliegen können, unter Entwicklung eines Ideal- oder Normaltypus ein geradezu klassischer Fall der Typenbegrifflichkeit."³⁴⁶ Trotz der vorgebrachten Kritik am Klassenbegriff weist Fuhrmann aber selbst darauf hin, daß "mit der Feststellung einer typologischen Entwicklung (nicht gesagt ist), daß die Bildung eines Klassenbegriffes ausgeschlossen ist."³⁴⁷ An dieser Ansicht ist zutreffend, daß sich der freie Beruf kulturgeschichtlich, insbesondere anhand der beiden "Idealtypen" des Arztes und des Rechtsanwaltes orientiert und herausgebildet hat. Nicht zu folgen aber ist der Meinung, daß es wegen der unüberschaubaren Fortentwicklung der Gesellschaft und der damit verbundenen Möglichkeit des Entstehens neuer freier Berufe nicht möglich sei, "die Beurteilung der Freiberuflichkeit dieser vielfältigen und unterschiedlichsten Berufe auf einige Begriffsmerkmale zu reduzieren."³⁴⁸ Hierbei wird übersehen, daß die beklagte "Inflation freier Berufe"³⁴⁹ gerade auf der typologischen Begriffsbildung im Steuerrecht beruht³⁵⁰, welche neben dem Enummerationsprinzip durch die Formulierung "und ähnliche Berufe" in § 18 Abs.1 EStG im Steuerrecht zumindest indirekt Anwendung findet. In Anbetracht der in der BFH-Rechtsprechung zum

---

343 *Fuhrmann, S.30*
344 *Fuhrmann, S.31 f m.w.N.*
345 *Vgl. dazu näher: Leenen,S.34 ff*
346 *Fuhrmann, S.32*
347 *Vgl. Fn.348*
348 *So aber Fuhrmann, S.33; ebenso Taupitz, S.20,23*
349 *Michalski, Begriff, S.6*
350 *Vgl. Fuhrmann, S.34, der seine Kritik in Fn.121 allerdings selbst in dem hier wiedergegebenen Sinne einschränkt*

chung zum "ähnlichen Beruf" im Sinne des § 18 Abs.1 EStG ergangenen Flut von Entscheidungen[351] und der damit einhergehenden Rechtsunsicherheit verwundert es nicht, daß es auch ablehnende und warnende Stimmen im Hinblick auf das typologische Denken als Ausweg aus begrifflichen Konstruktionsschwierigkeiten gibt.[352] Auch Taupitz, ein Befürworter des Typusbegriffes, hält die vorgebrachte Kritik unter dem Blickwinkel der Rechtssicherheit mit ihren verfassungsrechtlichen Verankerungen im Gleichheitssatz und dem Rechtsstaatsprinzip für durchaus ernstzunehmend, da die Diskussion konkreter Rechtsprobleme auf schwankenden Boden gerate und die ohnehin vorhandene Labilität der Begriffe gefördert werde.[353] Der vermeintliche Vorteil des Denkens in Typen als Ausweg aus begrifflichen Definitionsschwierigkeiten wird durch die Erschwerung der Entscheidung konkreter Rechtsprobleme erkauft und stellt somit lediglich eine Problemverlagerung, aber keine Problemlösung dar.[354]

Der hier gebildete Klassenbegriff weist dennoch die erforderliche Flexibilität auf, um kommende grundlegende Entwicklungen aufnehmen zu können, soweit diese neue freie Berufe hervorbringen.[355] Dennoch erliegt der Klassenbegriff des freien Berufes nicht gleichzeitig der Kritik, "sinnentleert"[356] zu sein, da dieser Kritik zum einen durch die Konkretisierung des Merkmals der besonderen Sozialrelevanz anhand der Verfassung, und zum anderen durch die, mittels qualifizierter Abgrenzung des personenbezogenen, gesteigerten Vertrauensverhältnisses gegenüber anderen Erscheinungsformen von Vertrauen erreichte Präzisierung des Vertrauensverhältnisses ausreichend begegnet ist. Mithin sind also keine leeren Worthülsen, sondern bestimmbare Begriffsmerkmale herausgebildet worden.

(2) Definition

Freie Berufe sind (nicht im Beamtenstatus ausgeübte) berufliche Tätigkeiten, die aufgrund verfassungsrechtlicher, insbesondere grundrechtlicher Wertung besondere Sozialrelevanz aufweisen und zu deren Berufsträgern als Voraussetzung ihrer beruflichen Tätigkeit ein personenbezogenes, gesteigertes Vertrauensverhältnis besteht.

---

351 *Vgl. die Nachweise in Fn.213*
352 *Vgl. die Nachweise bei Taupitz, S.26, Fn.30*
353 *Taupitz, S.28*
354 *So verweist auch Taupitz (S.28) darauf, daß man den Typusbegriff nicht mit Aufgaben befrachten sollte, für die er nicht geeignet ist, sondern diesen mehr als Erkenntnismittel in seiner "sichtbarmachenden Funktion" zu verstehen und zu verwenden*
355 *In Anbetracht der Bestrebungen, den Umweltschutz als Staatsziel in die Verfassung aufzunehmen, könnte sich u.U. einmal ein "Umweltschutzberater" als neuer freier Beruf entwickeln*
356 *Fuhrmann, S.33 f*

ee) Verhältnis zum Steuerrecht

Versucht man den herausgebildeten berufsrechtlichen Begriff des freien Berufes jetzt im Bewußtsein der steuerrechtlichen Besonderheiten mit der freiberuflichen Tätigkeit i.S. von § 18 Abs.1 Nr.1 EStG in Beziehung zu setzen, so stellt sich heraus, daß die freiberufliche Tätigkeit i.s. des Steuerrechts unter dem Druck der Verkehrsauffassung eine immer weitere Auslegung erfahren hat.[357] Auf diesem Wege hat sich der steuerrechtliche Typus soweit vom Klassenbegriff des freien Berufes im standes- bzw. berufsrechtlichen Sinne entfernt, daß insoweit wohl nicht einmal einigermaßen griffige Merkmale eines Typus feststellbar sind.[358] Es erscheint keine Erweiterung des berufsrechtlichen Begriffs denkbar, die die Masse an steuerrechtlich anerkannt freiberuflich Tätigen zu erfassen vermag.[359]

d) Zusammenfassung: Zweites Ergebnis

Das arbeitgeberseitige Direktionsrecht entspringt dem Arbeitsvertrag und ist insoweit innerhalb der arbeitsrechtlichen Normenhierarchie gegenüber den Bestimmungen des Einzelarbeitsvertrages nachgeordnet. Höherrangige Rechtsquellen, etwa Gesetz, Tarifvertrag, Betriebsvereinbarung oder Einzelarbeitsvertrag genießen diesem gegenüber Geltungsvorrang und schließen zugleich die Regelung derselben Gegenstände durch das niederrangige Direktionsrecht aus.[360] Dies gilt auch für die fachliche Weisungsunabhängigkeit angestellter Ärzte, deren Freiberuflichkeit über die entsprechenden Berufsordnungen Bestandteil des Arbeitsvertrages selbst geworden ist[361]. Daher sind Weisungen des Arbeitgebers oder Dienstherrn aufgrund seines allgemein bestehenden Direktionsrechts gerade im medizinisch-fachlichen Bereich ärztlichen Handelns ausschließt. Damit steht fest, daß angestellten Krankenhausärzten aufgrund ihrer Freiberuflichkeit im medizinisch-fachlichen Bereich ärztlichen Handelns dem Grunde nach ein weisungsfreier Kernbereich eigener Verantwortlichkeit gegeben ist. Nicht geklärt ist bislang jedoch, wie sich die Rechtslage für beamtete Ärzte darstellt und welchen Umfang dieser Freiraum einnimmt, ob er zu einer völligen oder nur partiellen Weisungsfreiheit führt.[362]

---

357   Vgl. die Nachweise zur Steuergesetzgebung oben S.43 ff m.w.N. in Fn. 203,217
358   So auch die st.Rspr. von RFH und BFH, z.B.: RFH, RStBl. 1939,842; BFH, BStBl. 1955 III,295
359   Im Ergebnis ebenso die st. Rspr. von RFH und BFH, vgl. die Nachweise bei Michalski, Gesellschafts- und Kartellrecht, S.4, Fn.17-19; Schmidt-Seeger, EStG, § 18, Rz.3,9,18; Weis, S.15; Schick, S.2; Fleischmann, S.105 f; Görl, S.38 m.w.N.; Karl, S.9; a.A.: Michalski, Begriff, S.15 f,167 ff
360   Ebenso Leßmann, DB 92,1137 m.w.N. in Fn.4
361   Vgl. dazu oben S.18 f
362   Vgl. dazu unten S.68 ff

3. Die Problematik fachlicher Weisungs(un-)abhängigkeit beamteter Ärzte

a) Vorbemerkung

Im deutschen Krankenhauswesen sind auch in gewissem Umfang verbeamtete Ärzte beschäftigt. Da es jedoch die verschiedenartigsten Entwicklungen medizinischer, gesellschaftlicher und demographischer Art gebieten, das öffentliche Versorgungssystem flexibel zu gestalten, geben zunehmend auch öffentliche Rechtsträger von Krankenhäusern bei der Ordnung der Personalverhältnisse dem privatrechtlichen Dienstvertrag den Vorzug vor dem Beamtenverhältnis, so daß die Zahl beamteter Ärzte rückläufig ist. Heute hat das Beamtenrecht bei öffentlichen Rechtsträgern noch im Hochschul- und Sozialversicherungsbereich größere Bedeutung.[363] Dennoch ist eine Erörterung der Rechtslage im Bereich der fachlichen Weisungs(un-)abhängigkeit beamteter Ärzte keinesfalls entbehrlich, da für diese mangels Freiberuflichkeit im berufsrechtlichen Sinne zunächst nicht dieselbe fachliche Weisungsunabhängigkeit gelten kann, die für die nichtbeamteten Ärzte aus deren Freiberuflichkeit hergeleitet wurde.[364] Da in der Praxis des Krankenhausbetriebes aber in bezug auf die rein ärztliche Tätigkeit keine wesentlichen Unterschiede zwischen beamteten und nichtbeamteten Ärzten bestehen, vielmehr eine faktische Gleichstellung zu registrieren ist, fragt sich, wie eine solche fachliche Weisungsunabhängigkeit beamteter Ärzte gegenüber dem allgemeinen beamtenrechtlichen Weisungsrecht des Dienstherrn[365] rechtlich zu begründen ist.

Ruft man sich nochmals die Ausführungen zum personenbezogenen, gesteigerten Vertrauensverhältnis als Begriffsmerkmal des freien Berufes und zur unpersönlicheren, eher bürokratischen Beamtenstellung in Erinnerung[366], so ergab sich, daß der Beruf des Arztes zwar verbeamtet ausgeübt werden kann, der Beamte aber wegen des allgemeinen Beamtenstatus nicht Träger eines freien Berufes im berufsrechtlichen Sinne sein kann. Folgerichtig dürfte sich der beamtete Arzt auch nicht auf die fachliche Weisungsunabhängigkeit als Rechtsfolge der Freiberuflichkeit im berufsrechtlichen Sinne berufen können. Ob sich die in der Praxis zu beobachtende Gleichstellung beamteter Ärzte mit ihren nichtbeamteten Kollegen im Hinblick auf deren medizinisch-fachliche Weisungsunabhängigkeit überhaupt und gegebenenfalls wie sie sich juristisch begründen läßt, wird im folgenden zu untersuchen sein:

---

363 So Genzel, in: Laufs/Uhlenbruck, § 90, Rz.4
364 Vgl. dazu oben S.29 ff
365 Siehe hierzu im einzelnen Günther, ZBR 1988, 297 ff
366 Vgl. dazu oben S.56 f

b) Die fachliche Weisungsunabhängigkeit beamteter Ärzte

aa) Die vertragliche Regelung

Mit beamteten leitenden Abteilungs- und Funktionsärzten wird in der Regel ergänzend ein Chefarztvertrag abgeschlossen, in dem Einzelheiten des Dienstverhältnisses - ähnlich wie in Anstellungsverträgen mit Chefärzten unter Zugrundelegung der Chefarztvertragsgrundsätze[367] - geregelt sind. Soweit diese Verträge Änderungen und Ergänzungen der grundsätzlich geltenden beamtenrechtlichen Bestimmungen enthalten, handelt es sich um beamtenrechtliche Zusicherungen[368], welche die medizinisch-fachliche Weisungsunabhängigkeit innerhalb des eigenen Fachbereiches beinhalten. Dies stellt jedoch - wie bei den nichtbeamteten Chefärzten - eine vertragliche Sonderregelung dar, die in Anbetracht der nachgeordneten beamteten Ärzte, denen derartige Zusicherungen nicht gegeben werden, nicht der entscheidende Gesichtspunkt der Begründung fachlicher Weisungsunabhängigkeit beamteter Ärzte sein kann.

bb) Die "Natur der Sache"

Unabhängig von diesen Vereinbarungen vermag auch die Natur der Sache lediglich den beamteten Chefärzten, nicht aber ihren nachgeordneten Kollegen, einen Kernbereich fachlicher Weisungsunabhängigkeit zu gewähren.[369]

cc) Die Bedeutung des Berufsrechts

Der entscheidende Gesichtspunkt, der den vermeintlichen Widerspruch zwischen der fachlichen Weisungsunabhängigkeit nichtbeamteter Ärzte, die auf deren Freiberuflichkeit beruht, und derjenigen beamteter Ärzte, die gerade nicht auf der Freiberuflichkeit beruhen kann, auflöst, ist das ärztliche Berufsrecht. Es überlagert und modifiziert[370] das Beamtenverhältnis dahingehend, daß wegen der Besonderheiten ärztlicher Berufsausübung das Weisungsrecht des Dienstherrn zugunsten eines Kernbereiches medizinisch-fachlicher Weisungsunabhängigkeit der beamteten Ärzte verdrängt wird. Für beamtete Ärzte gelten daher die gleichen Grundsätze wie für ihre nichtbeamteten Berufskollegen.

---

367   *Vgl. oben S.12*
368   *Eichholz, AR-Blattei, Arzt I, A II 1*
369   *Vgl. dazu die Ausführungen oben S.22*
370   *So auch Genzel, in Laufs/Uhlenbruck, § 90, Rz.7*

Rechtsdogmatisch wird das Weisungsrecht des Dienstherrn durch das ärztliche Berufsrecht, hier vor allem durch § 1 Abs. 1 Satz 3 BÄO, begrenzt. Denn die Einfügung des dritten Satzes "Er ist seiner Natur nach ein freier Beruf." in § 1 Abs. 1 BÄO geschah ausweislich der Begründung des Bundestagsausschusses für das Gesundheitswesen, um "klarzustellen, daß grundsätzlich die Freiheit ärztlichen Tuns gewährleistet sein muß, unabhängig davon, in welcher Form der Beruf ausgeübt wird."[371] Die Formulierung "seiner Natur nach ein freier Beruf" weist darauf hin, daß der Gesetzgeber - trotz aller Unsicherheit über den Rechtsbegriff des freien Berufes - davon ausging, der Arztberuf könnte auch in einer Berufsstellung ausgeübt werden (z.b. als Beamter), welche eine Qualifizierung als freiberuflich nicht mehr erlauben würde. Aus dieser Erkenntnis heraus sowie um Mißverständnisse zu vermeiden und aus dem Streben, die verantwortungsbewußte Freiheit der Entscheidung als Vorbedingung jedes ärztlichen Handelns als verbindliches Berufsprinzip gesetzlich zu sichern, erklärt sich die weitgreifende Fassung des § 1 Abs. 1 Satz 3 BÄO. Es handelt sich um einen Fall gesetzlicher Fiktion, in welchem die Rechtsfolge der Freiberuflichkeit, der Kernbereich fachlicher Weisungsunabhängigkeit, kraft bundesgesetzlicher Regelung auf die Rechtsstellung der beamteten Ärzte übertragen und als entsprechend anwendbar erklärt wird. Rieger stellt daher mit Recht fest, daß "das Weisungsrecht des Dienstherrn (...) seine Grenze an der Freiheitsgarantie des § 1 Abs. 1 BÄO findet"[372], wobei aber, um Mißverständnisse zu vermeiden, hervorzuheben ist, daß § 1 Abs. 1 BÄO den Kernbereich fachlicher Weisungsunabhängigkeit nicht generell originär hervorbringt, sondern diesen als Rechtsfolge der Freiberuflichkeit für nichtbeamtete Ärzte mittels des Verweises auf die Freiberuflichkeit lediglich deklaratorisch bestätigt, ihn für beamtete Ärzte hingegen durch den Verweis auf die Freiberuflickeit konstitutiv begründet.

Dies hat der Dienstherr schon wegen des Vorranges des Gesetzes bei der Ausübung seines Weisungsrechtes zu beachten.[373] Beamtenrechtlich sind die §§ 37 Satz 3 BRRG und 56 Satz 2 BBG sowie die entsprechenden Vorschriften der Landesbeamtengesetze als Einbruchstelle des Kernbereichs medizinisch-fachlicher Weisungsunabhängigkeit ärztlicher Tätigkeit im Sinne des § 1 Abs. 1 Satz 3 BÄO anzusehen.

---

371 *Stellungnahme des Bundestagsausschusses für das Gesundheitswesen, BT-Drs. III, 2810, S.1*
372 *Rieger, Rz.298*
373 *So auch Hilg, Bd.II, S.338 f; a.A. offenbar v.Münch-Schnapp, Art. 20, Rz.39*

III. Auswirkungen des Kernbereichs fachlicher Weisungsunabhängigkeit nachgeordneter ärztlicher Mitarbeiter auf die Organisationsstruktur im Krankenhauswesen

Aufgrund des soeben festgestellten Kernbereiches fachlicher Weisungsunabhängigkeit bedarf die hierarchische Organisation des ärztlichen Dienstes im Krankenhaus einer kritischen Überprüfung. Hierbei wird festzustellen sein, wie das Spannungsverhältnis zwischen den kollidierenden Rechtsinstituten "Direktionsrecht" und "freier Beruf" im Verhältnis leitender Krankenhausärzte zu deren ärztlichen Mitarbeitern konkret aufzulösen ist, und ob und gegebenfalls welche Folgerungen hieraus für die Hierarchie des ärztlichen Dienstes entstehen.[374] Bei der nun anstehenden Untersuchung der Auswirkungen des Kernbereichs medizinisch-fachlicher Weisungsunabhängigkeit angestellter Ärzte auf die Organisation des ärztlichen Dienstes ist der vorgegebenen Organisation gemäß[375] berufsgruppenbezogen vorzugehen:

1) <u>Das Direktionsrecht gegenüber Ärzten mit Gebietsbezeichnung</u>

Hierarchisch unmittelbar den Chefärzten nachgeordnet sind "Ärzte, die ihre Ausbildung und Weiterbildung abgeschlossen haben, aber nicht Leiter von Fachabteilungen sind."[376] Diese Gruppe von Ärzten, Oberärzte und Assistenzärzte mit Gebietsbezeichnung, die bei der Darstellung der Hierarchie im Krankenhaus noch getrennt angeführt wurden, werden zusammen behandelt, da rechtlich relevante Differenzierungsgründe, die sich auf den Umfang der Weisungs(un-)abhängigkeit auswirken könnten, nicht ersichtlich sind.

---

374 *Über den ärztlichen Bereich hinausreichende Konsequenzen: Einige, z.T. bundes- oder landesgesetzlich als freiberuflich tätig eingeordnete Berufe (z.B.: Vermessungsingenieure, Seelotsen, Prüfingenieure für Baustatik) sowie einige Berufe, die zumindest mit den freien Berufen in Verbindung gebracht werden (z.B.: technische Experten, öffentlich-bestellte Sachverständige, Journalisten, Graphik-Designer) sind keine freien Berufe im Sinne des Berufsrechts. Demgegenüber sind aber andere Berufe, wie z.b. der des Psychotherapeuten, des Diplom-Psychologen, des Sozial- und Rentenberaters, als freie Berufe anzuerkennen, so daß hier entsprechender Gesetzgebungsbedarf besteht. Darüberhinaus löst der Klassenbegriff des freien Berufes auch die anhaltend kontrovers geführte Diskussion um die Berufe des Notars und des Apothekers. Beide sind freie Berufe. Das öffentliche Amt des Notars hindert die Ausübung eines freien Berufes nicht, da der Notar kein Beamter ist, und die Qualifizierung des Apothekers als Gewerbetreibenden im Steuerrecht steht dem auch nicht entgegen, da im Steuerrecht zwar der Schwerpunkt der gewerblichen Tätigkeit für die Einstufung entscheidend ist, ohne jedoch die teilweise freiberufliche Tätigkeit des Apothekers im berufsrechtlichen Sinne ganz zu verdrängen*
375 *Vgl. oben S.11,6ff*
376 *Bauer, S. 149(157)*

a) Praktische Konkordanz zwischen Direktionsrecht und freiem Beruf

Bei der Klärung der Frage, ob die aus der Freiberuflichkeit resultierende medizinisch-fachliche Weisungsunabhängigkeit das Direktionsrecht des Arbeitgebers in diesem Bereich gänzlich ausschließt oder nur teilweise verdrängt, ist nochmals auf Sinn und Zweck der beiden Rechtsinstitute zurückzukommen. Nur unter strenger Beachtung dieser Vorgaben lassen sich die Kollisionspunkte bestimmen und deren Auflösung erreichen. Wie bereits einführend angemerkt[377], dient das Direktionsrecht dem Arbeitgeber dazu, die Vielzahl der Arbeitnehmer effizient in seinen Betrieb einzugliedern, die einzelnen Arbeitsleistungen näher zu definieren sowie die Vielzahl der zu erbringenden Einzelarbeitsleistungen in Richtung auf ein produktives Ganzes zu koordinieren. Die aus der Freiberuflichkeit fließende fachliche Weisungsunabhängigkeit aller Freiberufler stellt die sachliche Unabhängigkeit innerhalb des Kernbereiches der jeweiligen, berufstypischen Tätigkeit sicher[378], schützt also bei Ärzten die ärztliche Handlungsfreiheit in Diagnose und Therapie.[379] Somit kollidieren die beiden Rechtsinstitute aber gerade im Punkt der sachlichen Arbeitserbringung, in der Frage also, wer bestimmt, wie eine Arbeitsleistung zu erbringen ist. Üblicherweise steht dem Arbeitgeber ein Weisungsrecht bezüglich der Art und Weise der Arbeitserbringung zu; der Arzt hingegen ist als Träger eines freien Berufes insoweit weisungsunabhängig.

"Darin liegt ein wesentlicher Unterschied zu dem sonst bestehenden Weisungsrecht aus einem Arbeitsverhältnis. Ein Arbeitnehmer hat, da er im Rahmen einer fremdbestimmten Arbeitsorganisation tätig wird, grundsätzlich Weisungen auch dann zu befolgen, wenn er sie sachlich nicht für richtig hält, soweit er dadurch nicht gegen Gesetz und die guten Sitten verstößt. Der Arzt ist dagegen, auch wenn er die ärztliche Tätigkeit als Arbeitnehmer erbringt, in der Ausübung seines Berufes frei."[380]

Eine Kollision der Freiberuflichkeit der Ärzte und des Direktionsrechts des Arbeitgebers besteht aber nicht, wenn und soweit es um die Bereiche des Direktionsrechts geht, die die Eingliederung der Ärzte in die Betriebsorganisation, insbesondere deren abstrakte Stelle, den Einsatzort oder deren allgemeine Aufgaben innerhalb der Stelle und die Koordination der verschiedenen Ärzte und ihrer Arbeitsleistungen betreffen. D.h. das Direktionsrecht des Arbeitgebers ist nicht vollumfänglich ausgeschlossen, sondern nur insoweit verdrängt

---

377 Siehe oben S.4 f
378 Im Ergebnis ebenso Fuhrmann, S.127; BGH, NJW 1961,219 f
379 Zur Therapiefreiheit, vgl. Rieger, Rz.1754; Narr, I, Rz.40; Geiß, S. 80 f m..wN.; in diesem Sinne auch die st. höchstrichterliche Rechtsprechung, vgl. etwa BGH, NJW 1961,2085 f; BGH, VersR 1982,771 ff; BGH, VersR 1988,493 ff; so auch die Intention des Bundesgesetzgebers, siehe die Stellungnahme des Bundestagsausschusses für Gesundheitswesen, BT-Drs.III, 2810
380 Staudinger-Richardi,Vorbem.zu § 611 BGB, Rz.1641

als es Diagnose und Therapie und sonstiges ärztliches Wirken tangieren würde.[381] Daraus ergeben sich für die Organisationsstruktur im Krankenhaus, insbesondere für das Verhältnis zwischen den leitenden Krankenhausärzten, die dem Krankenhausträger gegenüber zur selbständigen Organisation und Führung ihrer Fachabteilungen verpflichtet, aber auch berechtigt sind[382], und denen der Krankenhausträger seine (bestehenden) Direktionsrechte aus den jeweiligen Arbeitsverträgen mit den nachgeordneten Ärzten seiner Fachabteilung in entsprechendem Umfang übertragen hat[383], und deren nachgeordneten ärztlichen Mitarbeitern nachstehende Konsequenzen für die klinische Praxis.

b) Konsequenzen für die klinische Praxis

Eingangs der Untersuchung wurde die allgemein gültige Untergliederung in Allgemein- und Einzelanweisungen und unter letzteren in arbeitsbegleitende, organisatorische und arbeitsbezogene Weisungen wiedergegeben. Um die sich ergebenden Konsequenzen für die Praxis im einzelnen darstellen zu können, muß eine weitere begriffliche Differenzierung im Bereich der sog. arbeitsbezogenen Weisungen (auch: Fachanweisungen) erfolgen:

aa) Aufgliederung der Fachanweisungen

(1) Zielanweisungen

Zielanweisungen sind Fachanweisungen (Weisungen im medizinisch-fachlichen Bereich), des Inhalts, welche Aufgaben dem nachgeordneten Arzt übertragen werden. Derartige Zielanweisungen können allgemein (Betreuung der Station X durch den Assistenzarzt Y) oder speziell (operative Entfernung einer Niere des Patienten Z) erteilt werden.

(2) Verfahrensanweisungen

Verfahrensanweisungen sind dagegen die einer Zielanweisung regelmäßig nachfolgenden, das Verfahren der Zielerreichung betreffende Weisungen. Mit anderen Worten betreffen sie die Art und Weise der Arbeitsleistung, z.B. die Vorgabe einer bestimmten Schnittanordnung und -reihenfolge bei einer Operation, oder auch die verbindliche Anordnung einer bestimmten Medikamentierung.

---

381 Im Ergebnis ebenso BGH, NJW 1961,219 f; Fleischmann, S.57; Staudinger-Richardi,Vorbem.zu § 611 BGB, Rz.1640; Richardi, in: MünchArbR, Bd.II, § 197, Rz. 26; Laufs, Arztrecht, S.8
382 Vgl. hierzu oben S.8,19 f
383 Vgl. hierzu oben S.24 ff

bb) Grundsätze zur Zulässigkeit von Fachanweisungen

(1) Zulässigkeit von Zielanweisungen

Zielanweisungen, d.h. die Zuweisung bestimmter Arbeitsaufgaben an den nachgeordneten Arzt, sind grundsätzlich zulässig. Es entspricht dem allgemeinen Verständnis vom Direktionsrecht des Arbeitgebers, daß er seine Arbeitnehmer im Rahmen des Arbeitsvertrages seinen Vorstellungen entsprechend einsetzen kann, solange dabei nicht gegen Gesetz oder die guten Sitten verstoßen wird. Dies ist eine Folge der Eingliederung des Arbeitnehmers in den fremdbestimmten Betriebsorganismus. Für Ärzte gilt insoweit nichts anderes, da hier deren fachliche Weisungsunabhängigkeit im Kernbereich ihrer ärztlichen Tätigkeit erst gar nicht berührt wird, andernfalls auch ein sinnvoller, geordneter Einsatz von Ärzten im Krankenhaus nicht realisierbar wäre.[384] Die Zulässigkeit von Zielanweisungen auch gegenüber Ober- und Assistenzärzten mit Gebietsbezeichnung ermöglicht grundsätzlich die Übertragung aller Aufgaben an jene zur eigenverantwortlichen Erledigung, die zu deren Fachgebiet gehören.[385] Dieser Delegationsmöglichkeit der Chefärzte steht auf der anderen Seite eine entsprechende Delegationsverpflichtung gegenüber. Einmal rein faktischer Art, um eine ausreichende Arbeitsentlastung der eigenen Person zu erreichen, aber auch rechtlicher Art, da die Ober- und Assistenzärzte mit Gebietsbezeichnung einen Anspruch auf eine vertragsgemäße, ihren Kenntnissen und Fähigkeiten angepaßte Beschäftigung haben. Chefärzte sind - von Sonderfällen abgesehen - grundsätzlich verpflichtet, derartige Aufgaben mittels Zielanweisung in angemessenem Umfang auf die Ober- und Assistenzärzte mit Gebietsbezeichnung zur eigenverantwortlichen Erledigung zu übertragen.

(2) Ausnahme

Derartige Zielanweisungen können jedoch nach allgemeinen Grundsätzen des Arbeitsrechts ausnahmsweise dann unzulässig sein, wenn sie grundrechtlich geschützte Rechtspositionen der Ärzte verletzen. Im ärztlichen Bereich steht hier seit jeher die ärztliche Gewissensfreiheit im Vordergrund, die u.U. zu einer Arbeitsverweigerung aus Gewissensgründen führen kann.[386]

---

384   Ähnlich für den Fall des Rechtsanwaltes wohl Fuhrmann,S.130 ff
385   So auch Jansen, AuK 1989,51(54); Carstensen/Schreiber, S.170, Fn.12; Staudinger-Richardi, Vorbem.zu
      § 611 BGB, Rz.1640; RGRK-Nüßgens, § 823 BGB, Anh.II, Rz.221; Hoffmann, in: Müller, aaO, S.150 f;
      Peter, S.86 ff; Weber-Steinhaus, S.169
386   Nach Lenze, RdA 1993,16 ff war das Problem der Arbeitsverweigerung aus Gewissensgründen noch zu
      keinem Zeitpunkt ausdiskutiert; a.A. Herzog, in: M/D, Art.4 GG, Rz.145

Damit ist der umfangreiche Problemkreis des Verhältnisses von Grundrechten und Privatrecht angesprochen, der in der Literatur zumeist (etwas verkürzt) mit dem Schlagwort der "Drittwirkung der Grundrechte" bezeichnet wird. Im Rahmen dieser Untersuchung ist es nicht angezeigt den Stand der aktuellen Grundrechtsdogmatik in seiner ganzen Breite zu erörtern[387], dennoch bedarf es der Prüfung, ob und gegebenenfalls inwieweit Grundrechte der angestellten Krankenhausärzte die arbeitsvertraglichen Direktionsrechte im Hinblick auf Zielanweisungen, d.h. hinsichtlich der Zuordnung von verschiedenen Arbeitsaufgaben, beschränken können. Kernpunkt der Fragestellung ist hierbei stets, ob die Grundrechte - nach klassisch-liberalem Grundrechtsverständnis zunächst Abwehrrechte der Privatrechtssubjekte gegenüber dem Staat - auch im Verhältnis der Privatrechtssubjekte zueinander Geltung beanspruchen.[388]

(a) Die Wirkung der Grundrechte im Arbeitsverhältnis

Herkömmlicherweise wird in diesem Zusammenhang die Lehre von der unmittelbaren[389] der von der mittelbaren[390] Drittwirkung gegenübergestellt, wobei in letzter Zeit zunehmend ein dritter Ansatz Beachtung findet, der auf die Schutzgebotsfunktion der Grundrechte abstellt.[391] Insbesondere früher, und vom BAG in ständiger Rechtsprechung bis in letzte Zeit, wurde die Lehre von der unmittelbaren Drittwirkung gerade im Arbeitsverhältnis vertreten.[392] Begründet wurde diese Auffassung vornehmlich damit, daß im Arbeitsverhältnis ein auf sozialer Macht beruhendes, dem Verhältnis Staat/Bürger vergleichbares, Über- und Unterordnungsverhältnis bestehe. Demgegenüber geht die Lehre von der mittelbaren Drittwirkung davon aus, daß die Grundrechte im Verhältnis von Privatrechts-

---

387 Vgl. dazu grundlegend Canaris, AcP 184 (1984),201 ff; ferner Richardi, Prinzipien des Grundrechtsschutzes im Arbeitsverhältnis nach deutschem Recht, FS.f.Schwarz, S.781 ff; Gamillscheg, Grundrechte im Arbeitsrecht; Zöllner / Loritz, § 7, S.81 ff jeweils m.w.N.
388 Zu undifferenziert insoweit die Lehre von der mittelbaren Drittwirkung, deren Vertreter i.d.R. von der Geltung der Grundrechte im Privatrecht sprechen, ohne zwischen den vom Gesetzgeber gesetzten Privatrechtsnormen und dem Verhältnis der Privatrechtssubjekte untereinander zu unterscheiden, so bereits Canaris, AcP 184,201(210 ff); Richardi,FS.f.Schwarz, S.781(788 f)
389 So etwa BAG, AP Nr.2 zu § 13 KSchG; BAG, AP Nr.4 zu Art.3 GG; BAG, AP Nr. 69 zu Art.3 GG; BAG, AP Nr.1 zu § 1 BetrAVG Gleichberechtigung; BAG, AP Nr.2 zu § 611 BGB Beschäftigungspflicht; Nipperdey,FS.f.Molitor, S.17 ff
390 BVerfGE 7,198(205 ff); BAG, GS, AP Nr.14 zu § 611 BGB Beschäftigung; BAG, AP Nr.27 zu § 611 BGB Direktionsrecht
391 Grundlegend insoweit Canaris, AcP 184,(1984)225 ff; Klein, NJW 1989,1633 ff; Stern,III/1,1560(1572 ff); Hermes, NJW 1990,1764(1765 ff); Richardi, FS.f. Schwarz, S.781 ff
392 Ständige Rechtsprechung des BAG seit BAG, AP Nr.2 zu § 13 KSchG; in der neueren Rechtsprechung des BAG wird aber nunmehr auch auf § 315 Abs.1 BGB abgehoben, vgl. BAG, AP Nr.27 zu § 611 BGB Direktionsrecht, vgl. weitere Nachweise bei Richardi, aaO, Fn.1

subjekten untereinander nicht unmittelbar gelten, sondern nur mittelbar auf die Privatrechtsverhältnisse einwirken.[393] Im Lüth-Urteil hat das Bundesverfassungsgericht ausgeführt, daß

"das Grundgesetz, das keine wertneutrale Ordnung sein will (BVerfGE 2,1(12); 5,85 (134 ff,197 ff); 6,32(40 f)), in seinem Grundrechtsabschnitt auch eine objektive Wertordnung aufgerichtet hat und daß gerade hierin eine prinzipielle Verstärkung der Geltungskraft der Grundrechte zum Ausdruck kommt (...). So beeinflußt es selbstverständlich auch das bürgerliche Recht; keine bürgerlich-rechtliche Vorschrift darf in Widerspruch zu ihm stehen, jede muß in seinem Geiste ausgelegt werden. Der Rechtsgehalt der Grundrechte als objektive Normen entfaltet sich im Privatrecht durch das Medium der dieses Rechtsgebiet unmittelbar beherrschenden Vorschriften. (...). Der Rechtsprechung bieten sich zur Realisierung dieses Einflusses vor allem die Generalklauseln,(...). Deshalb sind mit Recht die Generalklauseln als Einbruchstellen der Grundrechte in das bürgerliche Recht bezeichnet worden."[394]

Diese Lehre von der mittelbaren Drittwirkung der Grundrechte kann, nachdem sich nun auch das BAG zu ihr bekennt, als ganz herrschende Auffassung für das Verhältnis von Privatrechtssubjekten zueinander bezeichnet werden. Dennoch haben sich auch hiergegen Stimmen erhoben, die die zuvörderst im Arbeitsrecht bestehende Lage des weithin fehlenden einfachen Gesetzesrechts, über welches die Grundrechte ihre mittelbare Wirkung entfalten sollen, hervorheben und der Lehre von der mittelbaren Drittwirkung Grenzen aufzeigen, mit denen sie sich bislang noch nicht auseinandergesetzt hat.[395] Diese Schutzgebots- oder Schutzauftragslehre beruft sich auf den Auftrag in Art. 1 Abs.1 GG, die Würde des Menschen "zu schützen". Sie sieht darin den Auftrag an den Gesetzgeber oder an seiner Stelle den Richter, die in den Grundrechten verkörperten Werte vor Bedrohungen durch Dritte zu bewahren.[396] Denn dieser Schutzauftrag könne sich nur auf die Drittrichtung beziehen, da die Geltung der Grundrechte im Verhältnis Staat - Bürger bereits durch das "Achtensgebot" des Art.1 Abs.1 GG geregelt sei. Die Schutzgebotslehre beachtet, daß die rechtsgeschäftliche Regelung einer Angelegenheit zwischen Privatrechtssubjekten als Ausdruck privatautonomer Selbstbestimmung gleichfalls grundrechtlichem Schutz unterliegt, nicht nur deren Begrenzung durch die Wirkung der Grundrechte. Der Staat hat deshalb die im Rahmen der Privatautonomie getroffenen Regelungen grundsätzlich zu respektieren und nur bei einer schweren Ungleichgewichtslage der Parteien eine "Begrenzung oder Ergänzung der Vertragsfreiheit zum Grundrechtsschutz "[397] vorzusehen.[398]

---

393 Vgl. die Nachweise bei Gamillscheg, aaO, S.79, Fn.20
394 BVerfGE 7,198(205 f); ebenso Dürig, FS.f.Nawiasky, S.159
395 So z.B. Gamillscheg, aaO, S.79; Richardi, FS.f.Schwarz, S.785 ff
396 Gamillscheg, aaO, S.84
397 So Richardi, FS.f.Schwarz, S.781 ff(787 f) m.w.N.
398 Kritisch gegenüber der Schutzgebotslehre: Gamillscheg, aaO, S.83 f

Einer weiteren über diese einführende Darstellung hinausgehenden Auseinandersetzung mit diesem Theorienstreit bedarf es im Rahmen dieser Untersuchung allerdings nicht, da für die Frage der Grenzen des Direktionsrechts des Arbeitgebers in § 315 Abs.1 BGB eine gesetzliche Auslegungsregel vorhanden ist, die eine mittelbare Drittwirkung der Grundrechte ermöglicht[399], und daher beide Theorien zu gleichen Ergebnissen gelangen. Nach § 315 Abs.1 BGB ist, wenn eine Leistung von einem der Vertragschließenden bestimmt werden soll, im Zweifel anzunehmen, daß sie nach billigem Ermessen zu bestimmen ist.

(b) Praktische Bedeutung

Die praktische Relevanz von Fragen der Begrenzung des arbeitgeberseitigen Direktionsrechts bei der Bestimmung der geschuldeten Arbeitsleistung durch grundrechtlich geschützte Rechtspositionen der Arbeitnehmer wird durch die zunehmende Anzahl von Rechtsstreitigkeiten in diesem Zusammenhang dokumentiert: Neben dem "klassischen" Schulbeispiel des Druckers, der sich geweigert hatte, Werbematerialien für kriegsverherrlichende Literatur zu drucken[400], sind unter anderem Rechtsstreite angestellter Ärzte rechtshängig geworden, die die Mitarbeit an der Erforschung neuer Substanzen ablehnten, die dazu bestimmt waren, Soldaten im Falle eines Nuklearkrieges gegen das strahlenbedingte Erbrechen zu schützen. Ihr Gewissen verbot ihnen diese Mitwirkung, da zu befürchten war, dies werde zu einer Senkung der Hemmschwelle zur Führung eines Nuklearkrieges beitragen.[401]

Beachtung verdient in diesem Zusammenhang auch die Vorschrift des Art. 2 des 5. Strafrechtsreformgesetzes sowie eine Entscheidung des BVerwG vom 13.12.1991, nach der eine Gemeinde in der Ausschreibung der Stelle eines Chefarztes die Bereitschaft der Bewerber zur Durchführung inzidierter Schwangerschaftsabbrüche voraussetzen darf.[402]

---

399 So jetzt auch BAG, AP Nr.27 zu § 611 BGB Direktionsrecht
400 BAG, AP Nr.27 zu § 611 BGB Direktionsrecht
401 LAG Düsseldorf, BB 1988,1750, inzwischen aufgehoben durch BAG, AP Nr.1 zu § 611 BGB Gewissensfreiheit; zahlreiche weitere Beispiele aus der neueren Rechtsprechung finden sich bei Leßmann, DB 1992,1137, Fn.1; siehe auch Lenze, RdA 1993,16 f
402 BVerwG vom 13.12.1991, JZ 1992,525 mit abl. Anmerkung Mayer-Maly; zu Art.2 Abs.1 des 5. StrRG vgl. Fn.408

(c) Stellungnahme

In einem derartigen oder vergleichbaren Fall, in dem das Gewissen des Arbeitnehmers als "ein real erfahrbares seelisches Phänomen (...), dessen Forderungen, Mahnungen und Warnungen für den Menschen unmittelbar evidente Gebote unbedingten Sollens sind"[403], der Ausführung einer konkreten auf das Direktionsrecht gestützten Weisung entgegensteht, wird das Direktionsrecht des Arbeitgebers beschränkt und sind selbst sog. Zielanweisungen unzulässig. Ob dies der Fall ist, ist anhand einer Gewissensentscheidung zunächst vom Arbeitnehmer zu prüfen. Als Gewissensentscheidung ist "jede ernste, sittliche, d.h. an den Kategorien gut und böse orientierte Entscheidung anzusehen, die der einzelne in einer bestimmten Lage als für sich bindend und unbedingt verpflichtend innerlich erfährt, so daß er gegen sie nicht ohne ernste Gewissensnot handeln könnte."[404] Die getroffene Gewissensentscheidung ist einer gerichtlichen Kontrolle nur in beschränktem Maße zugänglich, insbesondere sind Bedeutung, Nachvollziehbarkeit und Gewicht der Gewissensentscheidung nicht vom Standpunkt eines unbeteiligten Dritten aus zu werten[405], sondern nach dem von BVerfG und auch BAG vertretenen subjektiven Gewissensbegriff allein an der Ernsthaftigkeit der Gewissensentscheidung zu messen.[406] Letztlich ist die Frage der Vorhersehbarkeit des Gewissenskonfliktes beim Abschluß des Arbeitsvertrages von erheblicher Bedeutung[407].

Es fragt sich nunmehr, ob diese Grundsätze auch auf die "ärztliche Gewissensentscheidung" Anwendung finden, etwa wenn der Arzt über seine Beteiligung an der Vornahme eines Schwangerschaftsabbruches[408], an einer Invitro-Fertilisation oder einem Embryo-Transfer zu entscheiden hat. Auch der gesamte Bereich der Gentechnologie birgt entsprechende Gewissenskonflikte[409]. Insofern gelten für Ärzte keine anderen Maßstäbe. Dennoch ist bei Ärzten zu beachten, daß bereits ihre alltägliche Tätigkeit in der Behandlung von Menschen mit ihren ständig erforderlichen Entscheidungen über die bestmögliche Behandlung an einem berufsethisch verantwortlichen ärztlichen Gewissen zu orientieren ist. Diese ärztliche - fachlich und berufsethisch determinierte - Entscheidung, im

---

403 *BVerfGE 12,45(54f); BAG, AP Nr.27 zu § 611 BGB Direktionsrecht*
404 *Vgl. Fn.402*
405 *So aber LAG Düsseldorf, BB 1988,1750; inzwischen aufgehoben durch BAG, AP Nr.1 zu § 611 BGB Gewissensfreiheit*
406 *Vgl. BAG, AP Nr.1 zu § 611 BGB Gewissensfreiheit; zur aktuellen Diskussion um die Gewissensfreiheit im Arbeitsrecht siehe auch Kempff, AiB 1990,48 f; Rüffner, RdA 1992,1 ff; Gast, BB 1992,785 ff*
407 *Vgl. dazu etwa Lenze, RdA 1993,16(18 ff)*
408 *Vgl. dazu Art. 2 Abs.1 des 5. StrRG sowie das Urteil des BVerwG vom 13.12.1991, ArztR 1992,183 ff*
409 *Siehe dazu Laufs, NJW 1993,1497(1500) m.w.N.*

Einzelfall eine bestimmte Behandlungsmaßnahme durchzuführen oder zu unterlassen, diese oder jene Behandlungsalternative im Rahmen der durch den Standard der Medizin gegebenen Therapiefreiheit zu wählen, ist nicht als Gewissensentscheidung im allgemeinen Sinne anzusehen, da sie nicht an den Kategorien "gut" und "böse" ausgerichtet ist, sondern vielmehr berufsethischen Wertmaßstäben folgt. Diese zweite ärztliche, vorallem berufsethische Gewissensentscheidung ist bislang in der Literatur weitgehend unbeachtet geblieben, lediglich das Bundesverwaltungsgericht hat sich ihrer angenommen. Es sieht diese Variante der ärztlichen Gewissensentscheidung, die nicht an dem - nur den religiös-weltanschaulichen Bereich abdeckenden - Art. 4 GG gemessen werden kann, als einen Teilaspekt des allgemeinen Persönlichkeitsrechtes und daher durch Art. 2 Abs. 1 GG geschützt an. Denn Art. 2 Abs. 1 GG schützt nicht nur die allgemeine Handlungsfreiheit, sondern garantiert auch die Achtung vor der sittlichen Persönlichkeit. Das BVerwG ist daher der Auffasung, daß auch im Rahmen des Schutzes der Persönlichkeit und ihres Rechts auf Selbstbestimmung, wie ihn Art.2 Abs.1 GG verbürgt, die berufsethische Gewissensentscheidung rechtlich bedeutsam ist. "Der Beruf des Arztes ist, wie keiner Ausführungen im einzelnen bedarf, in einem hervorragenden Maß ein Beruf, in dem die Gewissensentscheidung des einzelnen Berufsangehörigen im Zentrum der Arbeit steht. In den entscheidenden Augenblicken seiner Tätigkeit befindet sich der Arzt in einer unvertretbaren Einsamkeit, in der er - gestützt auf sein fachliches Können - allein auf sein Gewissen gestellt ist."[410]

Die also zum Teil über den allgemeinen Schutz der Gewissensfreiheit von Arbeitnehmern nach Art.4 GG hinausgehende und insoweit abweichende verfassungsrechtliche Grundlage des Schutzes der berufsethischen Gewissensentscheidung führt indes zu keinem anderen Ergebnis. Der Arbeitgeber hat bei der Ausübung seines Direktionsrechts die ärztliche Gewissensentscheidung jedenfalls voll aus- und weitergebildeter Chef-, Ober- und Assistenzärzte mit Gebietsbezeichnung zu respektieren, da sein Direktionsrecht entsprechend eingeschränkt wird.

Hinsichtlich der Frage, ob jede behauptete, ärztliche Gewissensentscheidung oder wann eine solche das Direktionsrecht beschränkt, kann wegen der vergleichbaren Lage auf die Rechtsprechung des BAG zu Art.4 Abs.1 GG zurückgegriffen werden, d.h. es ist auch in diesem Bereich von einem subjektiven Gewissensbegriff auszugehen. Für eine Beachtlichkeit der ärztlichen Gewissensentscheidung muß "erkennbar sein, daß es sich um eine

---

[410] BVerwGE 27,303(305)

nach außen tretende, rational mitteilbare und intersubjektiv nachvollziehbare Tiefe, Ernsthaftigkeit und absolute Verbindlichkeit einer Selbstbestimmung"[411] handelt. Abweichend von den von Rechtsprechung und Lehre zu Art. 4 GG und zur Beachtlichkeit von Gewissensentscheidungen entwickelten Grundsätzen, kommt es bei der berufsethischen Variante der Gewissensentscheidung nicht auf die Vorhersehbarkeit der Gewissenskonflikte an. Der ärztliche Beruf ist stets und ständig mit derartigen Konflikten verbunden, so daß allein die subjektive, ernsthafte Gewissensentscheidung maßgeblich sein kann.

(3) Unzulässigkeit von Verfahrensanweisungen

Verfahrensanweisungen, d.h. die verbindliche Vorgabe einer bestimmten Arbeitsmethode mit deren Hilfe die durch Zielanweisung konkretisierte und zur eigenverantwortlichen Erledigung übertragene Arbeitsaufgabe erfüllt werden soll, wie z.B. die Bindung an einen Diagnose- oder Therapieplan, sind grundsätzlich unzulässig.[412] Derartige Weisungen beeinträchtigen in nicht rechtmäßiger Weise die ärztliche Handlungsfreiheit des einzelnen Arztes, dessen im Rahmen des medizinischen Standards bestehende Therapiefreiheit, wie sie sich aus der Freiberuflichkeit des Arztes und auch aus dem Berufsrecht ergibt und die letztlich durch Art.2 Abs.1 GG verfassungsrechtlich abgesichert ist.[413] Spezielle Tatbestände, wie sie sich unter Umständen aus dem Aus- bzw. Weiterbildungsverhältnis anderer Ärzte ergeben und die ärztliche Handlungsfreiheit einschränken könnten, liegen bei Ärzten mit Gebietsbezeichnung nicht vor. Zielanweisungen gegenüber Ärzten mit Gebietsbezeichnung ermöglichen demnach nicht nur eine Delegation von Aufgaben zur eigenverantwortlichen Erledigung[414], sondern die Delegation der Aufgaben zur eigenverantwortlichen Erledigung ist mit der Zielanweisung an Ärzte mit Gebietsbezeichnung regelmäßig verbunden.

Anderer Ansicht ist diesbezüglich die herrschende Meinung, die auch den angestellten, nachgeordneten Arzt mit Gebietsbezeichnung grundsätzlich für weisungsgebunden hält[415], der allerdings entgegenzuhalten ist, daß sie sowohl die Bedeutung des Rechtsbegriffes des freien Berufes, als auch die des Berufsrechts völlig verkennt. Weiter beachtet

---

411 BAG, AP Nr.1 zu § 611 BGB Gewissensfreiheit
412 Ebenso Bauer, S.149(159); wohl auch Staudinger-Richardi, Vorbem.zu § 611 BGB, Rz.1640; Richardi, in: MünchArbR, Bd.II, § 197, Rz. 25 f; OLG Hamm, VersR 1988,601; a.A. für den Assistenzarzt: Hoffmann/Jeute/Baur, AuK 1981,20(22)
413 Vgl. dazu BVerwGE 27,303 ff
414 Vgl. Fn.385
415 Vgl. die Nachweise in Fn.35

die herrschende Meinung den Umstand nicht, daß ein Krankenhauspatient "im Einzelfall das Vertrauen, das völlig unabhängig von den Vertragsbeziehungen entsteht"[416], dem einzelnen nachgeordneten ärztlichen Mitarbeiter direkt entgegenbringen kann und dieses Vertrauen nicht stets - gleichsam automatisch - dem Chefarzt entgegengebracht werden muß.[417] Aber auch Vertreter einer grundsätzlichen Weisungsunabhängigkeit[418] sind dem rechtlichen Gehalt des Rechtsbegriffes vom freien Beruf noch nicht voll gerecht geworden, haben ihn noch nicht vollumfänglich offengelegt, wenn sie den Kernbereich der ärztlichen Handlungsfreiheit darin erblicken, daß "kein Arzt zu einer bestimmten Behandlungsmethode (...) gezwungen werden kann".[419] Dies führt dazu, daß, obwohl die Vertreter dieser Ansicht theoretisch von einer grundsätzlichen Weisungsunabhängigkeit des einzelnen Arztes hinsichtlich der Art und Weise der Arbeitserbringung ausgehen, sie de facto eine Weisungsgebundenheit begründen, da Weisungen nur im Einzelfall zurückgewiesen werden können, wenn der nachgeordnete Arzt die Befolgung der Weisung nicht vor seinem ärztlichen Gewissen verantworten kann. Da aber die Anforderungen für eine Anerkennung einer Beschränkung des Direktionsrechts aufgrund eines Gewissenskonfliktes nach der Rechtsprechung des BAG auf die durch Art.2 Abs.1 GG geschützte ärztliche Gewissensentscheidung übertragbar ist, welche die Erkennbarkeit einer nach außen tretenden, rational mitteilbaren und intersubjektiv nachvollziehbaren Tiefe, Ernsthaftigkeit und absolute Verbindlichkeit der Entscheidung voraussetzt, nimmt diese Ansicht - trotz richtigem Ausgangspunkt - einen weiten Bereich ärztlichen Handelns aus der ärztlichen Handlungsfreiheit des einzelnen Arztes heraus. Nämlich diejenigen zahlreichen Fälle, in denen dem einzelnen ärztlichen Adressaten einer Weisung (erhebliche, nicht von der Hand zu weisende) Bedenken gegen eine entsprechende Arbeitsausführung kommen, jedoch die Bedenken noch nicht von derartigem Gewicht sind, daß eine verbindliche, ärztliche Gewissensentscheidung die Ausführung der Weisung subjektiv unmöglich macht. Diese Beschränkung des arbeitgeberseitigen Direktionsrechts greift damit gerade bei einer Vielzahl im Bereich der Therapiefreiheit entstehenden ärztlichen Kontroversen über den richtigen Weg nicht ein und beläßt somit dem Chefarzt einen weiten Bereich von Weisungsrechten. Erst wenn der hohe Schwellenwert der Unvereinbarkeit mit dem ärztlichen Gewissen erreicht und überschritten ist, soll das Direktionsrecht entfallen.

---

416 Fuhrmann, S.137
417 Auf diesen Gesichtspunkt verweist im Zusammenhang mit der Klinikorganisation auch Genzel, in: Laufs/ Uhlenbruck, § 88, Rz.14
418 Vgl. Fn.36
419 Narr, I, Rz.40; ebenso Rieger, Rz.123; Laufs, FS.f.Weitnauer, S.372; für den Fall des Rechtsanwalts: Herschel, S.15; Fuhrmann, S.138

Die ärztliche Handlungsfreiheit führt demgegenüber nicht erst dann zu einer fachlichen Weisungsunabhängigkeit, wenn sich der ärztliche Weisungsempfänger aufgrund ernsthafter Gewissensentscheidung an der Ausführung einer Weisung gehindert sieht, sie ist vielmehr bereits von Anfang an, ab Erteilung der Zielanweisung, gegeben. Der vorgesetzte Arzt kann und darf mit arbeitsrechtlichen Weisungen grundsätzlich nicht mehr eingreifen. Bereits der Erlaß einer Verfahrensanweisung ist per se unzulässig, nicht hingegen liegt eine zulässige, rechtmäßige Weisung vor, die der ärztliche Weisungsempfänger ausnahmsweise nicht befolgen muß. Hierin liegt ein wesentlicher qualitativer Unterschied. Diese restriktive, weil negativ einengende Interpretation vom Gehalt der ärztlichen Handlungsfreiheit wird der besonderen Verantwortung, die jeder einzelne Arzt zu tragen hat, nicht gerecht und entspricht nicht dem hier entwickelten rechtlichen Gehalt des freien Berufes und der hieraus folgenden medizinisch-fachlichen Weisungsunabhängigkeit. Richardi stellt den positiven Ansatz der ärztlichen Weisungsunabhängigkeit heraus, die auch er auf den freien Beruf zurückzuführen scheint[420], wenn er formuliert: " Der nachgeordnete Arzt unterliegt insoweit bei seinen ärztlichen Entscheidungen keinen Weisungen, sondern ist lediglich verpflichtet, keine ärztliche Tätigkeit vorzunehmen, die im Widerspruch zu einer Weisung des ihm vorgesetzten Chefarztes oder Oberarztes steht."[421]

Die von ihm mit Recht als positiv und grundsätzlich uneingeschränkt angesehene ärztliche Weisungsfreiheit relativiert er aber insoweit wieder, als er sie zumindest mittelbar an Weisungen der Vorgesetzten, zu denen sich der nachgeordnete Arzt nicht in Widerspruch setzen darf, bindet. Diese Einschränkung der ärztlichen Weisungsfreiheit begründet Richardi damit, daß "Führungskompetenz und Verantwortung des Chefarztes (...) nicht eingeschränkt werden"[422] dürfen. Diese Bedenken hinsichtlich eines eventuellen Kompetenzverlustes auf Seiten des leitenden Krankenhausarztes gegenüber nachgeordneten Ärzten sind berechtigt, dennoch kann die Erhaltung der Führungskompetenz und Verantwortung des Chefarztes auch sichergestellt werden, wie später noch zu zeigen sein wird [423], wenn man den Kernbereich medizinisch-fachlicher Weisungsunabhängigkeit positiv als "weisungsfreien Eigenbereich ärztlicher Verantwortung"[424] bestimmt, diesen Bereich dann aber keinen weiteren Einschränkungen mehr unterwirft.

---

420 Staudinger-Richardi, Vorbem.zu § 611 BGB, Rz.1639,1641; deutlicher: ders., in: MünchArbR, Bd.II, § 197, Rz.25 f
421 Staudinger-Richardi, Vorbem.zu § 611 BGB, Rz.1640
422 Staudinger-Richardi, Vorbem.zu § 611 BGB, Rz.1641; ders., in: MünchArbR, Bd.II, § 197, Rz.26
423 Vgl. unten S.83 ff, 86 ff
424 Bauer, S.149(159); auch in diesem Sinne: Wendeling-Schröder, BB 1988,1742 (1747); BAGE 11,225(227 f);BGH, NJW 1961,219 f; BGH, NJW 1978, 589(591); OLG Hamm, VersR 1988,601: "...ausreichender Beurteilungs- und Entscheidungsspielraum für Diagnose und Therapie..."

Insoweit geht die fachliche Weisungsunabhängigkeit über den von Richardi zunächst gesetzten Rahmen noch hinaus, da selbst die von ihm noch geforderte Beschränkung der ärztlichen Weisungsunabhängigkeit im Sinne eines Verbotes ärztlicher Maßnahmen, die im Widerspruch zu einer Weisung eines vorgesetzten Arztes stehen, bei sonstiger fachlicher Weisungsfreiheit mit dem aus der Freiberuflichkeit folgenden Grundsatz fachlicher Weisungsunabhängigkeit in seiner Ausprägung der Unzulässigkeit von Verfahrensanweisungen nicht vereinbar ist.[425] Nach hier vertretener Ansicht ist die Einschränkung schon deswegen nicht erforderlich, weil eine entsprechende Weisung eines vorgesetzten Arztes, zu der sich der nachgeordnete Arzt sodann nicht in Widerspruch setzen könnte, regelmäßig gar nicht ergehen kann, wenn dem nachgeordneten Arzt mit Gebietsbezeichnung eine Aufgabe mittels Zielanweisung übertragen worden ist. Eine derartige Verfahrensanweisung käme nur in Ausnahmefällen in Frage.[426] Ferner folgt dies daraus, daß die aus der Freiberuflichkeit ärztlicher Tätigkeit fließende, fachliche Weisungsunabhängigkeit nicht aus Gründen der Führungskompetenz oder der Verantwortung beschnitten werden kann, aber auch nicht muß.[427] Dem berechtigten Einwand von Richardi, dem Anlaß seiner Einschränkung der fachlichen Weisungsfreiheit, daß nachgeordnete Ärzte nicht "gegen" den leitenden Arzt arbeiten dürften, wird zudem bereits berufsrechtlich vorgebeugt, einerseits durch die Verpflichtung zu kollegialer Zusammenarbeit nach § 4 Abs.1 MuBO, welche kontraproduktives Verhalten nachgeordneter Ärzte ausschließt und zum anderen vor allem durch die berufsrechtliche Verpflichtung ärztlichen Handelns auf das Patientenwohl.[428] Diese berufsrechtliche Verpflichtung führt für den Fall, daß ein nachgeordneter Arzt Maßnahmen zu ergreifen gedenkt, die in Widerspruch zur chefärztlichen Auffassung stehen würden, dazu, daß dieser mit dem Chefarzt Rücksprache nehmen muß, um eine Einigung über das weitere Vorgehen zu erzielen. Ließe sich eine solche Einigung im Einzelfall nicht erzielen, verbliebe dem Chefarzt letztlich noch die Möglichkeit, dem nachgeordneten Arzt die Aufgabe zu entziehen[429] bzw. dem nachgeordneten Arzt die Möglichkeit, die Ausführung abzulehnen. Richardi hält seine ursprünglichen Einschränkungen zwischenzeitlich offenbar nicht mehr aufrecht und scheint nunmehr auch von einer vollumfänglichen fachlichen Weisungsunabhängigkeit nachgeordneter Ärzte auszugehen.[430]

---

425 *Zudem bestünde zumindest die Gefahr, daß der ärztliche Freiraum durch entsprechend formulierte chefärztliche Weisungen auf Null reduziert würde, da man sich bei jeglichem Alternativverhalten in Widerspruch zur chefärztlichen Weisung setzen würde*
426 *Vgl. dazu unten S.82 ff*
427 *Dazu, daß kein Verlust an Führungskompetenz und Verantwortung entsteht, siehe unten S.83 ff, 86 ff*
428 *Vgl. § 1 Abs. 1, S.1, Abs.2, S.1 MuBO sowie das ärztliche Gelöbnis*
429 *Zur Möglichkeit der Aufhebung der Delegation und somit zum Aufgabenentzug, vgl. unten S.86 ff*
430 *Vgl. Richardi, in: MünchArbR, Bd.II, § 197, Rz.25 f*

Als Zwischenergebnis bleibt daher festzuhalten, daß nach der mit der Zielanweisung verbundenen Delegation einer Aufgabe auf Ärzte mit Gebietsbezeichnung Verfahrensanweisungen grundsätzlich unzulässig sind.[431] Dem steht auch nicht § 14 Abs.1, Satz 2 MuBO entgegen, der lautet: "Sofern Weisungsbefugnis von Ärzten gegenüber Ärzten besteht, sind die Empfänger dieser Weisung dadurch nicht von ihrer ärztlichen Verantwortung entbunden."

Schon aus der Formulierung "sofern" in § 14 Abs.1, Satz 2 MuBO spricht die Unsicherheit der berufsrechtsetzenden Ärztekammern bezüglich der Weisungsverhältnisse und ergibt sich, daß volle Weisungsgebundenheit nicht bestehen kann, sondern allenfalls abgestufte Weisungsrechte zulässig sein könnten. Dies aber steht im Einklang mit der hier vertretenen Ansicht, daß Zielanweisungen grundsätzlich zulässig, Verfahrensanweisungen grundsätzlich unzulässig sind[432] und trägt weiter dem Umstand Rechnung, daß sich bei der Untersuchung der Beziehungen des Chefarztes zu den sich in Aus- oder Weiterbildung befindlichen Ärzten u.U. bestimmte Weisungsrechte auch im Kernbereich ärztlicher Handlungsfreiheit herausstellen könnten.[433]

(4) Ausnahmen

(a) Vorbemerkung

Problematisch erscheint jedoch, ob sich der soeben aufgestellte Grundsatz ausnahmslos durchhalten läßt, oder ob nicht Situationen im Krankenhaus bestehen, in denen eine Abweichung oder gar Durchbrechung dieser Grundsätze notwendig ist. Diese Frage wirft insbesondere die Notfallmedizin auf[434]:

---

[431] *Dabei wird hier nicht die Gefahr übersehen, der Chefarzt könnte durch die zulässigen Zielanweisungen die Aufgabendelegation so weit einengen und konkretisieren, daß sich weitere Verfahrensanweisungen erübrigen würden. Diese Form der Delegation wird jedoch nicht von großer praktischer Bedeutung sein und nur bei aus Sicht des Chefarztes als Delegator besonders wichtigen/kritischen Aufgaben gewählt werden. Denn die Konzentration und Fülle der Aufgaben eines Chefarztes zwingt diesen rein tatsächlich zu möglichst weitgehender Delegation, und anderenfalls würde der Chefarzt mangels (Personal-)Führungskompetenz keinen qualifizierten, motivierten und deshalb guten nachgeordneten ärztlichen Dienst an sich binden können. Dazu, daß eine derartige Konkretisierung grundsätzlich zulässiger Zielanweisungen nicht nur rein praktisch, sondern auch de lege lata nur in begrenztem Umfang möglich ist, vgl. unten S.86 ff*
[432] *Im übrigen müßte bei anderer Auslegung der BO diese hinter den Rechtsbegriff des freien Berufes mit dessen Rechtsfolge zurücktreten, wie dies z.B. bei den divergierenden Regelungen zum Schwangerschaftsabbruch der Fall ist. Hier hat auch die soziale Indikation des § 218 StGB Vorrang vor dem Schutz des keimenden Lebens, wie er im Gelöbnis und in § 6 S.1 MuBO festgelegt ist. Dem trägt § 6 S.2 MuBO Rechnung*
[433] *Vgl. dazu unten S. 90 ff*
[433] *Vgl. dazu unten S.90 ff*
[434] Westermann, NJW 1974,577(581) spricht von "Eilmaßnahmen"

Hier handelt es sich nicht um in Ruhe und ohne Zeitdruck abzuklärende Möglichkeiten der Diagnose und verschiedener therapeutischer Optionen, sondern es ist im Interesse des Patienten stets unverzügliches ärztliches Handeln geboten. Eine Verzögerung der Behandlung würde nach ärztlichem Ermessen nicht ohne nachteilige Folgen für den Patienten bleiben (Gefahr in Verzug). Beispielhaft angeführt sei das Operationsteam, ein Ärzteteam, das gegebenenfalls aufgrund des akuten Zustandes des Patienten unter großem Zeitdruck ärztliche Maßnahmen ergreifen und durchführen muß. Ohne Gefährdung des Patientenwohles sind Delegation und fachliche Weisungsunabhängigkeit der einzelnen beteiligten Ärzte in dieser Lage weder realisierbar noch vertretbar.[435] Es muß ausschließlich der die Notfallmaßnahme/Eilmaßnahme leitende Arzt die Art und Weise des Vorgehens bestimmen können. Die assistierenden ärztlichen, wie auch nichtärztlichen Mitarbeiter sind an seine Weisungen (auch Verfahrensanweisungen) gebunden, da andernfalls oft jede Hilfe zu spät käme[436], denn "operative Tätigkeit ist ohne Aufrechterhaltung von Autorität und Hierarchie weder auszuüben noch zu verantworten."[437]

Das Gleiche muß in den Fällen gelten, die wegen ihrer besonderen Komplikationsdichte dem Chefarzt selbst zur Behandlung vorbehalten bleiben, aber dennoch nachgeordnete Ärzte bei der Behandlung assistieren. Generell muß der Chefarzt seine in der Regel bessere medizinische Kenntnis und Erfahrung einsetzen, sofern dies nach der konkreten Situation notwendig und erfolgversprechend ist.[438] Notwendig im Sinne dieser BGH - Rechtsprechung ist ein derartiger "Selbsteintritt" des Chefarztes nach dem hier entwickelten System insbesondere dann, wenn eine Delegation der Aufgabe zur eigenverantwortlichen Erledigung an Ärzte mit Gebietsbezeichnung deswegen ausscheidet, weil die Aufgabe nicht zu denjenigen Aufgaben gehört, deren kunstgerechte Erledigung von einen Arzt mit Gebietsbezeichnung üblicherweise erwartet werden kann und darf.[439] Denn Weißauer/Opderbecke weisen zu Recht darauf hin, daß die Gebietsarztanerkennung als formeller Qualifikationsnachweis nicht überbewertet werden darf. "Auch ein Gebietsarzt beherrscht nach der Anerkennung keineswegs sämtliche Spezialbereiche seines Faches."[440] In diesen Fällen ist eine Delegation mangels zureichender Qualifikation selbst bei den dem Chefarzt unmittelbar nachgeordneten Ärzten mit Gebietsbezeichnung rechtlich nicht zulässig.

---

435 So auch *Opderbecke, Anästesie und ärztliche Sorgfaltspflicht, 1978, S.16, zitiert nach Carstensen/ Schreiber, S.167(172); Genzel, in: Laufs/Uhlenbruck, § 88, Rz.12*
436 *Carstensen/Schreiber, S.169(170)*
437 *Vgl. Fn.436*
438 *So BGH, NJW 1987,1479(1480)*
439 *Vgl. dazu oben S.71 f m.w.N. in Fn.385*
440 *Weißauer/Opderbecke, MedR 1993,447(450)*

Rechtsdogmatisch ist noch ungeklärt, wie diese Einschränkung der grundsätzlichen, fachlichen Weisungsunabhängigkeit beteiligter Ärzte, die auf der Ausübung eines freien Berufes beruht und i.d.R. das Direktionsrecht des Arbeitgebers und dessen Leitungspersonals im medizinsch-fachlichen Bereich verdrängt, zu begründen ist und in das oben entwickelte Schema von im Grundsatz zulässigen Ziel- und unzulässigen Verfahrensanweisungen integriert werden kann.

(b) Einzelfälle zulässiger Verfahrensanweisungen

Diese Sonderfälle ärztlichen Handelns lassen sich in das aus der Freiberuflichkeit entwickelte und die ärztliche Weisungsunabhängigkeit im medizinisch-fachlichen Bereich gewährleistende Grundschema der Zulässigkeit von Ziel- und der Unzulässigkeit von Verfahrensanweisungen nach erfolgter Delegation insoweit integrieren, als es sich um, mangels einer mit der Zielanweisung verbundenen Delegation, ausnahmsweise zulässige Verfahrensanweisungen handelt.

aa) Die medizinisch-indizierte Chefarztbehandlung

Für diejenigen Fälle, die aufgrund ihrer Komplikationsdichte dem Chefarzt persönlich vorbehalten bleiben, bedarf dies keiner weitergehenden Begründung, da die nachgeordneten Ärzte mit Gebietsbezeichnung keine Rechtsposition innehaben, in die der Chefarzt in derartigen Fällen eingreifen würde. Ein Anspruch auf eine Übertragung zur eigenverantwortlichen Erledigung folgt in diesen Fällen nicht aus dem der Freiberuflichkeit entstammenden Kernbereich fachlicher Weisungsunabhängigkeit, da diese einen Anspruch auf mit entspechender Zielanweisung verbundene Delegation bei Aufgaben, die zumindest nicht ohne weiteres mit dem allgemeinen Facharztniveau kunstgerecht und auf sicherstem Wege bewältigt werden können, nicht begründet. Denn der Grundsatz der Unzulässigkeit von Verfahrensanweisungen greift erst dann ein, wenn eine Aufgabe - wie üblich - an den nachgeordneten Arzt zur eigenverantwortlichen Erledigung übertragen wurde. Fehlt es ausnahmsweise, etwa aufgrund der Schwierigkeit der Aufgabe, die mit allgemeinem Gebietsarztniveau zumindest nicht ohne weiteres fachgerecht bewältigt werden kann, an einer solchen Übertragung, weil der Chefarzt selbst behandelt oder assistiert, so können Verfahrensanweisungen ergehen. Der Kernbereich fachlicher Weisungsunabhängigkeit wird dadurch nicht tangiert.

bb) Die Notfallmedizin

Ähnliches gilt im Ergebnis auch für die Fälle ärztlicher Not- oder Eilmaßnahmen. Der die Maßnahme leitende Arzt kann Ärzten mit Gebietsbezeichnung Verfahrensanweisungen erteilen, ohne die Grenzen des arbeitgeberseitigen Direktionsrechtes zu überschreiten. Völlig unproblematisch erscheint dies aber nicht, da die beteiligten Ärzte hier im Gegensatz zu den zuvor genannten Fällen durchaus in geschützten Rechtspositionen betroffen werden, wenn sie etwa durch Verfahrensanweisung des die ärztliche Maßnahme leitenden Arztes zur Verrichtung von Einzelaufgaben herangezogen werden, die sie im Normalfall zur eigenverantwortlichen Erledigung übertragen erhalten würden. Denn es kann auch einen rechtswidrigen Eingriff des die ärztliche Maßnahme leitenden Arztes in den Kernbereich fachlicher Weisungsunabhängigkeit der nachgeordneten Ärzte bedeuten, wenn ihnen nicht in ausreichendem Umfang Aufgaben zur eigenverantwortlichen Erledigung übertragen werden, die zum Standard ihres Fachbereiches zählen und zu deren Erledigung sie aufgrund ihrer erworbenen Gebietsbezeichnung als ausreichend qualifiziert und erfahren anzusehen sind. Im Bereich der Not- bzw. Eilmaßnahmen wird daher je nach Inhalt einer konkreten Verfahrensanweisung in die als wesentlicher Bestandteil und Vorbedingung der ärztlichen Gewissensentscheidung durch Art. 2 Abs.1 GG mitgeschützte fachliche Weisungsunabhängigkeit eingegriffen.

Zur Rechtfertigung dieser Eingriffe könnte wiederum mit der berufsrechtlichen Pflicht zu kollegialer Zusammenarbeit argumentiert werden, aber dies erscheint angesichts der in einem Notfall existentiellen Bedrohung des Patienten nur als ein erster Ansatz. Der tiefere und darüber hinausgehende Ansatzpunkt wird klar, wenn man den Anlaß für die berufs- bzw. standesrechtlichen Verpflichtungen zur Erhaltung und Wiederherstellung von Gesundheit und Leben[441], nämlich die Grundrechte der Patienten auf Leben und körperliche Unversehrtheit (Art.2 Abs.2 Satz 1 GG) in den Vordergrund der juristischen Analyse rückt:

Während bei der Thematik der ausnahmsweisen Unzulässigkeit von Zielanweisungen wegen entgegenstehender Grundrechtspositionen der ärztlichen Weisungsempfänger eine Beschränkung des Direktionsrechts in Rede stand, geht es nunmehr bei der Frage nach der ausnahmsweisen Zulässigkeit von Verfahrensanweisungen umgekehrt darum, wie die Grundrechtspositionen der betroffenen Patienten eine Erweiterung der fachlichen Weisungsabhängigkeit der beteiligten Ärzte bewirken können. Erneut stellt sich das Problem

---

441 Vgl. § 1 Abs.2 MuBO sowie das ärztliche Gelöbnis

der Wirkung der Grundrechte im Privatrecht, genauer: zwischen Privatrechtssubjekten.[442] Wieder ist die Herstellung praktischer Konkordanz der tangierten, grundrechtlich geschützten Rechtspositionen von Ärzten und Patienten gefordert.[443] Die fachliche Weisungsunabhängigkeit, die sich in ihrem Kernbestand aus dem freien Beruf ergibt und die als denknotwendige Voraussetzung ärztlicher Gewissensentscheidung auch vom Grundrechtsschutz des Art.2 Abs.1 GG umfaßt wird, muß im an dieser Stelle allein relevanten Not- bzw. Eilfall, was keiner näheren Ausführungen bedarf, hinter die Grundrechte der Patienten auf Leben und körperliche Unversehrtheit aus Art.2 Abs.2 Satz 1 GG zurücktreten. Dies folgt bereits zwingend aus der verfassungsunmittelbaren Schrankentrias des Art.2 Abs.1 GG, nach der die Gefährdung höherrangiger Rechtsgüter anderer im vorliegenden Fall zu einer Suspendierung der fachlichen Weisungsunabhängigkeit der an der Not- bzw. Eilmaßnahme beteiligten Ärzte führt.[444]

Ob der beteiligte Arzt die Mitwirkung - seinem ärztlichen Gewissen gemäß - ganz verweigern kann oder ob er auch daran durch § 1 Abs.9 Satz 3 MuBO (Pflicht, in Notfällen zu helfen) gehindert ist, bedürfte weiterer eingehender Erörterungen, welche den vorgegebenen Rahmen sprengen würden. Im Ergebnis ist wohl anzunehmen, daß sich ein Arzt in einem Notfall letztlich nicht auf sein ärztliches Gewissen berufen kann, um die Mitwirkung an einer Operation oder sonstigen ärztlichen Maßnahmen zu verweigern. Dies wird wohl wiederum aus der zentralen Bedeutung des Rechtsgutes Leben im Verfassungsganzen herzuleiten sein.

(5) Aufgabenentzug

Ausgehend vom Regelfall der Zielanweisung und der damit einhergehenden Delegation der Aufgabe zur eigenverantwortlichen Erledigung sowie der nachfolgenden grundsätzlichen Unzulässigkeit von Verfahrensanweisungen erscheint diejenige Fallgestaltung problematisch, in der - nach entsprechender Delegation - "offensichtlich Fehlleistungen drohen"[445] oder aber doch Maßnahmen ergriffen werden, die entweder der Auffassung der Schulmedizin und/oder derjenigen des Chefarztes widersprechen. Da dem Chefarzt ein Eingreifen mittels Verfahrensanweisung verwehrt ist, bleibt zu klären, auf welche Weise und zu welchem Zeitpunkt der Chefarzt in die Behandlung eingreifen kann, um seiner durch die fachliche Weisungsunabhängigkeit nicht beeinträchtigten Führungskompetenz und Verantwortung gerecht werden zu können.

---

442 Vgl. dazu oben S.72 ff
443 Im Ergebnis ebenso: Genzel, in: Laufs/Uhlenbruck, § 88, Rz.12; Schreiber/Carstensen, S.169(170)
444 Vgl. dazu näher oben S.72 ff
445 Bauer, S.149(159)

(a) Die Aufhebung der Delegation

Die Aufhebung der Delegation, d.h. die Rückgängigmachung der Aufgabenübertragung, gleichsam eine negative Zielanweisung, bildet die Grundlage der unbedingten Durchsetzbarkeit des Führungsanspruches und der Verantwortung des Chefarztes. Sie allein versetzt ihn in die Lage, seine mit der Verantwortung verknüpfte Führungskompetenz auch dann durchzusetzen, wenn ihm dies mit Hilfe anderer vorgelagerter Regulierungsmechanismen, insbesondere mittels einer von fachlicher Kompetenz und Autorität getragenen, kollegialen Beratung des betroffenen Arztes, nicht gelingen sollte. In aller Regel wird in derartigen Fällen ein kollegial geführtes Fachgespräch den meist weniger erfahrenen Arzt überzeugen können, so daß sich weitere Maßnahmen erübrigen. Ist dem im Einzelfall nicht so, kann und muß der Delegatar die Delegation aufheben[446] und die Aufgabe einem anderen Arzt übertragen oder selbst in die Behandlung eintreten.

(b) Der Zeitpunkt des Aufgabenentzuges

Aus der Schwere dieser Maßnahme resultiert ihr auf Ausnahmesituationen beschränkter Anwendungsbereich. Sie stellt die "ultima ratio" dar. Unter welchen konkreten Voraussetzungen dies als zulässig anzusehen ist, ist anhand einer Abwägung der betroffenen Rechtsgüter festzustellen, der ärztlichen Handlungsfreiheit, hier in Form der Therapiefreiheit, und dem Recht des Patienten auf eine ordnungsgemäße, dem medizinischen Standard genügende Heilbehandlung. Die Therapiefreiheit schließt eine Bindung des einzelnen Arztes an vorgegebene Diagnose- und Therapiepläne oder sonstige Methoden aus, andererseits befreit sie ihn nicht von der ärztlichen und auch rechtlichen Verantwortung, vielmehr ist sie gerade Grund und Anlaß der bestehenden Sorgfaltsanforderungen an die Ärzteschaft.[447] Die an den behandelnden Arzt zu stellenden Sorgfaltspflichten ergeben sich aus dem Vertrags- wie auch Deliktsrecht und orientieren sich am jeweiligen medizinischen Standard. Dennoch bedeutet Qualitätsstandard nicht Standardtherapie.[448] Für ein schuldhaftes Unterschreiten dieses Standards hat der Arzt haftungsrechtlich einzustehen.[449] Der Inhalt des Arztvertrages ist "in erster Linie darauf gerichtet, von der Krank-

---

[446] *Wilhelm, MedR 1983,45(46) spricht von einem "Rückholrecht" des Delegierenden; nach Hermann, in: Müller, aaO, S.124, ist die Delegation aufzuheben, wenn dies zum Wohle des Ganzen und insbesondere zum Wohl des Patienten erforderlich ist.*
[447] *Ebenso Laufs, in: Laufs/Uhlenbruck, § 3, Rz.13; Laufs, in: Laufs/Uhlenbruck, § 99, Rz.19 f*
[448] *Laufs, NJW 1993,1497(1504); vgl. zur aktuellen Diskussion um den medizinischen Standard unter Kostengesichtspunkten: Fuchs, MedR 1993,323 ff; Buchborn, MedR 1993,328 ff*
[449] *Uhlenbruck, in: Laufs/Uhlenbruck, § 44, Rz.6; Laufs, NJW 1993,1497(1504); vgl. zum Arzthaftungsrecht unten S. 115 ff*

heit befreit zu werden, und zwar auf dem sichersten und gefahrlosesten therapeutischen Weg."[450] Trotz bestehender Therapiefreiheit ist der Arzt durch die ihm auferlegten Sorgfaltspflichten in aller Regel an die Schulmedizin und hier wiederum an das "Prinzip des sichersten Weges" gebunden.[451] Dieses Prinzip beansprucht aber nicht stets Geltung und beläßt dem behandelnden Arzt einen der Therapiefreiheit Rechnung tragenden Handlungsfreiraum, wobei "Kern einer verantwortlichen Therapiewahl (...) die gewissenhafte Abwägung der Vorteile und Gefahren bei der ins Auge gefaßten Methode in Kenntnis aller ernsthaft in Betracht kommenden Verfahren, insbesondere der eingeführten (bildet)."[452] Legt die Schulmedizin eine bestimmte Methode als die am besten geeignete Methode nahe, weil sie den größtmöglichen Erfolg verspricht und mit den geringsten Risiken verbunden ist, oder ist nur diese Methode allgemein anerkannt, so hat der behandelnde Arzt in aller Regel diese Methode nach dem Prinzip des sichersten Weges zu wählen. Er kann ausnahmsweise auch in diesem Fall vom sichersten Weg abweichen, ein daraus resultierendes höheres Risiko für den Patienten muß aber in den besonderen Sachzwängen des konkreten Falles oder in einer günstigeren Heilungsprognose eine sachliche Rechtfertigung finden.[453] Dies ist nicht möglich, wenn die Überlegenheit eines anderen Verfahrens allgemein anerkannt ist.[454] Stellt die Schulmedizin dagegen nach ihrem jeweiligen aktuellen Standard mehrere gleich geeignete Methoden zur Wahl, so kann der behandelnde Arzt diejenige auswählen, die ihm am geeignetsten erscheint, insbesondere eine solche, für die er die größere Erfahrung besitzt.[455] Voraussetzung hierfür ist allerdings eine zuvor erfolgte ordnungsgemäße Aufklärung des Patienten. Zwar ist die Wahl der richtigen Behandlungsmethode primär Sache des Arztes, aber der Arzt ist bei Bestehen mehrerer gleich geeigneter und gleich risikobehafteter Behandlungsalternativen verpflichtet, dem Patienten das "Für und Wider, die Vor- und Nachteile, die unterschiedlichen Risiken und Folgen in angemessener Weise" auseinanderzusetzen, um ihm so eine eigene Entscheidung zu ermöglichen.[456]

---

450 Uhlenbruck, in: Laufs/Uhlenbruck, § 44, Rz.8; umstr. ist, ob der Patient dabei grundsätzlich optimale Behandlungsbedingungen, nach neuesten Methoden arbeitende Ärzte und die Anwendung modernster Apparaturen erwarten kann (so Uhlenbruck, in: Laufs/Uhlenbruck, § 44, Rz.6; a.A. BGHZ 109,17, wonach die Therapie zwar dem Standard entsprechen müsse, geschuldet wird aber nicht immer das jeweils neueste Therapiekonzept mit modernster operativer Ausstattung)
451 Rieger, Rz.307
452 Laufs, in: Laufs/Uhlenbruck, § 3, Rz.18; ders., in: Laufs/Uhlenbruck, § 99, Rz.20
453 BGH, NJW 1987,2927 f; Laufs, in: Laufs/Uhlenbruck, § 6, Rz.33
454 Rennler-Detzel, VersR 1989,1009; auch in diesem Sinne: OLG Köln, VersR 1992,754
455 So OLG Hamm, VersR 1989,147 f
456 Vgl. Ehlers, S. 87 m.w.N. zur Rspr.; Laufs, in: Laufs/Uhlenbruck, § 64, Rz. 4 f

Aus diesen Grenzen der Therapiefreiheit, die durch die bestehenden, sich aus dem medizinischen Standard ergebenden Sorgfaltspflichten festgelegt werden, ist auch der korrekte Zeitpunkt eines Aufgabenentzuges abzuleiten:

Bemerkt der Chefarzt, daß ein Arzt mit Gebietsbezeichnung bei Durchführung einer Behandlung vom Prinzip des sichersten Weges abweicht, so hat er diesen zunächst hierauf hinzuweisen und die Methodenwahl mit diesem zu erörtern. Bestehen nach dem medizinischen Standard gleichgeeignete Behandlungsalternativen, und wurde der Patient hierüber wie ausgeführt ordnungsgemäß aufgeklärt, so liegt die Wahl im Rahmen der Therapiefreiheit und ist nicht zu beanstanden.[457] Ist in der Schulmedizin für den vorliegenden Fall ein gleich geeigneter und erfolgversprechender, aber sichererer Weg anerkannt, so hat der Chefarzt das von diesem Weg abweichende Verfahren zu beanstanden und zuerst im Wege der fachlichen kollegialen Beratung auf eine Änderung des Verfahrens hinzuwirken, notfalls dem Arzt die Aufgabe zu entziehen, es sei denn für die Abweichung vom Prinzip des sichersten Weges lägen die von der Rechtsprechung geforderten sachlichen Gründe vor.[458]

Mithin kommt eine Aufhebung der Delegation nur dann in Betracht, wenn der behandelnde Arzt die durch die Sorgfaltsanforderungen der Therapiefreiheit gezogenen Grenzen zu überschreiten im Begriff ist.

(6)　Aufsichts- und Kontrollpflichten

Obwohl gegenüber Gebietsärzten grundsätzlich Verfahrensanweisungen unzulässig sind, kommt es dennoch, wie durch die Möglichkeit der Aufhebung der Delegation letztlich sichergestellt, zu keiner Einbuße an Führungskompetenz und Verantwortung des Chefarztes. Die weiterhin bestehende Führungskompetenz und Verantwortung wird besonders in der für das Delegationsmodell unentbehrlichen Beratung, Aufsicht und Kontrolle des nachgeordneten Dienstes durch den Chefarzt oder dessen Vertreter deutlich. Der Chefarzt hat seine regelmäßig bessere medizinische Kenntnis und Erfahrung einzusetzen, sofern dies nach der konkreten Situation notwendig und erfolgversprechend ist.[459] Denn eine Delegation an einen Gebietsarzt ist auch nur dann rechtsfehlerfrei, wenn der Ausgewählte die für die Aufgabe erforderlichen Kenntnisse, Fertigkeiten und Erfahrungen besitzt, wo-

---

457　*In diesem Sinne auch RGRK-Nüßgens,* § *823 BGB, Anh.II, Rz.130*
458　*Vgl. Fn.450-455*
459　*Vgl. dazu BGH, NJW 1987,1479(1480)*

bei der Chefarzt allerdings darauf vertrauen kann, daß ein Gebietsarzt all diejenigen Kenntnisse, Fertigkeiten und Erfahrungen hat, die von einem Arzt mit Gebietsbezeichnung erwartet werden können.[460] Demnach wird man von einem leitenden Krankenhausarzt "erwarten müssen, daß er sich von Können und Ausbildungsstand seiner Mitarbeiter ständig überzeugt."[461] Da die Aufgabendelegation jedoch zur eigenverantwortlichen Erledigung erfolgt, muß der Chefarzt die Tätigkeit seiner ärztlichen Mitarbeiter nicht ununterbrochen beaufsichtigen. Es genügt eine stichprobenartige Kontrolle, deren Umfang sich am konkreten Zweck der Aufsichts- und Kontrollpflichten, der Überprüfung des ärztlichen Handelns und des Kenntnis- und Ausbildungsstandes der Mitarbeiter zu orientieren hat, um eine ordnungsgemäße Delegation durchführen zu können und durch Beratung und gegebenenfalls durch Aufgabenentzug korrigierend eingreifen zu können.[462]

cc) Zusammenfassung: Drittes Ergebnis

Die Auflösung des Spannungsverhältnisses der beiden widerstreitenden Rechtsinstitute von Direktionsrecht und freiem Beruf, von Weisungsabhängigkeit und -freiheit unter besonderer Berücksichtigung der beiderseitigen Rechtspositionen und Interessenlagen läßt das oben dargestellte System der Kooperation zwischen Chefarzt und seinen nachgeordneten Ärzten mit Gebietsbezeichnung entstehen.

Nur wenn man den weisungsfreien Kernbereich ärztlichen Handelns auch für den nachgeordneten Arzt anerkennt, wird man der grundrechtlich geschützten, ärztlichen Gewissensentscheidung, dem Charakter der Freiberuflichkeit und der Verantwortung der Berufsträger gerecht und kann dem nachgeordneten Arzt "die Handlungsverantwortung für alle von ihm vorgenommenen ärztlichen Handlungen zuweisen."[463] Die Führungskompetenz verbleibt weiterhin beim jeweiligen Chefarzt, der für die Voraussetzungen rechtmäßiger Delegation einzustehen und seine Aufsichts- und Kontrollpflichten zu erfüllen hat.

Die Funktionstüchtigkeit des Krankenhauses bzw. der Krankenhausabteilung, welcher der Chefarzt vorsteht, wird durch die konsequente Anwendung des dargestellten Modells in keiner Weise negativ beeinträchtigt, im Gegenteil wird durch die Übertragung von

---

460 *Ebenso RGRK-Nüßgens, § 823 BGB, Anh.II, Rz.221; Wilhelm, MedR 1983,45(46); Hahn, NJW 1981,1977 (1983 f); Weber-Steinhaus, S.169*
461 *Carstensen/Schreiber, S.167(171); in diesem Sinne auch Peter, S.27*
462 *Auf die besonderen Aufsichts- und Kontrollpflichten verweisen auch: Jansen, AuK 1989,51(54); Hoffmann, in: Müller, aaO, S.124 ff,151; Hoffmann/Jeute/ Baur, AuK 1981,20(22); Hahn, NJW 1981,1977 (1983 f); RGRK-Nüßgens, § 823 BGB, Anh.II, Rz.229*
463 *Staudinger-Richardi, Vorbem.zu § 611 BGB, Rz.1641*

Aufgaben zur eigenverantwortlichen Erledigung an gerade deshalb motiviertere Mitarbeiter die Effektivität des Krankenhausbetriebes eher gesteigert[464], was letztlich allen Beteiligten, vor allem dem Patienten, zugute kommen dürfte.

Die Führungskompetenz des Chefarztes erleidet quantitativ keine Abstriche, sondern erlangt lediglich eine andere Qualität: Sie kann sich nicht (mehr) auf die durch Weisungsrechte getragene Machtposition stützen, sondern hat sich im wesentlichen aufgrund der auf fachlicher Qualifikation beruhenden Anerkennung, Achtung und Akzeptanz des Chefarztes neu zu etablieren, wobei die kollegiale Beratung der Mitarbeiter im Vordergrund steht. Hoffmann/ Jeute/Baur führen hierzu treffend aus:

"Die Funktion eines letztverantwortlichen Arztes stellt eine Autorität dar. Der Führungsstil ist nicht autoritär."[465] Die Aufhebung der Delegation ist als Ausnahme restriktiv zu handhaben und im Sinne einer ultima ratio zu verstehen.

2. Das Direktionsrecht gegenüber Ärzten in der Weiterbildung

a) Das Weiterbildungsverhältnis im weiteren Sinne

Ärzte in der Weiterbildung sind diejenigen Ärzte, die sich nach Ableistung der Zeit als Arzt im Praktikum (AiP)[466], welche dem Medizinstudium nachfolgt, in ihrer ärztlichen Weiterbildung befinden, um eine besondere Arztbezeichnung nach den Weiterbildungsordnungen der Länderärztekammern, die mit geringen Abweichungen auf der Musterweiterbildungsordnung beruhen[467], zu erlangen. Sie sind bereits voll approbierte Ärzte i.S. des § 1 Abs.1 BÄO und bilden die größte Gruppe von Ärzten im Krankenhaus.[468] Nach Bauer steht der "Arzt in der Weiterbildung (...) in einem Arbeitsverhältnis besonderer Art. Es nimmt eine Zwischenstellung ein zwischen dem reinen Ausbildungsvertrag und Arbeitsvertrag im engeren Sinn."[469] Mit dieser im Ergebnis vertretbaren Aussage ist ein weiterer rechtsdogmatischer Erkenntniswert allerdings nicht verbunden.[470]

---

464 Hoffmann/Jeute/Baur, AuK 1981,20(22)
465 Hoffmann/Jeute/Baur, Auk 1981,20(22)
466 Vgl. dazu oben S.9 f
467 Abgedruckt im Anhang 2; die Anlage zur Weiterbildungsordnung selbst hat Rieger in seinem Anhang 2 veröffentlicht
468 Vgl. Fn.59
469 Bauer, S.149(164)
470 Näher mit dem Weiterbildungsverhältnis befaßt haben sich Nunius, Die ärztliche Weiterbildung im Krankenhaus; Wiesner, BlStSozArbR 1985,177 ff

Das Rechtsverhältnis, in dem sich ein Arzt in der Weiterbildung befindet, als Gesamtheit der die Weiterbildung regelnden und mit ihr in Zusammenhang stehenden Rechtsbeziehungen, wird fortan als Weiterbildungsverhältnis i.w.S. bezeichnet, auf dessen Einzelheiten noch näher einzugehen sein wird. Das Ziel der Weiterbildung ist nach § 1 der Musterweiterbildungsordnung (MuWBO) [471], Ärzten nach Abschluß ihrer Berufsausbildung im Rahmen einer mehrjährigen Berufstätigkeit unter Anleitung dazu ermächtigter Ärzte eingehende Kenntnisse und Erfahrungen in den Gebieten, Teilgebieten und Bereichen zu vermitteln, für die zur Ankündigung einer speziellen ärztlichen Tätigkeit besondere Arztbezeichnungen geführt werden dürfen. Die Formulierung "unter Anleitung" deutet dabei auf das Bestehen einer Weisungsbefugnis des weiterbildenden Arztes hin, welcher aber der Kernbereich fachlicher Weisungsunabhängigkeit der approbierten Ärzte entgegenzustehen scheint. Aus diesem Grunde ist eine eingehendere Betrachtung der in einem Weiterbildungsverhältnis i.w.S. bestehenden Rechtsverhältnisse veranlaßt, um das Verhältnis von Weiterbildung einerseits und Kernbereich medizinisch-fachlicher Weisungsunabhängigkeit andererseits bestimmen zu können. [472]

b) Die Bedeutung der Weiterbildung für den Kernbereich der fachlichen Weisungsunabhängigkeit

aa) Die gesetzlichen[473] Grundlagen ärztlicher Weiterbildung

Um Struktur, Inhalt und Rechtsnatur des Weiterbildungsverhältnisses i.w.S. im einzelnen einer juristischen Analyse unterziehen zu können, bedarf es zuerst einer Auswertung der gesetzlichen Vorgaben der ärztlichen Weiterbildung:

Als Rechtsgrundlagen der ärztlichen Weiterbildung sind infolge des sog. Facharztbeschlusses des Bundesverfassungsgerichts Regelungen über die Weiterbildung in die Kammer- bzw. Heilberufsgesetze der Länder aufgenommen worden. Diese beinhalten "jedenfalls die statusbildenden Normen, d.h. etwa diejenigen Regeln, welche die Voraussetzungen der Facharztanerkennung, die zugelassenen Fachrichtungen, die Mindestdauer der Ausbildung, das Verfahren der Anerkennung, die Gründe für eine Zurücknahme der Anerkennung sowie endlich auch die allgemeine Stellung der Fachärzte innerhalb des ge-

---

471 Vgl. § 1 MuWBO, sowie die fast wörtlich übereinstimmenden Länderweiterbildungsordnungen, vgl. Rieger, Rz.1895
472 So schon Nunius, S.71 ff, 141 ff
473 Unter Gesetz ist hier Gesetz im formellen und materiellen Sinne zu verstehen

samten Gesundheitswesens" bestimmen.[474] Auf ihrer Grundlage regeln die von den Länderärztekammern als Satzungsrecht erlassenen Weiterbildungsordnungen das Nähere.[475] Bei der vorrangig anzustellenden Untersuchung der Kammer- und Heilberufsgesetze der Länder stellt sich durchgehend heraus, daß Voraussetzung für eine ordnungsgemäße Durchführung ärztlicher Weiterbildung eine Zulassung des Arbeitgeber-Krankenhauses als Weiterbildungsstätte ist[476], deren Erteilung durch das zuständige Ministerium für Gesundheit und Soziales von gewissen Eignungskriterien wie unter anderem sachlicher Ausstattung und Aufnahmekapazität abhängig ist.[477] Darüber hinaus ist auch die personelle Ausstattung relevant, da zur konkreten Vermittlung der Weiterbildung Ärzte benötigt werden, die von der Ärztekammer zur Weiterbildung ermächtigt sind, da die Durchführung der Weiterbildung nach den einschlägigen öffentlich-rechtlichen Bestimmungen[478] nicht dem Krankenhausträger als Arbeitgeber, sondern einzelnen, von der Ärztekammer zur Weiter-bildung ermächtigten Ärzten obliegt.[479] Aus der gesetzlichen Systematik folgt daher, daß die ermächtigten Ärzte bei der Wahrnehmung ihrer Weiterbildungsaufgaben eigenverant-wortlich und nicht als Erfüllungsgehilfen des Krankenhausträgers tätig werden.[480] Die Weiterbildung ist grundsätzlich ganztägig und in hauptberuflicher Stellung durchzu-führen[481], d.h. im Rahmen eines Arbeits- oder Dienstverhältnisses mit dem Träger einer zugelassenen Weiterbildungsstätte.[482]

Das ärztliche Weiterbildungsverhältnis i.w.S. stellt nach den gesetzlichen Grundlagen demnach kein einheitliches Rechtsverhältnis dar, sondern ist de lege lata aufgespalten in ein Arbeitsverhältnis mit dem Krankenhausträger und ein weiteres, als Weiterbildungsverhältnis im engeren Sinne zu bezeichnendes, Rechtsverhältnis zu dem weiterbildenden Arzt.[483] Die Weiterbildung erfolgt nach den landesgesetzlichen Vorschriften durch praktische Berufstätigkeit und theoretische Unterweisung, sie ist demnach ganz überwiegend das Produkt ständiger ärztlicher Tätigkeit. Es bedarf zu ihrer Realisierung daher zum einen der Begründung eines Arbeitsverhältnisses zum Krankenhausträger als Arbeitgeber

---

474 *BVerfG, NJW 1972,1504 ff*
475 *Vgl. die MuWBO, abgedr. in: DÄ 1992,2480 ff*
476 *Vgl. etwa Art.25 Abs.1, Satz 1, Abs.4, 26 Abs.3 BayKammerG*
477 *So auch Nunius, S.139; Rieger, Rz.1882; Universitätskliniken gelten dabei als zugelassen und bedürfen einer ausdrücklichen Zulassung nicht*
478 *Vgl.z.B.: Art.25 f BayKammerG i.V.m. §§ 4,5,8,9 MuWBO*
479 *Das ist unstreitig, vgl. statt vieler: Rieger, Rz.1882 ff; Nunius, S.141 f; BAG, NZA 1990,845 f*
480 *Ganz hM, vgl. nur Lippert/Kern, Rz.542; Nunius, S.108 ff m.w.N.; bestätigt durch BAG, NZA 1990,845 f; siehe auch Art. 25 Abs.1-3 BayKammerG*
481 *Vgl. etwa Art.24 Abs.4, Satz 1 i.V.m. Art.30 BayKammerG i.V.m. § 4 Abs. 6 MuWBO*
482 *So auch Rieger, Rz.1874*
483 *Ebenso Rieger, Rz.1888 f; Lippert/Kern, Rz.543; Nunius, S.77 ff,105 ff,141 f; Wiesner, BlStSozArbR 1985, 177(178); inzidenter auch BAG, NZA 1990,845 f*

und zum anderen eines Weiterbildungsverhältnisses i.e.S. zu dem zur Weiterbildung ermächtigten und diese durchführenden Arzt, dem Weiterbilder. Die ärztliche Tätigkeit des Arztes in der Weiterbildung wird also stets im Rahmen zweier verschiedener Rechtsverhältnisse mit zwei unterschiedlichen Vertragspartnern erbracht.[484] Diese gesetzlich vorgesehene Spaltung der Rechtsverhältnisse erlangt vor allem für die Frage, wem aus dem jeweiligen Rechtsverhältnis gegebenenfalls entstehende Weisungsrechte zustehen, besondere Bedeutung. Nicht verkannt werden darf aber, daß diese beiden Rechtsverhältnisse nicht beziehungslos nebeneinander stehen, sondern rein faktisch, aber auch juristisch, Verbindungen aufweisen. Diese Verbindung wird in den Arbeitsverträgen regelmäßig dadurch dokumentiert, daß auf den Weiterbildungszweck des Arbeitsverhältnisses ausdrücklich Bezug genommen wird.[485]

bb) Das Arbeitsverhältnis

Den vorausgegangenen Feststellungen zur Gesetzeslage ist zu entnehmen, daß der Arzt in der Weiterbildung einen Arbeitsvertrag mit dem Träger einer zugelassenen Weiterbildungsstätte abzuschließen hat, damit er die Weiterbildung ganztätig und in hauptberuflicher Stellung[486] absolvieren kann.

Der Arzt in der Weiterbildung steht also wie jeder angestellte Krankenhausarzt in einem Arbeitsverhältnis, aufgrund dessen er seine ärztliche Tätigkeit als geschuldete Arbeitsleistung erbringt.[487] Wegen dieses bestehenden Arbeitsverhältnisses stehen dem Krankenhausträger als Arbeitgeber dem Grunde nach Direktionsrechte zu, die allerdings auch gegenüber Ärzten in der Weiterbildung in gleichem Umfang ausgeschlossen sind, wie bei voll weitergebildeten Ärzten.[488] Durch den Erwerb der unbeschränkten Approbation sind sie Träger eines freien Berufes im berufsrechtlichen Sinne, so daß für sie der Kernbereich fachlicher Weisungsunabhängigkeit ärztlichen Handelns ebenfalls Geltung hat. D.h. auch Ärzte in der Weiterbildung sind aufgrund der Ausübung eines freien Berufes sowie subsidiär wegen des Berufsrechts bei ihren Entscheidungen im Bereich ärztlichen Handelns frei. Arbeitsrechtliche Direktionsrechte bestehen in diesem Bereich nicht.

---

484   Diese Trennung von Arbeits- und Weiterbildungsverhältnis i.e.S. betonen auch ärztliche Spitzenvertreter, wie z.B. Sewering, DÄ 1983,47 (49); Marburger Bund, Der Arzt im Krankenhaus, 1984,52, zitiert nach Wiesner, BlStSozArbR 1985,177(178)
485   Vgl. Anhang 3, Muster eines befristeten Arbeitsvertrages mit einem Arzt in der Weiterbildung
486   Vgl. Fn.475
487   Soweit ersichtlich unstreitig; Streit besteht dagegen, zu welchen Modifikationen des Arbeitsverhältnisses es durch die Weiterbildung kommt, vgl. dazu unten S.107 ff
488   Zustimmend Nunius, S. 97; siehe dazu im einzelnen oben S. 70 ff

Trotzdem darf nicht übersehen werden, daß das Arbeitsverhältnis des Arztes in der Weiterbildung teilweise auch der Weiterbildung und nicht nur der Arbeitserbringung dient. Demgemäß wird - wie bereits ausgeführt - beim Abschluß von Arbeitsverträgen mit Ärzten in der Weiterbildung regelmäßig auf den Weiterbildungszweck verwiesen, ohne daß diesbezüglich aber weitere, Einzelheiten der Weiterbildung regelnde Vertragsabreden getroffen werden.[489] Es ist daher im folgenden zu prüfen, welche Folgerungen sich aus diesem Teilzweck des Arbeitsverhältnisses für die fachliche Weisungsunabhängigkeit angestellter Krankenhausärzte ergeben. Insbesondere fragt sich, ob nicht dem Krankenhausträger als Arbeitgeber durch die arbeitsvertragliche Inbezugnahme auf den Weiterbildungszweck neben dem allgemeinen arbeitsvertraglichen Direktionsrecht, von dessen Umfang lediglich die arbeitsbezogenen Weisungen[490] ausgeschlossen sind, weiterbildungsrechtliche Weisungsbefugnisse gerade für den Bereich des medizinisch-fachlichen Handelns eingeräumt werden. Es erscheint möglich, wenn nicht sogar wahrscheinlich, daß der Rechtsstatus des freien Berufes mit seinem Kernbereich fachlicher Weisungsunabhängigkeit durch den Teilaspekt der Weiterbildung eingeschränkt werden könnte.

Der Krankenhausträger als Arbeitgeber ist nach den gesetzlichen Vorgaben und aufgrund der allgemein gehaltenen Bezugnahme auf den Weiterbildungszweck des Arbeitsverhältnisses mangels näherer Vereinbarungen nicht dazu verpflichtet bzw. berechtigt, die ärztliche Weiterbildung in eigenem Namen durchzuführen oder zu leiten. Er ist lediglich dazu verpflichtet, die personelle und sachliche Ausstattung, die zur Erlangung der Zulassung als Weiterbildungsstätte erforderlich war, weiterhin beizubehalten[491] und dem ärztlichen Arbeitnehmer Gelegenheit zu geben, sich mit dem Ziel der Erreichung der Anerkennung als Arzt mit Gebietsbezeichnung weiterzubilden.[492] Ferner besteht wegen der Bezugnahme auf die Weiterbildung im Arbeitsvertrag eine auf dieses Spektrum der Weiterbildung erweiterte Fürsorgepflicht.[493] Wegen der landesgesetzlichen Aufgabenzuweisung an den zur Weiterbildung ermächtigten Arzt, die Weiterbildung eigenverantwortlich durchzuführen und dem Fehlen einer detaillierten Regelung von Einzelheiten der Weiterbildung im Arbeitsvertrag, die gegebenenfalls wegen Verstoßes gegen höherrangiges Recht als nichtig anzusehen wäre, ist dem Arbeitgeber eine Rechtsposition zur

---

489 *Vgl. Anhang 3, Muster eines befristeten Arbeitsvertrages mit einem weiterzubildenden Arzt. Der Hinweis auf den Zweck dient dabei häufig auch der notwendigen Begründung der Befristung des Arbeitsverhältnisses (vgl. etwa § 57 b Abs.2 Nr.1 HRG)*
490 *Vgl. zur üblichen Unterteilung von Direktionsrechten unten S.4 f*
491 *So auch Nunius, S.131; ihm folgend Wiesner, BlStSozArbR 1985,177(178); in diesem Sinne wohl auch BAG, NZA 1990,845(846); dazu weitergehend Rieger, Rz. 1888*
492 *BAG, NZA 1990,845(846)*
493 *Nunius, S.131 f,138*

Regelung und Durchführung der Weiterbildung weder öffentlich-rechtlich noch arbeitsvertraglich eingeräumt. Dem Arbeitgeber stehen daher durch die arbeitsvertraglichen Bezugnahme auf den Weiterbildungszweck des Arbeitsverhältnisses keine zusätzlichen Weisungsbefugnisse hinsichtlich des ärztlichen Handelns des weiterzubildenden Arztes zu.

Fehl geht daher die Schlußfolgerung von Nunius, zwischen Krankenhausträger und weiterzubildendem Arzt bestünde ein Typenkombinationsvertrag mit gleichwertigem arbeits- und weiterbildungsrechtlichem Teil.[494] Denn der Krankenhausträger als Vertragspartner des Arbeitsverhältnisses kann nicht Partei eines Weiterbildungsverhältnisses i.e.S. sein. Ihm fehlt insoweit die erforderliche Subjektsqualität, da er in der Regel weder Arzt, noch von der Ärztekammer zur Weiterbildung ermächtigt ist. Eine gleichwohl vom Krankenhausträger im Arbeitsvertrag hypothetisch vereinbarte, ausdrückliche und umfassende Verpflichtung zur Durchführung der Weiterbildung wäre wegen Verstoßes gegen zwingende Landesgesetze oder aber nach § 306 BGB nichtig.

Mithin bleibt festzuhalten, daß es sich bei dem Rechtsverhältnis zwischen Krankenhausträger und weiterzubildendem Arzt um ein Arbeitsverhältnis handelt, welches sich - im Rahmen der Vertragsfreiheit unproblematisch - lediglich durch die Vereinbarung zweier zusätzlicher Nebenpflichten des Krankenhausträgers vom Normalfall unterscheidet: Die Verpflichtung des Krankenhausträgers zur Beibehaltung des Krankenhausstandards als Weiterbildungsstätte sowie zu "weiterbildungsfreundlichem Verhalten"[495], welche vom Krankenhausträger im eigenen Interesse an der Verpflichtung von qualifiziertem ärztlichen Personal eingegangen werden.

cc) Das Weiterbildungsverhältnis im engeren Sinne

(1) Inhalt

Neben dem Arbeitsvertrag hat der Arzt in der Weiterbildung ein Weiterbildungsverhältnis i.e.S. mit dem weiterbildenden Arzt zu begründen, was nicht zuletzt wegen des Mitspracherechtes der in der Regel auch zur Weiterbildung ermächtigten Chefärzte bei Personal-

---

494 Nunius, S.77 ff, 105 ff; a.A. Wiesner, BlStSozArbR 1985,177(178)
495 Ähnlich Wiesner, BlStSozArbR 1985,177(179) allerdings unter Annahme eines Vertrages sui generis, wobei er verkennt, daß sich die Einordnung eines Vertragsverhältnisses in die gesetzlich vorgesehenen Vertragstypen nicht nach Nebenpflichten, sondern nach Hauptleistungspflichen richtet, die dem jeweiligen Vertrag ihr wesentliches Gepräge geben. Die Annahme eines Vertrages sui generis war hier weder erforderlich noch geboten.

entscheidungen des Krankenhausträgers und der gegebenen Sachzusammenhänge in der Praxis meist zeitgleich mit dem Arbeitsvertragsschluß geschieht. Inhalt dieses Rechtsverhältnisses ist die Durchführung der Weiterbildung, m.a.W. die konkrete Vermittlung der nach den Bestimmungen der Weiterbildungsordnung für den Erwerb einer Gebietsbezeichnung vorgeschriebenen Kenntnisse und Erfahrungen durch praktische Tätigkeit und theoretische Unterweisung.[496] Hinsichtlich der Ausgestaltung der Weiterbildung im Einzelfall sind dem weiterbildenden Arzt durch umfassende, zum Teil sehr detaillierte Regelungen der Weiterbildungsordnungen und ihrer Anlagen sehr enge Grenzen gezogen. Sollten aus dem Weiterbildungsverhältnis i.e.S. Weisungsbefugnisse entspringen, woran angesichts der klaren landesgesetzlichen Formulierung[497] und der unbestreitbaren Notwendigkeit von Weisungsbefugissen für eine ordnungsgemäße Durchführung der Weiterbildung keine Zweifel bestehen können, so können diese aufgrund der aufgespaltenen Rechtsbeziehungen ausschließlich dem weiterbildenden Arzt zugeordnet werden. Eine Zuordnung in Richtung auf den Arbeitgeber kommt auch mit Hilfe der Bezugnahme im Arbeitsvertrag nicht in Betracht.[498]

(2) Rechtsnatur

Das zwischen dem Träger der Weiterbildungsstätte und dem weiterzubildenden Arzt bestehende Arbeitsverhältnis ist unstreitig privatrechtlicher Natur. Umstritten ist demgegenüber die Einordnung des zwischen den Ärzten bestehenden Weiterbildungsverhältnisses i.e.S. als privat- oder öffentlichrechtliches Rechtsverhältnis.[499] Nunius hat sich mit der Frage der Einordnung dieses Weiterbildungsverhältnisses näher befaßt, verschiedene Argumente erörtert und letztlich ein öffentlich-rechtliches Rechtsverhältnis angenommen.

Trotz zutreffender Aufzählung der in Betracht zu ziehenden Argumente ist Nunius im Ergebnis nicht zu folgen, wie im folgenden auszuführen sein wird:

---

496 *Ebenso Nunius, S.144 ff*
497 *Vgl. oben S. 92; in diesem Sinne auch Nunius, S.149*
498 *Vgl. dazu oben S. 92 ff*
499 *Ein öffentlich-rechtliches Rechtsverhältnis nehmen Rieger, Rz.1889 und Nunius, S.154 ff m.w.N. an, auch das BAG, NZA 1990,845(846) spricht in den Entscheidungsgründen von einer "öffentlichrechtlichen Weiterbildungsbefugnis" des weiterbildenden Arztes; dagegen nehmen das OVG Münster, NJW 1983, 1390 f und das OVG Bremen, MedR 1984,155 ff ein privatrechtliches Rechtsverhältnis an*

(a) Ausgangspunkt

Zu Beginn seiner Ausführungen geht Nunius auf die näherliegende Möglichkeit einer privatrechtlichen Vertragslösung ein. Zutreffend ist der Ausgangspunkt gewählt, das einzuordnende Rechtsverhältnis könne privatrechtlicher Natur sein, da es zwischen zwei Ärzten, also zwei Privatrechtssubjekten, denen die Rechtsordnung zur Regelung ihrer Rechtsbeziehungen prinzipiell die privatrechtliche Vertragsfreiheit zur Verfügung stellt, besteht. Dieser Annahme steht auch nicht - wie Nunius zu Recht festhält - entgegen, daß der Inhalt des Rechtsverhältnisses weitestgehend durch die Kammer- und Heilberufsgesetze der Länder und berufsständisches Satzungsrecht zwingend festgelegt ist, denn zum einen verbleibt dem Weiterbilder dennoch ein gewisser Gestaltungsspielraum und zum anderen sind dem Privatrecht Rechtsverhältnisse mit zwingendem (Mindest-)Inhalt keineswegs fremd.[500] Ferner ist die Vermutung zu beachten, nach der Privatrechtssubjekte grundsätzlich privatrechtlich und Träger hoheitlicher Gewalt grundsätzlich öffentlich-rechtlich handeln.[501]

(b) Stellungnahme

Völlig unstreitig ist die Rechtsnatur der Länderärztekammern als öffentlich-rechtliche Körperschaften und die grundsätzliche Möglichkeit einer Beleihung von Privatrechtssubjekten durch die Länderärztekammern sowie der Umstand, daß die die Weiterbildung nach einer Prüfung abschließende Entscheidung der Länderärztekammern über die Zuerkennung einer Gebietsbezeichnung einen Verwaltungsakt darstellt. Hieraus allein jedoch auf die öffentlich-rechtliche Natur des gesamten Weiterbildungsverhältnisses i.e.S. zu schließen ist weit davon entfernt, als zwingend oder auch nur naheliegend zu erscheinen.[502] Dennoch meint Nunius seine Auffassung von der öffentlich-rechtlichen Rechtsnatur des Weiterbildungsverhältnisses i.e.S. durch die Rechtsnatur und Bedeutung der einzelnen Weiterbildungszeugnisse, die Gesetzgebungsmaterialien zum hessischen Heilberufsgesetz und die gegebenen Voraussetzungen einer Beleihung als bestätigt ansehen zu können.

Es kann dahingestellt bleiben, ob im vorliegenden Fall die zur Weiterbildung ermächtigten Ärzte "Beliehene" sein könnten, denn selbst wenn die objektiven Voraussetzungen für eine Beleihung gegeben sind, so hat Nunius nichts dafür vorgetragen, daß die Länderärzte-

---

500 So auch Nunius, S.154 f., unter Hinweis auf den sachenrechtlichen Typenzwang
501 Vgl. dazu Badura u.a., Allgemeines Verwaltungsrecht, § 2, Rz. 30
502 So aber Nunius, S.155 ff

kammern hier eine Beleihung, also die Übertragung eigener Aufgaben mitsamt den dazu erforderlichen Hoheitsrechten, auch subjektiv gewollt haben.[503] Unabhängig davon sind die Überlegungen von Nunius zur Bedeutung der einzelnen Weiterbildungszeugnisse[504] wenig überzeugend, seine Bewertung der Gesetzgebungsmaterialien zum hessischen Heilberufsgesetz[505] ist unzutreffend, sie widerspricht klar dem Wortlaut der Materialien und der Intention des Gesetzgebers.[506]

Bei der Erörterung der Bedeutung der Weiterbildungszeugnisse im Rahmen der die Weiterbildung abschließenden Prüfung stellt Nunius selbst fest, daß mit dem Verwaltungsaktcharakter der Prüfungsentscheidung noch nichts über die Rechtsnatur des gesamten Weiterbildungsverhältnisses i.e.S. ausgesagt ist.[507] Die Argumentation, die seiner Ansicht nach den Schluß vom hoheitlichen Charakter der Prüfungsentscheidung auf die öffentlichrechtliche Natur des gesamten Weiterbildungsverhältnisses i.e.S. zuläßt, ist das Einfließen der einzelnen Weiterbildungszeugnisse der weiterbildenden Ärzte in die hoheitliche Prüfungsentscheidung[508], wobei er die Zeugnisse seinerseits als hoheitliche Akte (Verwaltungsakte) ansieht[509] und daraus den Schluß auf den öffentlich-rechtlichen Charakter des gesamten Weiterbildungsverhältnisses i.e.S. ziehen zu können glaubt. Die Ausführungen von Nunius zu den Weiterbildungszeugnissen vermögen indes nicht zu überzeugen. Dies wird vor allem deutlich, wenn man die allgemeinen Grundsätze der Verwaltungslehre im Hinblick auf die Informationsgewinnung und Entscheidungsvorbereitung mit in die Erörterung einbezieht. Die zur Feststellung der tatsächlichen, technischen, rechtlichen und sonstigen Grundlagen einer als Verwaltungsakt ergehenden Behördenentscheidung erforderlichen Maßnahmen, wie z.B. die Einholung eines Sachverständigengutachtens, sind nicht zwangsläufig ebenfalls öffentlich-rechtlicher Natur, nur weil sie u.a. als Entscheidungsgrundlage für einen Verwaltungsakt Verwendung finden. Insbesondere können von Trägern hoheitlicher Gewalt auch privatrechtlich erholte Sachverständigengutachten[510], Stellungnahmen von Verfahrensbeteiligten sowie Zeugnisse und andere Qualifika-

---

503   *Nach den Feststellungen im Urteil des OVG Münster, NJW 1983,1390 f war dies gerade nicht der Fall; auch Nunius, S.158 hält im Gegensatz zur Beleihung eine bloße Konzessionserteilung zur Weiterbildung ohne Übertragung von Hoheitsrechten für möglich*
504   *Vgl. Nunius, S.155 ff*
505   *Vgl. dazu sogleich unten S. 99 f*
506   *Vgl.Fn.499*
507   *Nunius, S.156 a.E.*
508   *Vgl. etwa Art. 27 Abs.1 BayKammerG; 3 28 Abs.4, Satz 2 Hess. HBG*
509   *Nunius, S.157,161*
510   *Thieme, S.342 verweist auf ärztliche Gutachten, die eine besonders große Bedeutung haben, da zahlreiche Sozialleistungen der heutigen Verwaltung von dem Vorhandensein eines Krankheitszustandes, dem Grad der Erwerbsminderung und den Krankheitsursachen (Unfall) abhängen; vgl. auch z.b.: § 20 AtomG*

tionsnachweise als Entscheidungsgrundlage hoheitlicher Maßnahmen herangezogen werden. Dies trägt seinen Grund darin, daß die Verwaltung "für alle Entscheidungen, insbesondere aber komplexe Gestaltungsentscheidungen (...) adäquate Informationen (benötigt). Die Informationsgewinnung ist deshalb so verschieden wie die Entscheidungen (und die diesen zugrundeliegenden Sachverhalte)[511] auch."[512] Gleiches hat für die während der Weiterbildung von den zur Weiterbildung ermächtigten Ärzten, als sachverständigen Privatpersonen, ausgestellten Zeugnisse zu gelten. Der von Nunius vollzogene Schluß von der öffentlich-rechtlichen Natur der Prüfungsentscheidung auf die öffentlich-rechtliche Natur der einzelnen Weiterbildungszeugnisse ist daher schwerlich nachvollziehbar. Eine weitergehende Argumentation, die geeignet wäre seinen Schluß zu stützen, fehlt, vielmehr bestätigt auch die von Nunius selbst gewählte, eher beschwörende als überzeugende Formulierung "Nach diesen Gegebenheiten kann nur das einzelne Weiterbildungszeugnis seinerseits schon als hoheitlicher Akt anzusehen sein"[513] die Fragwürdigkeit seiner These.

Noch deutlicher aber muß seiner Interpretation der Gesetzgebungsmaterialien zu § 26 Abs.3 des hessischen Heilberufsgesetzes widersprochen werden. Die von ihm zitierten Stellen des Gesetzentwurfes zur Novellierung des Heilberufsgesetzes sowie die Gründe der Nichtübernahme dieses Teils des Entwurfes in das Gesetz belegen unzweifelhaft, daß der hessische Landesgesetzgeber von der privatrechtlichen Natur des Weiterbildungsverhältnisses i.e.S. ausgegangen ist: "Der Änderungsvorschlag zielte darauf ab, in § 26 Abs.3 HBG nach Satz 1 folgenden Satz einzufügen: Er hat mit dem Weiterzubildenden einen Vertrag abzuschließen, der Rechte und Pflichten der Vertragschließenden aus dem Weiterbildungsverhältnis regelt."[514] Dieser beabsichtigte Satz fand keinen Eingang in die verabschiedete Gesetzesfassung, da man davon ausging, "daß der gewünschte neue Satz Gegenstand der Weiterbildungsordnung werde und deshalb eine Übernahme in das Heilberufsgesetz entbehrlich sei (...) und man habe aus prinzipiellen Gründen nicht in die bestehende Vertragsfreiheit eingreifen wollen."[515] Diesem eindeutigen gesetzgeberischen Willen hält Nunius entgegen, daß an anderer Stelle der Gesetzesbegründung dem eine ebenso eindeutige Aussage gegenüberstünde: "Darin unterstreicht die amtliche Begründung, daß die Zeugnisse im Prüfungsergebnis angemessen zu berücksichtigen seien. Damit bleibt die Unklarheit, ob der Landesgesetzgeber einem privatrechtlichen Zeugnis

---

511 *Einschub des Verfassers*
512 *Pütner, S.327*
513 *Nunius, S.161*
514 *Nunius, S.158 unter Verweis auf LT-Drs.8/3935 vom 07.03.1977*
515 *Vgl. Fn.509*

eine so weitgehende Bedeutung zukommen lassen wollte, daß es in einem Hoheitsakt fortwirken soll."[516] Es ist bedenklich, wenn Nunius damit den eindeutig artikulierten Willen des Gesetzgebers in Zweifel ziehen und relativieren will; denn zum einen kann man hier nicht von einer ebenso eindeutigen Stelle in den Gesetzgebungsmaterialien sprechen und zum anderen - insoweit darf auf die obenstehenden Ausführungen verwiesen werden - beruht diese Einschätzung auf dem gedanklichen Fehler, die Bedeutung der Weiterbildungszeugnisse könne einen nur annähernd sicheren Anhaltspunkt für die Einordnung des Weiterbildungsverhältnisses i.e.S. als ein öffentlich-rechtliches Rechtsverhältnis bieten. Das Gegenteil ist der Fall, die Gesetzgebungsmaterialien enthalten eine klare Aussage zugunsten eines privatrechtlichen Rechtsverhältnisses.

Anhand der obigen Ausführungen gelangt man daher zu dem Ergebnis, daß das Weiterbildungsverhältnis i.e.S. ein privatrechtliches Rechtsverhältnis ist. Die Beteiligung zweier Privatrechtssubjekte mit der damit einhergehenden Vermutung für ein Handeln in den Formen des Privatrechts und die Gesetzgebungsmaterialien zum hessischen Heilberufsgesetz sprechen hierfür mit aller Deutlichkeit. Auch die Tatsache, daß eine Weiterbildungszeit ausnahmsweise auch anerkannt werden kann, wenn diese bei einem nicht zur Weiterbildung ermächtigten Arzt abgeleistet wurde, sie aber trotzdem als gleichwertig anzusehen ist[517], weist in diese Richtung. Demgegenüber erlaubt die ohnehin zweifelhafte Argumentation von Nunius im Bereich der Prüfung und der Weiterbildungszeugnisse keine anderweitige Beurteilung im Sinne eines öffentlich-rechtlichen Weiterbildungsverhältnisses i.e.S.

(3) Weiterbildungsrechtliche Weisungsbefugnis und freier Beruf

Durch die privatautonome Eingehung eines Weiterbildungsverhältnisses i.e.S. im Wege einer entsprechenden Einigung der beteiligten Ärzte wird zugleich für den weiterbildenden Arzt eine weiterbildungsrechtliche Weisungsbefugnis begründet, auch wenn keine ausdrückliche Vereinbarung hierüber getroffen wird, da die weiterbildungsrechtliche Weisungsbefugnis wegen des landesgesetzlich determinierten Inhaltes des Weiterbildungsverhältnisses i.e.S. unmittelbar Vertragsgegenstand wird. Als ergänzende Legitimationsgrundlage für das Bestehen der weiterbildungsrechtlichen Weisungsbefugnis des Weiterbilders kann neben der landesgesetzlichen Regelung und ggfs. der Vereinbarung der Parteien subsidiär auch auf die Denkfigur der Natur der Sache zurückgegriffen werden, da

---

516 Nunius, S.159
517 Vgl. Art.27 Abs.4 BayKammerG, § 34 Abs.8, Satz 1 BremerHBG

der allgemeine Erfahrungssatz gilt, daß ein Aus- bzw. Weiterbilder wenigstens über ein Mindestmaß an Weisungsbefugnissen verfügen muß, um eine sachgemäße und erfolgreiche Aus- bzw. Weiterbildung sicherstellen zu können.[518]

Vielschichtige Probleme wirft aber in diesem Zusammenhang das rechtliche Verhältnis dieser weiterbildungsrechtlichen Weisungsbefugnisse zum freien Beruf und dem daraus resultierenden Kernbereich fachlicher Weisungsunabhängigkeit sowie zur Regelung des § 1 Abs.1 BÄO auf: Die weiterbildungsrechtlichen Weisungsbefugnisse entstehen durch die vertragliche Einigung über die Begründung eines Weiterbildungsverhältnisses i.e.S. mit landesgesetzlich vorgesehen Weisungsrechten. Nach dem Rechtsbegriff des freien Berufes und gemäß § 1 Abs.1 BÄO sind die Ärzte in der Weiterbildung jedoch in ihrem ärztlichen Handeln grundsätzlich frei.[519] Insofern fragt es sich, ob ein Fall der Kollisionsnorm des Art. 31 GG, nach der Bundesrecht Landesrecht bricht, vorliegt. Der landesgesetzlichen Anordnung von Weisungsbefugnissen des Weiterbilders könnte die bundesgesetzliche Regelung des § 1 Abs.1 BÄO entgegenstehen. Stellt man insoweit nur auf § 1 Abs.1 BÄO ab, so besteht eine Kollision bundes- und landesgesetzlicher Normen nicht, weil der Bundesgesetzgeber bei der Regelung des § 1 Abs.1 BÄO die Rechtsverhältnisse der Weiterbildung als solche mangels Gesetzgebungskompetenz nicht regeln konnte. Die Gesetzgebungskompetenz zur Regelung der Weiterbildung steht ausschließlich den Ländern zu.[520] Aus dieser Verteilung der Gesetzgebungskompetenzen zwischen Bund und Ländern folgt, daß der Bundesgesetzgeber mit der Regelung des § 1 Abs.1 BÄO eine verbindliche Normierung der Rechtsverhältnisse der ärztlichen Weiterbildung nicht verfassungsgemäß treffen konnte.[521] Die mit der Formulierung "ein seiner Natur nach freier Beruf" in § 1 Abs.1 BÄO angestrebte Sicherung der ärztlichen Handlungsfreiheit gilt nicht für den Bereich der ärztlichen Weiterbildung. Diese Auslegung erhält Bestätigung aus den Gesetzgebungsmaterialien zur Bundesärzteordnung, wonach sich die Sicherung ärztlicher Handlungsfreiheit gerade gegen Weisungen von Nichtärzten, die nicht den berufsethischen Pflichten unterliegen, richtete[522]. Auch ein Ausschluß von ärztlicherseits erteilten Weisungen kann § 1 Abs.1 BÄO nicht unmittelbar entnommen werden und wäre zudem für den Bereich ärztlicher Weiterbildung mangels Gesetzgebungskompetenz des Bundes als

---

518 Ebenso *Bauer*, S.149(156); *Nunius*, S.150
519 Vgl. oben S.64 f, 71 ff
520 Vgl. Art.74 Nr.19 GG, Art. 30 GG; BVerfG, NJW 1972,1504(1505); BayVerfGH, BayVBl. 1961,308 f; *Schmidt-Bleibtreu/Klein*, Art.74; Rz.40: *v.Münch-I.v. Münch*, Art.74, Rz.85 f; *Rieger*, Rz. 1871; *Nunius*, S. 147 ff m.w.N.
521 Dazu, daß § 1 Abs.1 BÄO noch als Zulassungsregelung anzusehen ist und der Bundesgesetzgeber seine Gesetzgebungskompetenz dadurch nicht überschritten hat, vgl. *Nunius*, S.38 f
522 Vgl. die Nachweise in BT-Drs. III, 2810, S.1 ff

nichtig anzusehen.[523] Daraus folgt zunächst, daß die landesgesetzliche Regelung des Weiterbildungsverhältnisses i.e.S. nicht wegen Kollision mit Bundesrecht nach Art. 31 GG nichtig ist.

Somit ergäbe sich das Bild, daß der Kernbereich ärztlicher Weisungsunabhängigkeit als Ausfluß der Freiberuflichkeit mit der Approbation erworben wird, während der Weiterbildung in bezug auf den Arbeitgeber, nicht aber in bezug auf den Weiterbilder fortbesteht und nach Abschluß der Weiterbildung wieder uneingeschränkt Geltung erlangt. Hierbei würde die Bedeutung des Rechtsbegriffes des freien Berufes mit seiner Rechtsfolge des Kernbereichs fachlicher Weisungsunabhängigkeit, wie er in dieser Untersuchung herausgearbeitet wurde, verkannt und übersehen, daß der Bundesgesetzgeber in § 1 Abs.1 BÄO nicht expressis verbis einen Kernbereich medizinisch-fachlicher Weisungsunabhängigkeit approbierter Ärzte bestimmt hat, sondern diese Intention gesetzgebungstechnisch durch eine Verweisung auf den Rechtsbegriff des freien Berufes umgesetzt hat, mit dem er diese fachliche Weisungsunabhängigkeit augenscheinlich verband.[524]

Legt man den Rechtsbegriff des freien Berufes als Ursache des Kernbereiches fachlicher Weisungsunabhängigkeit zugrunde, so stellt sich das Problem, wie sich weiterbildungsrechtliche Weisungsbefugnisse mit dem Kernbereich fachlicher Weisungsunabhängigkeit approbierter Ärzte in Einklang bringen lassen, in anderer Gestalt. Insofern greift das Abstellen auf die Gesetzgebungskompetenzverteilung zwischen Bund und Ländern zu kurz, ist doch davon auszugehen, daß der Bundesgesetzgeber keine Gesetzgebungskompetenz zur Regelung der Weiterbildung hat und er daher mit § 1 Abs.1 BÄO jedenfalls nicht die fachliche Weisungsunabhängigkeit von sich in der Weiterbildung befindlichen Ärzten gegenüber dem Weiterbilder regeln konnte.[525] Der Rechtsbegriff des freien Berufes hingegen gewährt dem Träger des freien Berufes nicht zuletzt wegen der mit der besonderen Sozialrelevanz der Berufstätigkeit verbundenen berufsethischen Eigenverantwortlichkeit des einzelnen Berufsträgers einen Kernbereich fachlicher Weisungsunabhängigkeit mit Wirkung "inter omnes", andernfalls das herausragende Berufsprinzip der Unabhängigkeit und Eigenverantwortlichkeit zur Bedeutungslosigkeit herabgestuft werden würde.[526] Es ist daher im folgenden zu erörtern, ob und gegebenenfalls wie die grundsätzlich auch bei Ärzten in der Weiterbildung bestehende ärztliche Handlungsfreiheit zugunsten der Ermöglichung einer ordnungsgemäßen, effektiven Weiterbildung Begrenzungen erfahren kann.

---

523   *So schon Nunius, S.150 f*
524   *Vgl. die Stellungnahme des Bundestagsausschusses für das Gesundheitswesen, BT-Drs. III, 2810, S.1 ff*
525   *Dazu, daß die Gesetzgebungskompetenz zur Regelung der fachlichen Weisungsunabhängigkeit gegenüber dem nichtärztlichen Arbeitgeber gegeben war, vgl. Fn.515*
526   *Vgl. dazu auch oben S. 42, 50, 60 m.w.N.*

Geht man davon aus, daß es sich bei dem Weiterbildungsverhältnis i.e.S. um ein privatrechtliches Rechtsverhältnis handelt, liegt eine zwischen den beiden beteiligten Ärzten vertraglich vereinbarte Einräumung von Weisungsbefugnissen nahe. Eine solche Vereinbarung ist aber nicht als ohne weiteres zulässig anzusehen, da Voraussetzung hierfür die Dispositivität des Kernbereichs fachlicher Weisungsunabhängigkeit als Rechtsfolge des freien Berufes im berufsrechtlichen Sinne wäre. Demgegenüber wurde bereits festgestellt, daß sich der Träger eines freien Berufes seiner fachlichen Weisungsunabhängigkeit grundsätzlich nicht vertraglich begeben kann.[527] Die fachliche Weisungsunabhängigkeit als Rechtsfolge des freien Berufes steht grundsätzlich nicht zur Disposition des einzelnen Berufsträgers. Die Rechtfertigung des zwingenden Charakters der fachlichen Weisungsunabhängigkeit liegt im untrennbaren Zusammenhang der fachlichen Weisungsunabhängigkeit mit der besonderen Sozialrelevanz der Berufstätigkeit und dem erforderlichen gesteigerten, personenbezogenen Vertrauensverhältnis. Das Bestehen der fachlichen Weisungsunabhängigkeit als unabdingbare Voraussetzung einer unabhängigen und verantwortungsbewußten Berufsausübung im Interesse des Gemeinwesens gebietet es, dem einzelnen Berufsträger die Möglichkeit zu versagen, über seine fachliche Weisungsunabhängigkeit einzelvertraglich zu verfügen. Dieselbe Zielrichtung wird aus den Bestimmungen der Berufsordnungen deutlich und bestätigt daher die vorangehende Argumentation.[528] § 14 Abs.1 Sätze 2,3 MuBO scheint dagegen die Möglichkeit des Bestehens ärztlicher Weisungsrechte zu belegen, wobei bereits ausgeführt wurde, daß bei der hier entwickelten Systematik der Weisungsbeziehungen innerhalb des ärztlichen Dienstes selbst voll weitergebildete Ärzte trotz des Kernbereiches fachlicher Weisungsunabhängigkeit zum Teil auch ärztlichen Weisungen unterliegen können.[529] Diese Bestimmung könnte aber auch als ein Indiz dahingehend zu verstehen sein, im Bereich der ärztlichen Weiterbildung könnten Weisungsbefugnisse von Ärzten gegenüber Ärzten bestehen, da nach wie vor davon auszugehen ist, daß die Durchführung einer Weiterbildung Weisungsbefugnisse des Weiterbilders zwingend bedarf.[530] Der hier der Natur der Sache nach gegebene Sachzwang fordert eine weitere Untersuchung, ob nicht der ärztliche Träger eines freien Berufes ausschließlich zum Zwecke der Weiterbildung ärztlichen Weisungen des Weiterbilders unterstehen darf, über seine fachliche Weisungsunabhängigkeit also zu diesem Zwecke ausnahmsweise doch verfügen kann.

---

527 Vgl. oben S. 56 ff
528 Vgl. §§ 1 Abs.1,2,3,9; 14 Abs.1 MuBO
529 Vgl. dazu oben S. 71 ff
530 Vgl. dazu oben S.96, 100 f m.w.N. in Fn.518

Die hier aufgeworfene Frage einer Ausnahme vom zwingenden Charakter der fachlichen Weisungsunabhängigkeit kann nicht allein mit der Natur der Sache begründet werden, ansonsten würde man sich dem Vorwurf aussetzen, diese juristische Denkform in der von Radbruch[531] gerügten Art und Weise anzuwenden. Vielmehr sind die Gründe und Sachzwänge für eine derartige, vom zuständigen Landesgesetzgeber vorgesehene, auf die Weiterbildung beschränkte, fachliche Weisungsabhängigkeit an Sinn und Zweck der fachlichen Weisungsunabhängigkeit approbierter Ärzte, der zur grundsätzlichen Unabdingbarkeit der fachlichen Weisungsunabhängigkeit geführt hat, zu messen. M.a.W. ist zu klären, ob in der vorliegenden Situation eine teleologische Reduktion des Kernbereichs fachlicher Weisungsunabhängigkeit möglich bzw. geboten ist. An dieser Stelle sei nochmals in Erinnerung gerufen, daß der Grund für den Kernbereich fachlicher Weisungsunabhängigkeit freier Berufe vor allem in ihrer besonderen Sozialrelevanz, in ihrer wichtigen Gemeinschaftsfunktion begründet liegt, deren Förderung und Schutz eine in jeder Richtung Geltung beanspruchende fachliche Weisungsunabhängigkeit zwingend fordert.[532] Auf den ärztlichen Beruf bezogen bedeutet dies, daß der Arzt der Gesundheit des einzelnen Menschen und des gesamten Volkes dient.[533] Der Verwirklichung dieses Leitbildes dient aber auch die ärztliche Weiterbildung als solche, indem sie zu einer Vertiefung der Kenntnisse und Fähigkeiten in der Verhütung, Erkennung und Behandlung von Krankheiten, Körperschäden und Leiden führt.[534] Die besondere Sozialrelevanz ärztlicher Tätigkeit führt demnach einerseits dazu, daß die fachliche Weisungsunab-hängigkeit freier Berufe nicht zur vertraglichen Disposition der Berufsträger steht, andererseits aber dazu, daß von diesem Grundsatz zugunsten der ärztlichen Weiterbildung eine Ausnahme zuzulassen ist. Nach dem Kernargument, welches zu der Beurteilung der fachlichen Weisungsunabhängigkeit als unabdingbare Rechtsfolge des freien Berufes geführt hat, ist es demnach teleologischer Betrachtung folgend nicht unbedingt erforderlich, diese unabdingbare Weisungsunabhängigkeit auch auf den Bereich der ärztlichen Weiterbildung zu erstrecken. Im Bereich der ärztlichen Weiterbildung kann sich der weiterzubildende Arzt aufgrund teleologischer Reduktion des unabdingbaren Kernbereichs fachlicher Weisungsunabhängigkeit vertraglich seiner fachlichen Weisungsunabhängigkeit im erforderlichen Maße begeben, sich also der Weisungsbefugnis des Weiterbilders unterstellen. Für diese Ausnahme spricht neben den angeführten Sachzwängen einer Weiterbildung und dem fehlenden Entgegenstehen der besonderen Sozialrelevanz der Gesundheitspflege, die eine Weiterbildung wesensimmanent fordert, auch der weitere Gesichtspunkt, daß der Bun-

---

[531] *Vgl. oben S.20 f*
[532] *Vgl. dazu näher S.43 ff*
[533] *So auch § 1 Abs.1 BÄO*
[534] *§ 3 Abs.2 MuWBO*

desgesetzgeber mit seiner Bezugnahme auf den Begriff des freien Berufes primär fachfremde, arbeitgeberseitige Weisungen ausschließen wollte[535], im Falle der Weiterbildung aber keine fachfremden, sondern lediglich Weisungen von Berufskollegen, die denselben berufsethischen Pflichten unterliegen und deren fachliche und persönliche Eignung zur Weiterbildung von der Landesärztekammer vor deren Ermächtigung geprüft worden ist[536], erteilt werden.

Zusammenfassend ist zu sagen, daß sich die Zuerkennung von weiterbildungsrechtlichen Weisungsbefugnissen an den Weiterbilder als Beschränkung des freiberuflichen Kernbereichs fachlicher Weisungsunabhängigkeit approbierter Ärzte durch die zum Zwecke der Durchführung der Weiterbildung aus teleologischen Gründen ausnahmsweise zulässige vertragliche Verfügung des Berufsträgers über Teile seiner fachlichen Weisungsunabhängigkeit rechtfertigen läßt. Mit dieser rechtlichen Auflösung wird dem unbestreitbaren Bedürfnis nach Weisungsbefugnissen des Weiterbilders in einer das Gewicht und die Bedeutung des Rechtsbegriffes des freien Berufes mit seiner Rechtsfolge des Kernbereiches fachlicher Weisungsunabhängigkeit berücksichtigenden Weise Rechnung getragen.

(4) Umfang weiterbildungsrechtlicher Weisungsbefugnisse

(a) Personeller Anwendungsbereich

"Die Weisungsbefugnis steht innerhalb der Klinik immer nur dem die Weiterbildung vermittelnden Arzt zu, da nur zwischen diesen beiden Ärzten das Weiterbildungsverhältnis besteht. Andere Ärzte dürfen dem weiterzubildenden Arzt auch dann keine fachlichen Weisungen erteilen, wenn sie selbst die Gebietsbezeichnung besitzen, die der sich weiterbildende Arzt erst noch erwerben möchte oder wenn der Krankenhausträger sie mit Weisungsbefugnis ausgestattet hat."[537] Diese personale Beziehung der am Weiterbildungsverhältnis i.e.S. beteiligten Ärzte kommt auch in der Weiterbildungsordnung zum Ausdruck, die den Weiterbilder verpflichtet, die Weiterbildung eigenpersönlich zu leiten.[538] In diesem Zusammenhang erhält die der Ermächtigung zur Weiterbildung vorausgehende Prüfung der fachlichen und persönlichen Eignung des zur Weiterbildung zu ermächtigenden Arztes eine weitere qualitätssichernde Funktion.

---

535 *Vgl. S. 23 f*
536 *Vgl. § 8 Abs.2 MuWBO*
537 *Nunius, S. 151 f*
538 *Vgl. nur § 8 Abs.5 MuWBO; ebenso Rieger, Rz.1887; Lippert/Kern, Rz.553*

(b) Sachlicher Anwendungsbereich

Von dieser persönlichen Beschränkung der Ausübung der weiterbildungsrechtlichen Weisungsbefugnisse auf den Weiterbilder abgesehen, sind vom Weiterbilder auch inhaltlich-sachliche Grenzen seiner Weisungsbefugnisse zu beachten:

Betrachtet man den Arzt in der Weiterbildung unter diesem Aspekt, so liegen zwei Arbeitsbereiche vor, der Bereich der der Weiterbildung förderlichen und dienenden ärztlichen Tätigkeit, die zu einer Vertiefung der bestehenden Kenntnisse und Fähigkeiten i.S. einer Weiterbildung führt, und der Bereich ärztlicher Tätigkeit, den der Arzt aufgrund seiner mit der Approbation erlangten Kenntnisse und Fähigkeiten bereits ordnungsgemäß eigenverantwortlich durchzuführen in der Lage ist.[539] Da die Begründung des Weiterbildungsverhältnisses i.e.S. die Weisungsbefugnisse erst zur Entstehung bringt, begrenzt es diese zugleich, d.h. die Weiterbildung und deren Zwecke bilden den äußeren Rahmen, innerhalb dessen fachliche Weisungen erteilt werden können.[540] Außerhalb dieses Rahmens, also in dem zweiten oben angesprochenen, mit der Weiterbildung in keinem Sachzusammenhang stehenden Tätigkeitsfeld besteht der Kernbereich fachlicher Weisungsunabhängigkeit fort, sind Verfahrensanweisungen auch vom Weiterbilder grundsätzlich unzulässig. Die Frage, wann fachliche Weisungen an den Arzt in der Weiterbildung im Rahmen der Weiterbildung zulässig, ja geboten und wann diese unzulässig sind, läßt sich nicht positiv im Sinne einer Katalogisierung beantworten, da im Verlauf der Weiterbildung eine unbestimmte Anzahl medizinisch-fachlicher Fallgestaltungen auftreten kann, für die sich auch nach Ansicht des BGH keine generellen Schemata aufstellen lassen.[541]

dd) Konsequenzen für die klinische Praxis

Die Konsequenzen, die sich aus der Rechtsstellung des Arztes in der Weiterbildung ergeben, sind besonders vielschichtig:

(1) Delegation von Aufgaben

Auch auf Ärzte in der Weiterbildung können einzelne Aufgaben zur eigenverantwortlichen Erledigung übertragen werden.[542] Voraussetzung dafür ist aber, daß der Arzt in der

---

[539] *So aus medizinscher Sicht auch Weißauer/Opderbecke, MedR 1993,447(450)*
[540] *So auch Bauer, S.149(164); Nunius, S.152,176 allerdings zu undifferenziert in der Aussage*
[541] *BGH, JZ 1984,327(329)*
[542] *So auch BGH, NJW 1985,2193 f; BGH, JZ 1984,327 ff; RGRK-Nüßgens, § 823 BGB, Anh.II, Rz.221; Bauer, S.149(164); Peter, S. 89 ff; Hoffmann, in: Müller, aaO, S.146*

Weiterbildung bezüglich der konkret in Aussicht genommenen Aufgabe bereits Gebietsarztniveau besitzt, hier also die Weiterbildung keine weiteren Weisungen mehr gebietet, etwa weil die vorzunehmende Maßnahme von einfacherer Art ist und ihre eigenverantwortliche Erledigung von jedem approbierten Arzt erwartet werden kann oder der Arzt in der Weiterbildung die vorgesehene Aufgabe schon ausreichend oft vorgenommen hat, weshalb zu erwarten steht, daß für den Patienten durch die Übertragung der Maßnahme auf den Arzt in der Weiterbildung keine zusätzlichen Risiken entstehen.[543] Innerhalb dieses abgesteckten Rahmens hat der Arzt in der Weiterbildung quasi partielles (oder weiter: sektorales) Gebietsarztniveau, so daß Verfahrensanweisungen unter dem Gesichtspunkt der Weiterbildung nicht mehr erforderlich und daher nicht mehr zu rechtfertigen sind. Die Verantwortung des leitenden Arztes liegt in der besonders sorgfältigen Kontrolle und Überprüfung des Weiterbildungsstandes des in Frage kommenden Arztes, die zur Annahme partiellen oder sektoralen Gebietsarztstandards führt.[544] "Die ausbildenden (besser: weiterbildenden) Ärzte müssen (...), bevor sie dem jungen Arzt die eigenverantwortliche Durchführung der Operation übertragen, vorher nach objektiven Kriterien prüfen (...), daß für den Patienten dadurch kein zusätzliches Risiko entsteht. Immer muß der Standard eines erfahrenen Chirurgen (Arztes) gewährleistet sein."[545] Zu den Aufsichts- und Kontrollpflichten gilt das zum voll weitergebildeten Arzt Ausgeführte entsprechend[546], wobei eine höhere Kontrolldichte angezeigt ist, da das Patientenwohl in diesen Fällen gesteigerte Beratungs- und Eingriffsmöglichkeiten des Weiterbilders verlangt.[547]

(2) Weisungsbefugnisse

(a) Grundsatz

Kann eine Aufgabendelegation zur eigenverantwortlichen Erledigung mangels wenigstens partiellen Gebietsarztniveaus des Arztes in der Weiterbildung in bezug auf die vorgesehene Aufgabe nicht erfolgen und sind daher noch Weisungsbefugnisse zur Weiterbildung erforderlich, so untersteht der Arzt in der Weiterbildung grundsätzlich den Weisungen seines Weiterbilders. Zulässig sind neben Ziel- auch Verfahrensanweisungen.

---

[543] *In diesem Sinne auch Weber-Steinhaus, S.169; Wilhelm, MedR 1983,45(46 ff); Weißauer/Opderbecke, MedR 1993,447 ff; wohl auch die Rechtsprechung des BGH, vgl. Fn.541*
[544] *So auch die BGH-Rechtsprechung, vgl. Steffen, S.56 m.w.N., insbesondere BGH, VersR 1984,60(62); aus medizinscher Sicht ebenso Weißauer/Opderbecke, MedR 1993,447(450)*
[545] *BGH, JZ 1984,328 f*
[546] *Vgl. oben S.88 f*
[547] *Zur Bedeutung des Patientenwohls für die Aufsichts- und Kontrollpflichten vgl. auch Giesen, JZ 1984, 331 f (Anm. zu BGH, JZ 1984,327 ff) und Peter,S.90 ff*

(b) Entwicklungsphasen des weiterzubildenden Arztes

Hat der einzelne Arzt in der Weiterbildung hinsichtlich der anstehenden, ihm vom Weiterbilder zugedachten Aufgabe noch keinen sog. partiellen Gebietsarztstandard, sei es, weil die Aufgabe zu kompliziert ist oder weil er noch keine ausreichende Erfahrung in ihrer Ausführung sammeln konnte, so greifen - wie schon vorausgeschickt - die Weisungsbefugnisse des Weiterbilders zum Zwecke der Weiterbildung ein. D.h. der Weiterbilder kann dem Arzt umfassend in bezug auf Ziel und Verfahren Weisungen erteilen.[548] Sobald jedoch Weisungen nicht mehr aus Gründen der Weiterbildung notwendig sind, beginnt der Kernbereich fachlicher Weisungsunabhängigkeit des Arztes in der Weiterbildung Geltung zu beanspruchen, da dieser durch die vertraglich zum Zwecke der Weiterbildung eingeräumte, weiterbildungsrechtliche Weisungsbefugnis nur insoweit überlagert wird, als die Weisung auf objektivierbaren Gründen der Weiterbildung beruht. Wenn der Arzt in der Weiterbildung seine "ersten Schritte", z.B. eine sog. "Anfängeroperation", bereits einige Male erfolgreich durchgeführt hat, werden einerseits genaue Verfahrensanweisungen nicht mehr nötig sein, ohne daß andererseits schon von partiellem Gebietsarztniveau gesprochen werden könnte. Diese Entwicklungsphase vom vollumfänglich weisungsgebundenen hin zum fachlich partiell weisungsunabhängigen Arzt in der Weiterbildung wird vom BGH als einer allgemeinen Reglementierung durch generelle Verhaltensregeln nicht zugänglicher Bereich ärztlicher Weiterbildung bezeichnet.[549]

Der BGH[550] hat für den Teilbereich der sog. "Anfängeroperation" folgendes System von Sorgfaltspflichten aufgestellt, um den Arzt in der Weiterbildung an die Eigenverantwortlichkeit heranzuführen:

1. Beobachtung und Erläuterung
2. Einsatz als 2., dann als 1. Assistent
3. Einsatz als Operateur, wobei ein erfahrener Gebietsarzt assistiert
4. Einsatz als Operateur, eigenverantwortlich, ohne auf das überlegene Fachwissen des assistierenden Arztes zurückgreifen zu müssen.[551]

---

548 *So auch Nunius, S.152 f*
549 *Vgl. Fn.541*
550 *Vgl. die Nachweise zur BGH-Rechtsprechung bei Steffen, S.55 ff*
551 *Nach Jansen, AuK 1989,51(53)*

"Der BGH hat hier also sicherlich eine sowohl den Belangen des Patienten als auch denen ärztlicher Fortbildung (besser: Weiterbildung) hinreichend Rechnung tragende Entscheidung getroffen."[552] Er stellt den Grundsatz auf, daß mit wachsendem Kenntnis- und Ausbildungsstand die Sorgfaltspflichten des Aus- bzw. Weiterbilders abnehmen und die fachliche Eigenverantwortung des Aus- bzw. Weiterzubildenden entsprechend zunimmt. Für den Umfang der Weisungspflichten und -rechte des Weiterbilders bedeutet das, daß diese sich am Weiterbildungsstand des Arztes in der Weiterbildung zu orientieren haben. M.a.W. je mehr die Weiterbildung im Einzelfall gediehen ist, also die theoretischen Kentnisse und die praktischen Fertigkeiten angestiegen sind, desto geringer werden die weiterbildungsrechtlichen Weisungsrechte, und um so größer wird der eigenverantwortliche ärztliche Entscheidungsfreiraum des weiterzubildenden Arztes.

Da aber nicht jede ärztliche Behandlungsmaßnahme eine Operation ist, noch stets Assistenten von Nöten sind, vielmehr Ärzte Maßnahmen verschiedener Art oftmals allein auszuführen haben[553], bedarf das vom BGH zur "Anfängeroperation" entwickelte System einer generalisierenden Modifikation, um eine allgemeingültige, wenn auch der Vielfalt ärztlicher Tätigkeit wegen nur sehr grobe Grundlage für den Einsatz von Ärzten in der Weiterbildung zu erhalten.

Generell kann festgestellt werden, daß der Arzt in der Weiterbildung jeweils schrittweise an die neuen Aufgaben heranzuführen ist. Praktisch bedeutet dies, daß die Kenntnisse und Fertigkeiten des Arztes in der Weiterbildung zunächst vom bloßen Beobachten und Erläutern von Maßnahmen, über das Einüben von Teilvorgängen unter Anleitung und Aufsicht und die Übernahme von einzelnen, später mehreren Teilvorgängen bis hin zur Durchführung der gesamten Maßnahme zu entwickeln sind. Rechtlich besehen, besteht eine dem fachlichen Entwicklungsstand des weiterzubildenden Arztes angepaßte, tendenziell abnehmende Weisungsbefugnis des Weiterbilders, aber auch eine mit dieser korrespondierende, tendenziell steigende, fachliche Eigenverantwortlichkeit und Weisungsunabhängigkeit des sich weiterbildenden Arztes. Dieses Grundschema, die Beziehung von Weiterbildungsstand und Umfang der Weisungsbefugnisse, deren Abnehmen bei entsprechendem Fortschritt des Weiterbildungsstandes, ist nun allerdings noch - und das macht die Angelegenheit komplex - in Beziehung zu setzen mit dem Schwierigkeitsgrad[554] der jeweils anstehenden medizinischen Aufgabe. D.h. der Weiterbildungsstand des Arztes in der

---

552   *Jansen, AuK 1989,51(53); ähnlich auch Deutsch, NJW 1984,650; zur divergierenden OLG-Rechtsprechung vor der BGH-Entscheidung siehe Andreas, ArztR 1982,322 ff*
553   *So aus medizinischer Sicht Weißauer/Opderbecke, MedR 1993,447(450f)*
554   *Teilweise wird in diesem Zusammenhang auch von "Komplikationsdichte" oder "-rate" gesprochen, vgl. etwa BGH, JZ 1984,327(329)*

Weiterbildung ist nicht allgemein, etwa rein zeitlich zu beurteilen, sondern in bezug auf jede einzelne, bevorstehende ärztliche Maßnahme von neuem zu bestimmen. Denn auch ein sich am Ende seiner Weiterbildungszeit befindlicher Arzt kann sehr wohl, trotz seiner fast beendeten Weiterbildung, noch auf die erste Stufe der völligen Weisungsgebundenheit zurückfallen, wenn er z.B. gegen Ende seiner Weiterbildungszeit an schwierigste Aufgaben neu herangeführt wird.[555] Anschaulicher läßt sich die Weiterbildung als ein stetes Auf und Ab im Sinne einer, am Schwierigkeitsgrad der Aufgaben angelehnten, Zu- und Abnahme weiterbildungsrechtlicher Weisungsbefugnisse begreifen.[556]

(3) Zusammenfassung: Viertes Ergebnis

Zusammenfassend läßt sich sagen, daß der Chefarzt beim Einsatz seiner Ärzte in der Weiterbildung den Schwierigkeitsgrad der anstehenden Aufgabe in Relation zu setzen hat zum Weiterbildungsstand des damit zu betrauenden Arztes. Je schwieriger die Aufgabe, je unerfahrener der Arzt, desto umfangreicher sind die Weisungsrechte und auch -pflichten des Weiterbilders und umgekehrt. Immer muß der Standard eines erfahrenen Gebietsarztes gewährleistet sein.[557] Dabei hat der Arzt in der Weiterbildung einen Anspruch aus dem Weiterbildungsverhältnis i.e.S. gegen den Weiterbilder, in angemessenem Umfang mit Aufgaben betraut zu werden, die die ärztliche Weiterbildung fördern. D.h. in einem Umfange, der es dem Arzt in der Weiterbildung bei regelmäßigem Verlauf der Weiterbildung ermöglicht, alle Voraussetzungen, die zur Anerkennung einer Gebietsbezeichnung erforderlich sind, innerhalb der Regelweiterbildungszeit zu erreichen. Der Weiterbilder (Chefarzt) muß den Umfang seiner Weisungsbefugnisse dem Ausbildungs- und Kenntnisstand seiner sich in der Weiterbildung befindenden Ärzte anpassen, also keinen unangemessen großen Freiraum gewähren, da ansonsten u.U. eine Haftung aus eigenem Organisationsverschulden drohen kann und keinen zu geringen Freiraum, um weder den freiberuflichen Rechtsstatus des Arztes in der Weiterbildung, noch Pflichten aus dem Weiterbildungsverhältnis i.e.S. zu verletzen.

---

555 *So auch Weißauer/Opderbecke, MedR 1993,447(450)*
556 *Ebenso OLG Zweibrücken, OLGZ 1988,470(476); in diese Richtung ist wohl auch die Entscheidung des OLG Koblenz, MedR 1991,35 ff zu verstehen: "Ob auch an den sich in der Ausbildung befindenden Arzt gewisse Qualifikationsanforderungen zu stellen sind, wenn er unter Aufsicht eines qualifizierten Facharztes operiert, ist bisher in der Rechtsprechung nicht erörtert. Der Senat sieht es als erforderlich an, daß auch an diesen Arzt gewisse Qualifikationsanforderungen zu stellen sind. Ein "anfängerbedingter" Fehler kann nämlich, auch wenn er von dem assistierenden Facharzt sofort erkannt wird, mit erheblichen Folgen verbunden sein. Daher ist der sich in der Ausbildung befindende Arzt schrittweise an die Operationen verschiedener Schwierigkeitsgrade heranzuführen. Operationen höherer Schwierigkeitsstufen dürfen ihm auch unter Kontrolle erst übertragen werden, wenn er einfachere und harmlosere Operationen erfolgreich durchgeführt hat..."*
557 *So die st. BGH-Rechtsprechung, vgl. etwa BGH, JZ 1984,327 ff*

3. Das Direktionsrecht gegenüber Ärzten im Praktikum

a) Vorbemerkung

Der Arzt im Praktikum befindet sich im Gegensatz zum Arzt in der Weiterbildung noch in der ärztlichen Ausbildung[558]:

"Wer das Medizinstudium durch Bestehen des Dritten Abschnittes der Ärztlichen Prüfung nach dem 30.6.1988 erfolgreich abgeschlossen hat, muß danach als weiteren Teil der ärztlichen Ausbildung gemäß § 3 Abs. I Nr.5 Bundesärzteordnung - BÄO - eine Tätigkeit als Arzt im Praktikum - AiP - absolvieren."[559] "Durch die Tätigkeit als Arzt im Praktikum haben alle jungen Ärzte und Ärztinnen die Möglichkeit, im Rahmen ihrer Ausbildung durch Sammlung ärztlicher Erfahrung ihre praktische Qualifikation zu verbessern und die für die eigenverantwortliche und selbständige Berufsausübung notwendige Befähigung zu erwerben."[560]

Die Einführung des AiP soll eine bessere praktische Qualifikation der Ärzte fördern[561], hat aber erhebliche Diskussionen darüber ausgelöst, wie der AiP einsetzbar ist.[562]

b) Arzt im Praktikum und "freier Beruf"

Der Arzt im Praktikum erlangt seine uneingeschränkte Approbation als Arzt erst nach Beendigung der AiP-Zeit[563]; zu Beginn des Praktikums erhält er bereits eine Erlaubnis zur vorübergehenden Ausübung des ärztlichen Berufes nach § 10 Abs.4 BÄO, wonach ihm gemäß § 10 Abs.6 BÄO "im übrigen" die Rechte und Pflichten eines Arztes zukommen. Fraglich ist daher, ob dem Arzt im Praktikum bereits der ärztliche Freiraum fachlicher Weisungsunabhängigkeit, der sich aus dem freien Beruf ergibt, zusteht.

Dies ist im Ergebnis zu verneinen und ergibt sich unmittelbar aus § 10 Abs.4,6, § 3 Abs.1 Nr.5 BÄO i.V.m. § 34 a und b AppOÄ. Nach § 10 Abs.6, Satz 1 BÄO ist die Erlaubnis i.S. von § 10 BÄO, die einem Arzt im Praktikum zur Fortsetzung seiner ärztlichen Ausbildung erteilt wird, erstens zeitlich und zweitens inhaltlich auf die Tätigkeit als Arzt im Praktikum beschränkt, so daß der Inhalt dieser Erlaubnis durch die §§ 34 a und b AppOÄ

---

[558] Gemäß § 3 Abs.1 Nr.5 BÄO und § 1 Abs.1 Nr.2 AppOÄ stellt der AiP einen Teil der ärztlichen Ausbildung dar; vgl. auch Narr, 1, Rz.52
[559] Baur, MedR 1989,111
[560] Lehr, AuK 1989,258; ähnlich § 34 b AppOÄ
[561] Begründung des Gesetzentwurfes zur Änderung der BÄO, BT-Drs. X, 1963, S.1
[562] Vgl. zur regen Diskussion: Baur, MedR 1989,111 ff; ders., AuK 1990,68 f; Rieger, DMW 1988,1204 ff; Lehr, AuK 1989,258 f; Laufs, NJW 1989,1521(1526 f); kritisch zum AiP allgemein: Opderbecke/Weißauer, KH 1986,231 ff
[563] Vgl. § 1 Abs.1 Nr.2 AppOÄ; Narr, 1, Rz.52

näher bestimmt und eingeengt wird. Der AiP hat lediglich "im übrigen", abgesehen von diesen Einschränkungen, die allerdings gerade die ärztliche Handlungsfreiheit betreffen ("unter Aufsicht"), die Rechte und Pflichten eines Arztes.[564] Demzufolge ist der Arzt im Praktikum noch nicht Träger eines freien Berufes i.S. von § 1 Abs.1 BÄO, wird dies vielmehr erst durch die Erlangung der uneingeschränkten Approbation.[565] Daraus folgt für diese Untersuchung zunächst, daß dem Arzt im Praktikum aufgrund seiner fehlenden Freiberuflichkeit im berufsrechtlichen Sinne ein Kernbereich medizinisch-fachlicher Weisungsunabhängigkeit nicht zukommt.[566]

c) Der Ausbildungsvertrag

Zwischen dem Arzt im Praktikum und dem Träger der Ausbildung soll ein Ausbildungsvertrag geschlossen werden.[567] Inhalt (und Ziel) dieses Ausbildungsvertrages ist nach der Bestimmung des § 34 b AppOÄ, daß der AiP "im Hinblick auf das in Satz 5 genannte Ausbildungsziel unter Aufsicht von Ärzten, (...), ärztlich tätig (wird). Er soll nach Beendigung der Tätigkeit als Arzt im Praktikum in der Lage sein, den ärztlichen Beruf eigenverantwortlich und selbständig auszuüben; Art und Umfang der Aufsicht sollen dem entsprechen."[568] Der AiP hat demnach aus dem Ausbildungsvertrag i.V.m. § 34 b AppOÄ einen vertraglichen Anspruch darauf, mit zunehmender Dauer seiner Ausbildung näher an das Ziel der Ausbildung, die eigenverantwortliche und selbständige Berufsausübung, herangeführt zu werden. "Der ausbildende Arzt braucht also nicht von Anfang bis Ende des Praktikums bei allen Tätigkeiten des noch nicht approbierten Kollegen ständig anwesend zu sein. Freilich bleibt der Ausbildende dafür verantwortlich, daß der Arzt im Praktikum nur solche Aufgaben übertragen erhält, denen er gewachsen ist. Der ausbildende Arzt muß sich über den Ausbildungsstand anfangs ständig, bei fortschreitenden Erfahrungen und Kenntnissen und erwiesener Zuverlässigkeit durch Stichproben vergewissern. Je weiter der Arzt im Praktikum in die volle berufliche Eigenverantwortlichkeit hineinwächst, desto mehr Gewicht verliert die Aufsichtspflicht des Ausbilders."[569]

---

564 *A.A. und ungeachtet der gesetzgeberischen Einschränkung in § 10 Abs.6 BÄO für eine inhaltlich unbeschränkte Erlaubnis: Narr, I, Rz.52, S.88.20 f*
565 *So auch Baur, MedR 1989,111(112); im übrigen ergibt sich dies zudem aus der zeitlichen Beschränkung der Erlaubnis, die die Ausübung eines freien Berufes auf Dauer nicht ermöglicht*
566 *So insbesondere Fleischmann, S.57*
567 *§ 2 TV zur Regelung der Rechtsverhältnisse der Ärzte/Ärztinnen im Praktikum vom 10.4.1987, abgedr. bei Narr, I, Rz.52, S.88.6 ff; nach Baur, MedR 1989,111(114), Rieger, DMW 1988, 1204(1205) handelt es sich um einen Ausbildungsvertrag nach § 19 BBiG, a.A. st. Rspr. des BAG, zuletzt BAG, NJW 1994, 815 f*
568 *Neufassung des § 34 b AppOÄ, in Kraft getreten am 1.1.1990, abgedr. und erläutert bei Baur, AuK 1990,68 f; siehe dazu auch die Begründung des Gesetzentwurfes der BReg., BT-Drs. X, 1963, S.1, 7 f*
569 *Laufs, in Laufs/Uhlenbruck, § 101, Rz.19; in diesem Sinne auch Baur, MedR 1989,111(116); ebenso Rieger, DMW 1988,1204(1206); unzutreffend insoweit Fleischmann, S.57*

Je weiter er in die eigenverantwortliche Selbständigkeit mittels steigender Kenntnisse und Erfahrungen hineinwächst, desto geringer werden die Anforderungen an seine Beaufsichtigung. Jedenfalls bedarf der AiP "...keiner ständigen, unmittelbaren Beaufsichtigung durch einen approbierten Arzt. Er darf vielmehr alle ärztlichen Verrichtungen ausführen, zu denen er aufgrund seines Kenntnisstandes und der sich steigernden Fähigkeiten im Verlauf seiner Tätigkeit in der Lage ist."[570]

d) Konsequenzen für die klinische Praxis

Für den Arzt im Praktikum gelten daher ähnliche Grundsätze, wie sie oben für den Arzt in der Weiterbildung entwickelt wurden[571], sie unterscheiden sich von denjenigen für Ärzte in der Weiterbildung aber insbesondere durch den geringeren Schwierigkeitsgrad der Aufgaben, mit denen Ärzte im Praktikum befaßt zu werden pflegen. Wie Narr[572] von "inhaltlicher Gleichwertigkeit mit der Weiterbildungszeit" zu sprechen, ist daher verfehlt. Darauf, daß der AiP "in gleicher Weise einsetzbar ist, wie die nach bisherigem Recht nach 6-jähr. Medizinstudium approbierten Berufsanfänger"[573], hat die ehemalige Bundesgesundheitsministerin Lehr ebenfalls hingewiesen. Der Anspruch des Arztes im Praktikum auf zunehmende Eigenverantwortlichkeit ergibt sich unmittelbar aus dem Ausbildungsvertrag. Dies steht im Gegensatz zum Arzt in der Weiterbildung, bei dem der auf seiner Rechtsstellung als Träger eines freien Berufes beruhende Kernbereich fachlicher Weisungsunabhängigkeit außerhalb der durch Gründe der Weiterbildung zwingend bestehenden Weisungsgebundenheit sowie sein Anspruch auf eine die Weiterbildung fördernde Beschäftigung[574] die entsprechenden Freiräume ärztlichen Handelns schaffen. Die Anwendung ähnlicher Einsatzgrundsätze für Ärzte im Praktikum und Ärzte in der Weiterbildung darf aber nicht mit einer Gleichstellung dieser beiden Ärztegruppen verwechselt werden.[575] Der Arzt in der Weiterbildung ist als voll ausgebildeter und approbierter Arzt Träger eines freien Berufes. Seine fachliche Weisungsunabhängigkeit ist demzufolge ungleich größer, insbesondere von anderer, höherwertiger Qualität. Der Unterschied zum AiP liegt, trotz ähnlicher Einsatzgrundsätze beider Ärztegruppen, vor allem im höheren Schwierigkeitsgrad der Aufgaben, mit denen Ärzte in der Weiterbildung im

---

570　*Narr, I, Rz.52; ebenso Rieger, DMW 1988,1204(1206); Peter, S. 99 ff; ähnlich auch die durch das Ministerium für Arbeit, Gesundheit und Soziales des Landes Nordrhein-Westfalen am 28.8.1987 vorgelegte Berufsfelddefinition des AiP, zitiert nach Rieger, aaO, Fn.12*
571　*Vgl. dazu oben S.106 ff*
572　*Narr, I, Rz.52; zu Recht a.A. Franzki, AuK 1988,82 f; Rieger, DMW 1988,1204*
573　*Lehr, Auk 1989,258(259); ebenso Peter, S.100*
574　*Vgl. oben S.94 f.m.w.N.*
575　*So aber wohl Narr, I, Rz.52*

Gegensatz zu Ärzten im Praktikum betraut werden.[576] Die gleiche Vorstellung spiegelt sich auch im Gesetzgebungsverfahren wider, wenn in der Begründung des Gesetzentwurfes zur Änderung der BÄO ausgeführt wird, daß der AiP auf "einer unteren Stufe innerhalb der ärztlichen Hierarchie seinem Ausbildungsstand gemäß tätig werden kann."[577] Mit diesen zunächst auf den unteren Bereich ärztlichen Leistungsniveaus begrenzten Einsatzmöglichkeiten des Arztes im Praktikum korrespondieren im Vergleich zum Einsatz von Ärzten in der Weiterbildung verschärfte Aufsicht- und Kontrollpflichten des Ausbilders.[578]

e) Zusammenfassung: Fünftes Ergebnis

Für den Einsatz von Ärzten im Praktikum gelten die gleichen abstrakten Grundsätze, wie für ihre Kollegen in der Weiterbildung. Aufgrund ihrer zumindest regelmäßig geringeren Erfahrungen, Kenntnisse und Fertigkeiten bewegt sich ihr Einsatz und Aufgabengebiet im Vergleich zu den Ärzten in der Weiterbildung jedoch auf niedrigerem ärztlichen Niveau und unterliegt gesteigerter Aufsicht und Kontrolle.

---

576 *Davon geht auch Rieger, DMW 1988,1204(1206) aus, wenn er den Unterschied von AiP und AiW hervorhebt.*
577 *Vgl. die Begründung des Gesetzentwurfes zur Änderung der BÄO, BT-Drs.X, 1963, S.8*
578 *Ebenso Laufs, in: Laufs/Uhlenbruck, § 101, Rz.19*

C. INTERDEPENDENZEN ZWISCHEN WEISUNGS- UND HAFTUNGS-SYSTEM IM KRANKENHAUS

I. Einführung

Das Arzthaftungsrecht hat sich in Deutschland rasant entwickelt[578], es ist aber nach wie vor - trotz verschiedener Reformüberlegungen[579] - kein eigenständiges Haftungsgebiet, sondern folgt den allgemeinen Grundsätzen des Vertrags- und Deliktsrechts des BGB[580]. Allerdings hat die höchstrichterliche Rechtsprechung ein "ausdifferenziertes materiell- und verfahrensrechtliches System"[581] entwickelt, um den gegebenen Besonderheiten gerecht werden zu können.[582] Durch den EG - Richtlinienvorschlag zur Dienstleistungshaftung in Europa[583], der im wesentlichen eine Beweislastumkehr für das Verschulden vorsieht, hat die Entwicklung im Arzthaftpflichtrecht weitere Dynamik erhalten.[584] In letzter Zeit kam ein weiterer Faktor hinzu, die legislativen Maßnahmen zur Kostensenkung im Gesundheitswesen. Eingangs dieser Untersuchung wurde bereits auf die Kostenexplosion im deutschen Gesundheitswesen und deren Bedeutung für die Struktur des Krankenhauswesens hingewiesen.[585] Durch das Gesundheitsstruktur-Gesetz vom 21.12.1992 soll dieser Kostenexplosion spürbar entgegengewirkt werden, Wirtschaftlichkeitsgebote gewinnen an Bedeutung. Angesichts weiterer Fortschritte der Medizin, höherer Lebenserwartung und knapper werdender personeller und finanzieller Ressourcen entstehen neue Spannungsfelder zwischen optimaler Krankenversorgung und Budgetvorgaben. Fuchs[586] erhebt in diesem Zusammenhang die berechtigte Frage, ob gesetzliche Haftpflichtregeln und Wirtschaftlichkeitsgebote im Einklang stehen, wenn nur noch die unter Beachtung des Finanzbudgets bestmögliche Versorgung stattfindet.

---

578 Vgl. RGRK-Nüßgens, § 823 BGB, Anh.II, Rz.40; Laufs, FS.f.Weitnauer, S.363(372); Ehlers, in: Ehlers/Broglie, S. 3 f
579 Vgl. etwa zu einer Art Patientenversicherung nach schwedischem Muster: Weyers, Verhandlungen des 52. Deutschen Juristentages, Bd.I, Teil A, S.74 ff und Dinslage, VersR 1981,310 ff; siehe aber auch Deutsch/Geiger, in: Gutachten und Vorschläge zur Überarbeitung des Schuldrechts, Bd.II
580 Heilmann, NJW 1990,1513; Laufs, NJW 1981,1289(1290)
581 Heilmann, NJW 1990,1513(1514)
582 Weber-Steinhaus spricht daher bereits von der "Ärztlichen Berufshaftung als Sonderdeliktsrecht", Medizin in Ethik und Recht, Bd.21; vgl. auch MüKo-Mertens, § 823 BGB, Rz.358 ff; zur Entwicklung der Diskussion die Berufshaftung vgl. Schiemann, FS. f. Gernhuber, S. 387 ff
583 ABlEG C 12 vom 18.01.1991, S.8 ff; vgl. dazu auch Deutsch, in: Deutsch/Taupitz, Haftung der Dienstleistungsberufe, S.275 ff
584 Der Richtlinienvorschlag ist aber zumindest für die nächste Zeit gescheitert
585 Vgl. unten S.4
586 Fuchs, MedR 1993, 323(327); ähnlich Laufs, NJW 1993,1497 ff

Gleichzeitig verstärkt sich allerdings auch eine kritische Diskussion über die Folgen dieser zunehmenden Verrechtlichung der Medizin. Vor allem die durch die steigende Verrechtlichung geförderte Tendenz zur sog. Defensivmedizin wird warnend hervorgehoben. Insoweit sollten Gesetzgeber und Rechtsprechung die Anforderungen an die Sorgfaltspflichten des Arztes nicht derart überspannen, daß die Schwelle zur Defensivmedizin überschritten wird.[587]

Als Abschluß der vorliegenden Untersuchung über die Weisungsverhältnisse innerhalb des ärztlichen Dienstes soll nun noch die Kompatibilität des hier entwickelten Systems der Weisungsverhältnisse mit den Grundsätzen des Arzthaftungsrechts sowohl bei stationärer als auch ambulanter Krankenhausbehandlung überprüft werden. Dazu soll nicht das gesamte Arzthaftungsrecht dargestellt werden, bei welchem das kaum noch faßbare Material an Judikaten und rechtswissenschaftlichen Beiträgen unaufhaltsam weiter anschwillt[588]. Vielmehr wird anhand eines Überblicks über die Haftungssystematik[589] aufzuzeigen sein, daß sich die vorliegenden Ergebnisse im Rahmen des geltenden Haftungsrechts bewegen.

II. Vertragskonstellationen bei der Krankenhausaufnahme

"Ärztliche Heilbehandlung wird regelmäßig auf Grund eines medizinischen Behandlungsvertrages, d.h. eines privatrechtlichen Vertrages mit dem Patienten, erbracht. Er besteht entweder als Arztvertrag mit einem frei praktizierenden Arzt (...) oder als Vertrag zu einem Krankenhausträger, der bei stationärer Behandlung ein Krankenhausaufnahmevertrag ist."[590] Bei der an Bedeutung gewinnenden ambulanten Krankenhausbehandlung kommt der Behandlungsvertrag, je nach dem, ob die Ambulanz vom Krankenhausträger selbst (sog. Institutsambulanz) oder von einem leitenden Krankenhausarzt (sog. Chefarztambulanz) betrieben wird, entweder mit dem Krankenhausträger oder mit dem die Ambulanz leitenden Krankenhausarzt zustande. Vertragspartner sämtlicher Arten von Behandlungsverträgen kann sowohl ein Privat- als auch ein Kassenpatient sein. Der Privatpatient tritt direkt in unmittelbare vertragliche Beziehungen zum Krankenhausträger

---

587 Zur Problematik der Defensivmedizin vgl. etwa BVerfG, NJW 1979, 1925(1930), Ulsenheimer, MedR 1992,127 ff
588 Laufs, NJW 1993,,1497 ff(1503)
589 Dazu generell: Büsken, Haftungssystem, Freistellung und Regreß beim Krankenhausträger und angestelltem Arzt; Park, Das System des Arzthaftungsrechts
590 Richardi, in: Münch.Hdb.f.AR, Bd.2, § 196, Rz.4

und ggfs. auch zu dem behandelnden Arzt. Die vertragliche Haftung ist insoweit unproblematisch. Differenzierter sind die Vertragsbeziehungen des Kassenpatienten zu betrachten. Hier nimmt eine verbreitete, wohl noch als herrschend zu bezeichnende Auffassung einen Vertrag zwischen Krankenkasse und Krankenhausträger und/oder behandelndem Arzt zugunsten des Kassenpatienten (§ 328 BGB) an, welcher dem Patienten einen unmittelbaren Anspruch gegen seinen Vertragspartner auf sachgemäße Behandlung einräumt.[591] Demgegenüber tendiert die neuere Rechtsprechung des BGH dahin, auch bei Kassenpatienten unmittelbare Vertragsbeziehungen zwischen Patient und Behandlungsträger anzunehmen.[592] Für die an dieser Stelle allein interessierenden Haftungsfragen bleibt aber festzuhalten, daß die bestehenden Vertragsverhältnisse trotz der zum Teil erheblichen Einbindung in öffentlich-rechtliche Beziehungen (Krankenkasse / Kassenarzt / Kassenärztliche Vereinigung) stets privatrechtlicher Natur sind, wie § 76 Abs.4 SGB V ausdrücklich festlegt.[593] Hinsichtlich der Haftung sind daher Privat- und Kassenpatient gleich zu behandeln. In der Vergangenheit haben sich drei Typen von Krankenhausaufnahmeverträgen herausgebildet, der totale Krankenhausaufnahmevertrag, der gespaltene Arzt-Krankenhaus-Vertrag und der totale Krankenhausaufnahmevertrag mit Arztzusatzvertrag. Da der jeweils gewählte Vertragstyp Auswirkungen auf die Haftungssystematik hat, werden diese drei Vertragstypen vorab kurz dargestellt:

1. Stationäre Krankenhausbehandlung

a) Der totale Krankenhausaufnahmevertrag

Dieser Vertragstypus bildet seit dem Inkrafttreten des Krankenhausfinanzierungsgesetzes[594] und der Bundespflegesatzverordnung[595] den Regelfall der vertraglichen Beziehungen zwischen Patient und Krankenhausträger.[596] Leitidee dieser Vertragsform ist die Konzentration der vertraglichen Haftung beim Krankenhausträger. Der Krankenhausträger

---

591 Vgl. Park, S. 21 ff m.w.N.
592 Vgl. BGH, NJW 1992,2962 f m.w.N.; Deutsch, S.27 f
593 So etwa auch Broglie, in: Ehlers/Broglie, S.174
594 KHG vom 28.6.1972 idF vom 23.12.1985 (BGBl. I, 1986,33), zuletzt geändert durch das Gesetz vom 10.04.1991 (BGBl. I, 1991,886)
595 BPflVO vom 25.4.1973 idF vom 21.8.1985 (BGBl. I, 1985,1666), zuletzt geändert durch Gesetz vom 21.11.1989 (BGBl. I, 1989,2043)
596 hM, vgl. Steffen, S.6; Staudinger-Richardi, Vorbem.zu § 611 BGB, Rz.1612; Franzki, AuK 1985,168(169); Uhlenbruck, NJW 1973,1399(1401); Genzel, in: Laufs/Uhlenbruck, § 98, Rz.6; RGRK-Nüßgens, § 823 BGB, Anh.II, Rz.25; Laufs, Arztrecht, S.26; Geiß, S.27; Büsken, S.4,26 m.w.N. in Fn.113; Geiger, S.49; Fahrenhorst, MedR 1991, 173(174); a.A. bei Inanspruchnahme von ärztlichen Wahlleistungen: BGH, NJW 1985,2189 ff; BGH, MedR 1993,191 ff

wird alleiniger Vertragspartner des Patienten (bzw. seiner Krankenkasse) und verpflichtet sich zur Erbringung sämtlicher, zur Heilbehandlung notwendiger Leistungen, insbesondere zu Krankenversorgung (Unterbringung, Verpflegung, Pflege und ärztliche Grunddienste) und ärztlicher Behandlung. "Der behandelnde Arzt tritt nicht in vertragliche Beziehung zum Patienten, er ist im Außenverhältnis vielmehr Erfüllungsgehilfe des Krankenhausträgers."[597]

b) Der gespaltene Arzt - Krankenhaus -Vertrag

Beim gespaltenen Arzt - Krankenhaus - Vertrag ist das Leistungspaket des totalen Krankenhausaufnahmevertrages, wie der Name schon signalisiert, aufgespalten. Die vertraglich vorgesehenen Leistungspflichten des Krankenhausträgers beschränken sich auf die Krankenversorgung (Unterbringung, Verpflegung, Pflege, ärztlicher Grunddienst), wogegen sich der ausgewählte Arzt nach § 611 BGB vertraglich verpflichtet, eigenpersönlich die ärztliche Behandlung auszuführen.[598] Dem Patienten stehen somit - idealtypisch betrachtet - zwei Vertragspartner mit unterschiedlichen, sich grundsätzlich nicht überschneidenden, vertraglichen Pflichtenkreisen gegenüber.[599] Diese Vertragsgestaltung ist vorwiegend auf den sog. Belegarzt zugeschnitten. Belegärzte sind niedergelassene, frei praktizierende Ärzte, die nicht beim Krankenhausträger angestellt sind, sondern lediglich auf vertraglicher Basis berechtigt sind, eigene Patienten im Krankenhaus unter Nutzung der sächlichen und personellen Betriebsmittel stationär zu behandeln.[600] Auch bei Inanspruchnahme gesondert berechenbarer ärztlicher Leistungen (Wahlleistungen)[601] selbstliquidationsberechtigter Krankenhausärzte findet der gespaltene Arzt - Krankenhaus-

---

597 *Büsken, S.4; ebenso Staudinger-Richardi, Vorbem.zu § 611 BGB, Rz.1609,1613; Narr, I, Rz.855; Uhlenbruck, in: Laufs/ Uhlenbruck; § 93, Rz.3*
598 *Eine ähnliche Aufteilung der Pflichten ergibt sich aus der st. Rechtsprechung des BGH, vgl. z.B.: VersR 1952,166(167): "...erwartet der Kranke, der bei der Aufnahme in ein Krankenhaus einen selbständigen Vertrag mit dem Krankenhausarzt auf ärztliche Behandlung schließt, daß ihm durch das Krankenhaus alle diejenige erforderliche Heilbehandlung zuteil wird, die nicht durch den behandelnden Arzt selbst, sondern gewöhnlich nur mittels der personellen und sachlichen Einrichtungen eines Krankenhauses gewährt zu werden pflegt, z.B.: Verabfolgung von Medikamenten, Injektionen, Bestrahlungen und vieles mehr...", bestätigt durch BGH, VersR 1957,806(807) mwN; BGH, NJW 1962,1763 f; BGH, VersR 1983,244*
599 *Vgl. BGH, VersR 1957,806(808); so auch Bunte, JZ 1982,279(280); Daniels, NJW 1972,305; Uhlenbruck, NJW 1973,1399(1401); nach BGH vom 22.12.1992 (VI ZR 341/92) ist dies dem Patienten hinreichend zu verdeutlichen, wenn es sich um vorformulierte Vertragsbedingungen handelt, insbesondere die haftungsrechtliche Folge einer fehlenden Haftung des Krankenhausträgers für ärztliche Fehlleistungen (zur Veröffentlichung in BGHZ vorgesehen)*
600 *Zum Belegarzt siehe den Überblick bei Eichholz, AR-Blattei, Arzt I, A II 1; vgl. auch BGH, NJW 1962,1763 f; BGH, NJW 1972,1128 ff; zuletzt Franzki/Hansen, NJW 1990,737 ff; OLG Koblenz, MedR 1990,155 f*
601 *Vgl. § 7 Abs.3 BPflVO; aber auch BGH, NJW 1962,1763; Daniels, NJW 1972,305; RGRK-Nüßgens, § 823 BGB, Anh.II, Rz.28 ff*

Vertrag Anwendung. Schwierigkeiten bereitet hier vor allem die Abgrenzung der Haftungsbereiche von Krankenhausträger und behandelndem Arzt, insbesondere die Zuordnung der Tätigkeit des nachgeordneten ärztlichen Dienstes.[602]

c) Der totale Krankenhausaufnahmevertrag mit Arztzusatzvertrag

Als dritte Variante der Vertragsgestaltung hat sich eine Kombinationsform der beiden vorgenannten Vertragstypen entwickelt, der totale Krankenhausaufnahmevertrag mit Arztzusatzvertrag. Diese vertragliche Gestaltungsform findet heute überwiegend für den Fall der Inanspruchnahme ärztlicher Wahlleistungen Anwendung.[603] Kennzeichnend ist hier, daß der Krankenhausträger wie beim totalen Krankenhausaufnahmevertrag sämtliche Leistungen, die zur Heilbehandlung erforderlich sind, selbst schuldet und der Patient darüberhinaus durch den Arztzusatzvertrag die persönliche Behandlungspflicht des ausgewählten Krankenhausarztes erwirbt und sich ein weiteres Haftungssubjekt verschafft.[604]

2. Ambulante Krankenhausbehandlung

Neben der stationären Krankenhausbehandlung und der ambulanten Behandlung durch niedergelassene Ärzte gewinnt in jüngster Zeit zunehmend die ambulante Behandlung in Krankenhausambulanzen mehr an Gewicht. "Die ambulante Versorgung von Kassenpatienten ist nach geltendem Recht nicht in erster Linie Aufgabe der Krankenhausträger, sondern der zugelassenen Kassenärzte und, wenn sie im Krankenhaus anfällt, der an der kassenärztlichen Versorgung nach § 368 n VIII RVO "beteiligten" Chefärzte. Das Krankenhaus als Institution kann eine ambulante Krankenbehandlung nur übernehmen, wenn es um eine Einweisung zur stationären Behandlung oder um eine Notfallbehandlung geht,

---

602 *Vgl. nur BGH, VersR 1952,166 f; BGH, VersR 1957,806 ff; BGH, VersR 1984,356(358 f); MüKo-Mertens, § 831 BGB, Rz.31; Kleinewefers/Wilts, VersR 1964,201(205); diess., NJW 1965,332(334); Büsken, S.8 ff; Franzki, AuK 1985,168(169); Laufs, Arztrecht, S.27 f; Daniels, NJW 1972,305 ff; RGRK-Nüßgens, § 823 BGB, Anh.II, Rz.30; Geiß, S.30 ff*

603 *So auch Büsken, S.14; Geiger, S.53; BGH, NJW 1985,2189 ff und jüngst BGH, MedR 1993,191 ff betrachtet ihn bei Inanspruchnahme ärztlicher Wahlleistungen als Regelfall; siehe auch die Entscheidung des OLG Köln, NJW 1990,767 ff, nach der die Klausel in den Aufnahmebedingungen eines Krankenhausträgers, welche Schäden von der Haftung des Krankenhausträgers ausnehmen, die durch liquidationsberechtigte Professoren oder deren Beauftragte infolge der persönlichen privaten Behandlung durch diese verursacht werden, gegen das AGB-Gesetz verstoßen; a.A. offenbar Uhlenbruck, in: Laufs/ Uhlenbruck, § 93, Rz.7*

604 *In diesem Sinne auch BGH, NJW 1985,2189(2190); Staudinger-Richardi, Vorbem. zu § 611 BGB, Rz.1611; Richardi, in: MünchArbR, Bd.II, § 196, Rz.32; Steffen, S.7; Franzki/Hansen, NJW 1990,737 (739); Geiß, S.40; kritisch dazu OLG Düsseldorf, VersR 1988,91 f*

für die weder ein Kassenarzt noch ein "beteiligter" Chefarzt zur Verfügung steht, ferner bei einer besonderen ärztlichen Versorgungsleistung aufgrund besonderer Vereinbarung zwischen Kassenärztlicher Vereinigung und Krankenhausträger nach § 368 n VI RVO. Im übrigen soll es nach dem System des Kassenarztrechts im Interesse einer Ausrichtung auf die Person des Kassenarztes bzw. des an der kassenärztlichen Versorgung "beteiligten" Chefarztes keine "Institutionsambulanz" eines Krankenhausträgers geben."[605] Dementsprechend ist auch unter haftungsrechtlichen Gesichtspunkten zwischen zwei Arten von Krankenhausambulanzen zu unterscheiden: Die Chefarztambulanz, die aufgrund einer Nebentätigkeitserlaubnis von einem an der kassenärztlichen Versorgung "beteiligten" selbstliquidierenden Chefarzt bzw. von einem nach § 116 SGB V zur Teilnahme an der kassenärztlichen Versorgung "ermächtigten" Krankenhausarzt betrieben wird einerseits und der Institutionsambulanz, die in Ausnahmefällen vom Krankenhausträger selbst betrieben wird andererseits.[606]

a) Die Chefarztambulanz

Bei der Behandlung in einer Chefarztambulanz treten Kassenpatienten stets und Privatpatienten in aller Regel, es sei denn, es wäre ausdrücklich etwas anderes vereibart worden, nur in vertragliche Beziehungen zu dem die Ambulanz betreibenden Chefarzt.[607] Demzufolge ist auch die vertragliche Haftung auf diesen Chefarzt konzentriert.

b) Die Institutionsambulanz

Bei der Behandlung in einer klinikeigenen Institutionsambulanz, etwa in einem Notfall, bestehen vertragliche Beziehungen in aller Regel nur mit dem Krankenhausträger als Betreiber der Ambulanz[608], es sei denn, der Patient hätte im Einzelfall ergänzend einen Arztzusatzvertrag mit einem Arzt abgeschlossen.

---

605 *BGH, NJW 1989,769(778 f)*
606 *Vgl. dazu Deutsch, S. 28 f; Geiß, S. 22 ff; Uhlenbruck, in: Laufs/Uhlenbruck, § 95*
607 *Allgemeine Meinung, vgl. etwa BGH, NJW 1989, 769(770); Geiß, S. 23; Uhlenbruck, in: Laufs/Uhlenbruck, § 95 m.w.N.*
608 *Allgemeine Meinung, vgl. etwa BGH, NJW 1988, 2298; Deutsch, S. 28 f*

III. Die haftungsrechtliche Bedeutung des Kernbereichs fachlicher Weisungsunabhängigkeit angestellter Krankenhausärzte

Die deutsche Arzthaftung beruht - allgemeinem Haftungsrecht folgend - auf zwei Säulen, der vertraglichen und der deliktsrechtlichen Haftung. Ausgehend von der Vorgabe, den Grundsatz vom Kernbereich fachlicher Weisungsunabhängigkeit ärztlicher Mitarbeiter auf seine Kompatibilität mit der geltenden Haftungssystematik zu untersuchen, ist in der Folge zu überprüfen, ob der bestehende Kernbereich fachlicher Weisungsunabhängigkeit zu Unstimmigkeiten im Haftungsbereich führt.

1. Die vertragliche Haftung für eigenes Verschulden

Durch die in der Praxis Verwendung findenden Vertragsgestaltungen ist bedingt, daß in aller Regel der Krankenhausträger (totaler Krankenhausaufnahmevertrag, totaler Krankenhausaufnahmevertrag mit Arztzusatzvertrag und bei der Behandlung in einer Institutionsambulanz), teils daneben der zusätzlich gemäß § 611 BGB verpflichtete Arzt (totaler Krankenhausaufnahmevertrag mit Arztzusatzvertrag und bei der Behandlung in einer Institutionsambulanz mit Arztzusatzvertrag), teils alternativ entweder der Krankenhausträger oder der allein vertraglich verpflichtete Arzt (beim gespaltenen Krankenhausaufnahmevertrag) und teils nur der vertraglich allein verpflichtete Arzt (Behandlung in einer Chefarztambulanz) dem Patienten vertraglich haften. Gemäß § 276 Abs.1 BGB haben die jeweiligen Vertragspartner des Patienten, also Krankenhausträger und/oder der behandelnde Arzt, als Schuldner Vorsatz und Fahrlässigkeit zu vertreten, mit anderen Worten, sie haften zunächst für eigenes Verschulden.

a) Die Haftung des Krankenhausträgers

Die Eigenhaftung des Krankenhausträgers kann sowohl in Form der sog. Organhaftung[609] als auch in Form eigenen Organisationsverschuldens in Erscheinung treten.

---

[609] *Ganz überwiegend wird die sog. Organhaftung im Schrifttum im Deliktsrecht und nicht im Bereich der vertraglichen Haftung behandelt. Dies beruht auf der Erwägung, daß die Organhaftung im Deliktsrecht zur Begrenzung der Entlastungsmöglichkeiten des Geschäftsherrn im Rahmen des § 831 BGB die wesentlich größere praktische Relevanz aufweist als im Bereich der vertraglichen Haftung, wo der Vertragspartner ohnehin nach § 278 BGB für Verschulden seiner Erfüllungsgehilfen - ohne Entlastungsmöglichkeit - haftet. Dennoch nimmt die herrschende Meinung zu Recht an, daß § 31 BGB auch im Rahmen vertraglicher Beziehungen Anwendung findet (vgl. MüKo-Reuter, § 31 BGB, Rz.18). Seine Begründung findet dies in § 278 Abs.1 Satz 2 BGB i.V.m. § 276 Abs.2 BGB, da eine derartige Befreiungsmöglichkeit von der Haftung in § 31 BGB nicht vorgesehen ist. Da somit der Organhaftung durchaus auch bei der vertraglichen Haftung Bedeutung zukommen kann, wird diese bereits bei der vertraglichen Haftung dargestellt.*

aa) Die Organhaftung

Regelmäßig steht dem Patienten mit dem Krankenhausträger als Vertragspartner und Anspruchsgegner eine juristische Person des privaten oder öffentlichen Rechts gegenüber. Insofern greift die Zurechnungsnorm des § 31 BGB unter Umständen i.V.m § 89 BGB ein, nach der die juristische Person für Schäden haftet, die verfassungsmäßig berufene Vertreter in Ausführung der ihnen obliegenden Verrichtungen durch zum Schadensersatz verpflichtende Handlungen verursacht haben. Es handelt sich hierbei nicht um eine Haftung für fremdes, sondern um eine Haftung für eigenes Verschulden, da die Handlungen der Organe der juristischen Person unmittelbar zuzurechnen sind[610], eine Entlastungsmöglichkeit besteht nicht.[611] Die Rechtsprechung hat diese Vorschrift zunächst auf Ärztliche Direktoren[612], dann weiter auf leitende Chefärzte einer organi-satorisch unselbständigen Klinik und letztlich auch auf leitende Chefärzte einzelner Krankenhausabteilungen[613] angewandt. In diesem Zusammenhang bleibt das Arzthaftpflichtrecht vom Kernbereich fachlicher Weisungsunabhängigkeit unberührt, insbesondere werden nachgeordnete Ärzte allein aufgrund des Kernbereichs medizinisch-fachlicher Weisungsunabhängigkeit nicht zu einem verfassungsmäßig berufenen Vertretern des Krankenhausträgers. Der nachgeornete ärztliche Dienst scheidet als verfassungsmäßig bestellter Vertreter in der Regel aus, es sei denn, die Umstände des Einzelfalles lassen ausnahmsweise auch einen Oberarzt (oder einen Assistenzarzt[614]) als Repräsentanten erscheinen, etwa bei eigenverantwortlicher, weisungsfreier Leitung einer Krankenhausabteilung oder eines Funktionsbereiches.[615]

Eine Organhaftung des Krankenhausträgers bewirkt § 31 BGB aber nur dann, wenn der verfassungsgemäß berufene Vertreter die schädigende Handlung "in Ausführung der dem Organ zustehenden Verrichtung" begangen hat. Im Falle des totalen Krankenhausaufnahmevertrages, des totalen Krankenhausaufnahmevertrages mit Arztzusatzvertrag und der Behandlung in einer Institutionsambulanz handelt der verfassungsgemäß berufene Vertreter stets zumindest auch in Verrichtung seiner ihm gegenüber dem Krankenhausträger obliegenden Verpflichtungen, da der Krankenhausträger vertraglich dem Patienten ge-

---

610 Vgl.Soergel-Hadding, § 31 BGB, Rz.1
611 Zur Haftung nach § 831 BGB für Verrichtungsgehilfen siehe unten S. 131 f
612 BGH, NJW 1972,334 f
613 BGH, NJW 1980,1901 ff; BGH, NJW 1981,632(634)
614 RG, DR 1944,287
615 In diesem Sinne auch MüKo-Mertens, § 823 BGB, Rz.465; Cadmus, S.141; Rieger, Rz.773 m.w.N.; vgl. zur Organstellung eines Belegarztes, der sich als leitender Arzt/Chefarzt einer Abteilung bezeichnet: OLG Koblenz, MedR 1990,155 ff

genüber und der leitende Krankenhausarzt sich arbeitsvertraglich gegenüber dem Krankenhausträger zur Heilbehandlung verpflichtet ist. Umstritten ist dies aber im Fall des gespaltenen Arzt-Krankenhaus-Vertrages. Nach der Rechtsprechung des BGH ist der Chefarzt bei der medizinisch-fachlichen Tätigkeit im Rahmen eines gespaltenen Arzt-Krankenhaus-Vertrages grundsätzlich kein Organ des Krankenhausträgers, da er nicht in dessen, sondern im eigenen Pflichtenkreis tätig wird.[616] Dieser Meinungsstreit kann für die Zwecke dieser Untersuchung dahingestellt bleiben, da der Umfang der Weisungs(un-)abhängigkeit in diesem Zusammenhang nicht relevant wird.

bb) Das Organisationsverschulden

Der Krankenhausträger ist vertraglich gegenüber dem Patienten (sowie gesetzlich gegenüber der Aufsichtsbehörde) verpflichtet, einen ordnungsgemäßen Betrieb des Krankenhauses zu gewährleisten und Schäden von Patienten fernzuhalten. Dabei hat jeder Träger u.a. den Gefahren der horizontalen und der vertikalen Arbeitsteilung durch Organisationsstrukturen Rechnung zu tragen, die dieser Aufgabe gerecht werden.[617] "Je größer die Zahl der an Diagnose und Therapie beteiligten Ärzte, Techniker und Hilfskräfte, je komplizierter und gefährlicher die apparativen und medikamentösen Mittel, je komplexer das arbeitsteilige medizinische Geschehen in einem großen Betrieb, desto mehr Umsicht und Einsatz erfordern die Planung, die Koordination und die Kontrolle der klinischen Abläufe."[618] Der Umfang dieser vertraglichen Nebenpflicht orientiert sich an der vom jeweiligen Krankenhaus zu erfüllenden Aufgabe, die die zweckmäßige Organisation der Klinik vorgibt.

Unter "Organisationsverschulden" ist demnach die sorgfaltspflichtwidrige Existenz von Organisationsmängeln zu verstehen, die den funktionsgerechten Ablauf im Krankenhaus in Form von Schadensfällen zuungunsten der Patienten beeinträchtigen[619], wobei die Rechtsprechung in diesem Bereich als hoch zu qualifizierende Anforderungen an die gebotene Sorgfalt stellt.[620] Als potentielle Quellen möglichen Organisationsverschuldens des Krankenhausträgers sei etwa die organisatorische Sicherstellung der Krankenhaushygiene[621], der Funktionstüchtigkeit der medizinischen Apparaturen[622], der Einhaltung der

---

616	BGH, NJW 1975,1463(1465); ähnlich BGH, NJW 1989,769 ff; a.A. Büsken, S.47 f.
617	Giesen, JURA 1981, 10(12); Laufs, in: Laufs/Uhlenbruck, § 102, Rz.1 ff
618	Laufs, in: Laufs/Uhlenbruck, § 102, Rz.1
619	So BGH, NJW 1986,776 f; RGRK-Nüßgens, § 823 BGB, Anh.II, Rz.210 ff; zur umfangreichen BGH-Rspr. vgl. Büsken, S. 43 m.w.N. in Fn.163-168
620	Vgl. die Nachweise bei Steffen, S.48
621	Vgl. etwa BGH, VersR 1983,735
622	Vgl. S. 2, Fn. 7

Aufklärungspflichten mittels Richtlinien oder sonstigen Anweisungen[623] oder die Verhinderung einer generellen Personalunterversorgung des Krankenhauses genannt.[624] Auch die organisatorische Sicherstellung der permanenten Gewährleistung ärztlicher Versorgung auf Gebietsarztniveau gehört hierher[625], genauso wie die zureichende Überwachung des Chefarztes durch den Krankenhausträger hinsichtlich der ordnungsgemäßen Durchführung der dem Chefarzt obliegenden Organisationsaufgaben innerhalb seiner Abteilung. Denn der Krankenhausträger kann zwar die zuvörderst ihn treffenden Organisationspflichten zur Schaffung eines ordnungsgemäßen Betriebsablaufes der Klinik in den jeweiligen Abteilungen und Funktionsbereichen auf die Chefärzte übertragen; dennoch verbleibt ihm aber eine Überwachungspflicht, die gewährleistet, daß die betrauten Chefärzte ihren Organisationspflichten auch nachkommen. Zu einer Haftung führt derartiges Organisationsverschulden nur dann, wenn der eingetretene Schaden kausal auf das Organisationsverschulden zurückzuführen ist.

Durch den aus der Freiberuflichkeit des ärztlichen Berufes abgeleiteten Kernbereich fachlicher Weisungsunabhängigkeit nachgeordneter Ärzte erhöhen sich - wenn überhaupt - die Anforderungen an die Kontrolldichte der Überwachung durch Chefarzt und Krankenhausträger; dies aber läßt sich zwanglos in die bestehende Haftungssystematik einfügen.

b) Die Haftung des Chefarztes

Der je nach Vertragsgestaltung im Einzelfall für eigenes Verschulden auch vertraglich haftende Chefarzt hat dafür einzustehen, daß ihm keine sog. Behandlungsfehler unterlaufen, d.h. ärztliche Maßnahmen unterbleiben, die nach dem Standard der medizinischen Wissenschaft und Erfahrung die gebotene Sorgfalt vermissen lassen und darum unsachgemäß erscheinen.[626] Die Rechtsprechung erstreckt den Begriff des Behandlungsfehlers über den engen Bereich der eigentlichen ärztlichen Behandlung hinaus auf alle Fehler im gesamten Behandlungsumfeld[627], mithin auf alle Phasen ärztlichen Verhaltens vor, bei oder nach der Behandlung.[628] Aufgrund der schon zuvor allgemein anerkannten, fachlichen Weisungsunabhängigkeit der Chefärzte bleibt die Haftungslage völlig unverändert.

---

623 Vgl. BGH, NJW 1966,1855; KG, VersR 1979,260
624 Weitere Organisationspflichten sind bei Narr, I, Rz.855 aufgeführt
625 BGH, NJW 1992,1560 ff; Geiß, S. 76 m.w.N.; kritisch dazu Opderbecke/Weißauer, MedR 1993,447 ff
626 Laufs, in: Laufs/Uhlenbruck, § 99, Rz.5
627 RGRK-Nüßgens, § 823 BGB, Anh.II, Rz.176
628 So auch Laufs, in: Laufs/Uhlenbruck, § 99, Rz.5 m.w.N.; Ulsenheimer, MedR 1992,127 ff(128) nennt als Hauptgruppen haftungsbegründender Umstände: Behandlungs-, Aufklärungs- und Kooperationsfehler

2. Die vertragliche Haftung für fremdes Verschulden

Auch im Bereich der vertraglichen Haftung für fremdes Verschulden nach § 278 BGB ergeben sich aufgrund der fachlichen Weisungsunabhängigkeit auch der nachgeordneten Ärzte keine Abweichungen vom Regelfall. Die Stellung eines Erfüllungsgehilfen i.S. von § 278 BGB setzt keine Weisungsabhängigkeit voraus[629], denn Erfüllungsgehilfe ist, unabhängig vom Grad der Weisungsgebundenheit, wer nach den tatsächlichen Gegebenheiten des Falles mit dem Willen des Schuldners bei der Erfüllung einer diesem obliegenden Verbindlichkeit als seine Hilfsperson tätig wird.[630] Der Krankenhaus-träger haftet gemäß § 278 BGB beim totalen Krankenhausaufnahmevertrag für alle ärzt-lichen und nichtärztlichen Mitarbeiter, derer er sich zur Erfüllung seiner Vertragspflichten zulässigerweise bedient. Entsprechendes gilt beim totalen Krankenhausaufnahmevertrag mit Arztzusatzvertrag und der Behandlung in einer Institutionsambulanz. Lediglich beim gespaltenen Krankenhausaufnahmevertrag und der Behandlung in einer Chefarztambulanz haftet der Krankenhausträger nicht nach § 278 BGB für den vertraglich gesondert verpflichteten Arzt und die vertraglich nur von diesem geschuldete, ärztliche Behandlung. Bedient sich der beauftragte Arzt im Fall des gespaltenen Arzt-Krankenhaus-Vertrages des nachgeordneten, ärztlichen und nichtärztlichen Dienstes des Krankenhauses, so kommt es bei der Entscheidung der Problematik, wer nach § 278 BGB für ein Verschulden des nachgeordneten Arztes einzustehen hat - Krankenhausträger oder Chefarzt - darauf an, in wessen Pflichtenkreis der nachgeordnete Arzt tätig geworden ist.[631] Im Fall der Behandlung in Chefarztambulanzen hat dagegen stets der die Ambulanz leitende Chefarzt nach § 278 BGB für die von ihm eingesetzten Mitarbeiter zu haften.

Die grundsätzlich vorhandene, fachliche Weisungsunabhängigkeit angestellter Krankenhausärzte hindert nicht deren haftungsrechtliche Klassifizierung als Erfüllungsgehilfen[632], so daß der Kernbereich fachlicher Weisungsunabhängigkeit angestellter Krankenhausärzte eine Abweichung von den haftungsrechtlichen Grundlagen nicht bedingt. Im Bereich der vertraglichen Haftung ergeben sich aus dem Kernbereich medizinisch-fachlicher Weisungsunabhängigkeit nachgeordneter Ärzte keinerlei Modifikationen.

---

629 *So die ganz hM, vgl. etwa BGH, NJW 1983,1374(137); Steffen, S.18; Staudinger-Löwisch, § 278 BGB, Rz.11; im Ergebnis ebenso: Laufs, Arztrecht, S.184*
630 *MüKo-Hanau, § 278 BGB, Rz.12*
631 *Dies kann im Einzelfall zu Abgrenzungsschwierigkeiten führen, vgl. Büsken, S. 8 ff*
632 *Der Krankenhausträger haftet daher stets für alle seine angestellten Ärzte, auch für die Chefärzte, als Erfüllungsgehilfen (vgl. BGH, NJW 1985,2189; Büsken, S.4,15; RGRK-Nüßgens, § 823 BGB, Anh.II, Rz.25; MüKo-Hanau, § 278 BGB, Rz.22) außer im Falle des gespaltenen Arzt-Krankenhaus-Vertrages, bei dem eine Haftung des Krankenhausträgers für eigene Behandlungsfehler des selbstliquidierenden Arztes nicht besteht (vgl. BGH, NJW 1981,2002 ff; Büsken, S.8)*

3. Die deliktsrechtliche Haftung

Neben den Vertragsbeziehungen kann sich eine Haftung des Arztes und/oder des Krankenhausträgers aus dem Deliktsrecht, den §§ 823 ff. BGB, ergeben. Vertragliche und deliktsrechtliche Haftung gelangen nebeneinander zur Anwendung. Generell besteht die allgemeine Rechtspflicht, einen anderen nicht körperlich zu verletzen. Für den Arzt, dessen Tätigkeit unmittelbar oder mittelbar auf die von § 823 Abs. 1 BGB geschützten Rechtsgüter von Leben, körperlicher Unversehrtheit und Gesundheit einwirkt, gilt insoweit kein geringerer, sondern allenfalls ein höherer Maßstab.

a) Die Eigenhaftung des Krankenhausarztes

aa) Grundsatz

Mit der herrschenden Meinung in Rechtsprechung und Literatur[633] ist davon auszugehen, daß jeder ärztliche Heileingriff eine tatbestandsmäßige Körperverletzung i.s. des § 823 Abs.1 BGB darstellt, die lediglich wegen der regelmäßig wirksamen Einwilligung der Patienten nicht rechtswidrig ist.[634] Da der Patient aber nur in eine lege artis ausgeführte Behandlung einwilligt, haftet grundsätzlich jeder an der Behandlung beteiligte Arzt für sein eigenes sorgfaltswidriges Verhalten nach den §§ 823 Abs.1, Abs.2 BGB i.V.m. § 223 StGB.[635]

bb) Sonderfall: Übernahmeverschulden

Die deliktische Verantwortlichkeit des einzelnen Krankenhausarztes kommt bereits vor dem eigentlichen Behandlungsbeginn zum Tragen, da jeder Arzt bei Übernahme einer Behandlung selbständig zu überprüfen hat, ob er die für die beabsichtigte Behandlung erforderlichen theoretischen Kenntnisse und praktischen Fertigkeiten besitzt und ihm das notwendige medizinische Gerät zur Verfügung steht, um die Maßnahme dem aktuellen medizinischen Standard gemäß vornehmen zu können.[636] Dies gilt im besonderen Maße für Ärzte, die sich noch in der Aus- oder Weiterbildung befinden, denn "gerade von einem ärztlichen Berufsanfänger muß erwartet werden, daß er gegenüber seinen Fähigkei-

---

633 Vgl. etwa BGH, NJW 1980,1905; weitere Nachweise bei RGRK-Nüßgens, § 823 BGB, Anh.II, Rz. 64
634 Vgl. MüKo-Mertens, § 823 BGB, Rz.370
635 Vgl. statt vieler: Giesen, S.11; zur Frage eines in Betracht kommenden Freistellungsanspruches des angestellten Arztes gegen den Krankenhausträger vgl. Büsken, S.67 ff.; Heinze, MedR 1983,6 ff.; LAG Hamm, ArztR 1992,43
636 So auch Uhlenbruck, in: Laufs/Uhlenbruck, § 43, Rz.2; RGRK-Nüßgens, § 823 BGB, Anh.II, Rz.192

ten besonders selbstkritisch und sich der unter Umständen lebensbedrohlichen Gefahren für einen Patienten bewußt ist."[637] Die Annahme eines Übernahmeverschuldens ist daher im Einzelfall davon abhängig, "ob der Arzt nach den bei ihm vorauszusetzenden Kenntnissen und Erfahrungen Bedenken gegen die Übernahme der Behandlung hätte haben und eine Gefährdung des Patienten hätte voraussehen müssen."[638] Anläßlich der Problematik der sog. Anfängeroperation hat der BGH ausgeführt:

"Der in der Ausbildung befindliche Arzt ist nicht schon deswegen von jeder haftungsrechtlichen Verantwortung für einen Gesundheitsschaden des von ihm operierten Patienten frei, weil ihn ein weisungsberechtigter Facharzt für die selbständig durchzuführende Operation eingeteilt und ihn vielleicht auch über die Operationstechnik belehrt hat. Auch er hat, wenn er einen Patienten behandelt, ihm gegenüber dieselbe Pflicht wie jeder andere Arzt, mit der gebotenen Sorgfalt vorzugehen. (...) Erkennt er oder hätte er erkennen müssen, daß der Patient, der Anspruch auf den Operationsstandard eines erfahrenen Facharztes hat, bei der von ihm eigenverantwortlich durchgeführten Operation einem höheren Gesundheitsrisiko ausgesetzt ist, darf er nicht gegen sein ärztliches Wissen und gegen bessere Überzeugung handeln und die Anweisungen des übergeordneten Facharztes befolgen. Ihm ist zuzumuten, dagegen Bedenken zu äußern und notfalls eine Operation ohne Aufsicht abzulehnen."[639]

Da in der bisherigen Diskussion um die Weisungsverhältnisse im ärztlichen Bereich eine genauere Aufgliederung in Ziel- und Verfahrensanweisungen noch nicht vorgenommen worden ist, fehlt, soweit ersichtlich, eine solche auch beim Übernahmeverschulden, obwohl diese Unterscheidung auch in diesem Bereich der ärztlichen Hierarchie zur Verdeutlichung der Rechtslage beizutragen vermag:

Das Übernahmeverschulden bezieht sich zunächst auf die Zielanweisungen, d.h. es greift ein bzw. kann nur dann eingreifen, wenn dem nachgeordneten Arzt eine Maßnahme per Zielanweisung zur eigenverantwortlichen Erledigung delegiert werden soll. Gerade in der widerspruchslosen Entgegennahme und/oder Ausführung einer solchen Zielanweisung kann ein Übernahmeverschulden liegen. Komplizierter wird die Angelegenheit, wenn dem nachgeordneten Arzt innerhalb des engen Rahmens der Zulässigkeit (Notfallmedizin / Mitwirkung an einer Maßnahme des Chefarztes) fehlerhafte, nicht dem medizinischen Standard genügende Verfahrensanweisungen erteilt werden. Hat der angewiesene Arzt - mangels Delegation der Aufgabe zur eigenverantwortlichen Erledigung - die Weisung auszuführen oder hat er dennoch die von ihm geforderten ärztlichen Maßnahmen vor ihrer Ausführung eigenständig auf ihre medizinische Vertretbarkeit und Zweckmäßigkeit zu prüfen und Bedenken gegenbenenfalls geltend zu machen? Zu letzterem verpflichtet

---

637 BGH, MedR 1988,249(250)
638 So jüngst der BGH, NJW 1994,3008 f; RGRK-Nüßgens, § 823 BGB, Anh.II, Rz.192
639 BGH, NJW 1984,655(657)

ihn der oben beschriebene Grundsatz der vollen Verantwortlichkeit für eigenes ärztliches Handeln, der seiner Bedeutung entsprechend auch im Berufsrecht Aufnahme gefunden hat.[640]

Dieser Fragenkomplex ist in Rechtsprechung und Literatur umstritten. Im Kern geht es hierbei um den Fahrlässigkeitsbegriff, denn die Arzthaftung ist nach wie vor Verschuldenshaftung und keine Erfolgshaftung. Insbesondere bei der Frage, ob beim Sorgfaltsmaßstab auf den objektiven Maßstab des medizinischen Standards (Gebietsarztniveau)[641] abzustellen ist oder ob und gegebenfalls wann auf die subjektiv-individuellen Möglichkeiten des handelnden Arztes zu rekurrieren ist[642], sind die Ansichten geteilt. Der Begriff der im Verkehr erforderlichen Sorgfalt (§ 276 Abs.1 BGB) ist normativ, objektiv typisierend und sozialbezogen.[643] Zutreffend dürfte die vermittelnde Ansicht sein, daß grundsätzlich auf den Sorgfaltsmaßstab eines Gebietsarztes abzustellen ist, dennoch aber Fallgestaltungen gerade in der ärztlichen Weiterbildung denkbar sind, in denen der Fahrlässigkeitsvorwurf aufgrund subjektiver Kriterien entfallen kann:[644]

Erkennt der angewiesene Arzt die erteilte Weisung als fehlerhaft, d.h. als möglicherweise medizinisch nicht indiziert oder sonst unzweckmäßig, so entsteht ähnlich beamtenrechtlichen Grundsätzen eine Remonstrationspflicht des angewiesenen Arztes. Bleibt die Weisung trotz Remonstration aufrechterhalten, scheidet eine Eigenhaftung des angewiesenen Arztes, der die Weisung lege artis ausführt, dennoch nicht aus. Um eine Eigenhaftung in diesem Fall zu vermeiden, wird dem angewiesenen Arzt zugemutet, die Ausführung der Weisung zu verweigern.[645] Erkennt der angewiesene Arzt die Fehlerhaftigkeit der Weisung nicht und konnte er sie auch nicht erkennen, etwa weil er sich noch in der Weiterbildung befand, so kommt ein Fahrlässigkeitsvorwurf und somit auch eine Haftung des angewiesenen Arztes - Weisungsausführung im übrigen lege artis unterstellt - nicht in Betracht. Hätte der Arzt sie aber als solche objektiv erkennen müssen und subjektiv erkennen

---

640 *Vgl. § 14 Abs.1, Satz 3 MuBO, der dies ausdrücklich klarstellt; demgegenüber sieht das OLG Düsseldorf, ArztR 1992,44, in einer solchen dem Angewiesenen angesonnenen Kontrollpflicht hinsichtlich der Grundlagen der Anweisung des vorgesetzten Arztes eine Überspannung der an die Sorgfaltspflichten des Assistenzarztes zu stellenden Anforderungen.*

641 *RGRK-Nüßgens, § 823 BGB, Anh.II, Rz.182; Giesen, Arzthaftungsrecht, S. 40; Rieger, Rz. 1890; OLG Zweibrücken, OLGZ 1988,470(480f); Deutsch, NJW 1993,1506(1508); unklar BGH, NJW 1988,2298 ff; Deutsch, NJW 1993,1506(1508)*

642 *BGH, NJW 1984,655 ff; OLG Düsseldorf, NJW 1986,790 f; unklar BGH, NJW 1988,2298 ff; Deutsch, NJW 1993,1506(1508)*

643 *Deutsch, NJW 1993,1506(1508)*

644 *So z.B. Deutsch, NJW 1993,1506(1509)*

645 *BGH, NJW 1984,655 ff; OLG Nürnberg, VersR 1982,1153 ff; BGH, Nichtannahmebeschluß zu OLG Nürnberg, VersR 1982,1153 ff (zitiert nach Kleinewefers, VersR 1992,1425(1428))*

können, so liegt darin ein Verschulden seitens des angewiesenen Arztes. Dem steht die Rechtsprechung des Oberlandesgerichts München nicht entgegen, wonach sich der angewiesene Arzt, vor allem wenn er sich noch in der Aus- oder Weiterbildung befindet, u.U. darauf verlassen kann, daß die Weisung des Vorgesetzten dem medizinischen Standard genüge, wenn er aufgrund der überlegenen fachlichen Befähigung des Weisungsberechtigten auf die Richtigkeit der Weisung vertraute und vertrauen durfte.[646] Denn gerade im vorgenannten Fall durfte der angewiesene Arzt auf die Richtigkeit der Weisung nicht ver-trauen, da er die Fehlerhaftigkeit bei Beachtung der erforderlichen Sorgfalt hätte erkennen können und müssen. Der generelle, objektive Fahrlässigkeitsmaßstab wird durch ein mehr oder weniger "blindes" Vertrauen in die fachliche Kompetenz des übergeordneten Arztes nicht berührt.[647] Auf die Richtigkeit der Weisung darf der angewiesene Arzt demnach nur dann vertrauen, wenn er die Fehlerhaftigkeit nicht erkannt hat und sie auch nicht hätte erkennen können, also in der zuvor behandelten Variante, nur dann entfällt der Fahrlässigkeitsvorwurf und damit die Eigenhaftung des die fehlerhafte Weisung im übrigen kunstgerecht ausführenden Arztes.[648]

b) Die Eigenhaftung beamteter Ärzte

Eine Eigenhaftung des beamteten Arztes für Behandlungsfehler käme in Betracht, wenn eine einem Dritten (dem Patienten) gegenüber bestehende Amtspflicht verletzt wurde und die Haftungsverlagerung des Art. 34 GG nicht eingreift.

Die Verletzung einer einem Dritten gegenüber bestehenden Amtspflicht liegt in der Vornahme oder Nichtvornahme medizinischer Maßnahmen durch den beamteten Arzt, die nicht dem aktuellen medizinischen Standard entsprechen, mithin die erforderliche Sorgfalt vermissen lassen, denn als Amtspflichten beamteter Ärzte gelten auch die Regelungen und Pflichten des Berufsrechts. Liegt eine derartige Pflichtverletzung vor, so greift die Haftungsverlagerungsnorm des Art. 34 GG jedoch in aller Regel nicht ein. Die beamteten Ärzte kommen nicht in den Genuß der Amtshaftung mit ihrer Folge des Ausschlusses der Eigenhaftung des Beamten, weil ihre ärztliche Tätigkeit in der Regel nicht "Ausübung öffentlicher Gewalt" ist. Nach ständiger Rechtsprechung betätigen sich beamtete Ärzte

---

646 *OLG München, VersR 1977,578(580), bestätigt durch Beschluß des BGH vom 19.4.1977 (VI ZR 158/75); BGH, NJW 1984,655(657); BGH, NJW 1994,3008 f; Büsken, S.55; Wilhelm, S.123,131; Carstensen / Schreiber, S.167(171); zuletzt ebenso OLG Düsseldorf, ArztR 1992,44; a.A. wohl Weber-Steinhaus, S.135 aber ohne überzeugende Begründung*
647 *So schon BGH, VersR 1971,251; Giesen, JZ 1984,331(332)*
648 *BGH, NJW 1994,3008 f*

nämlich nicht hoheitlich, sondern fiskalisch.[649] Ausnahmen bilden nur die hoheitlich angeordneten Zwangsbehandlungen.[650] Die Haftung beamteter Ärzte richtet sich im Falle stationärer Behandlung nach § 839 BGB.

Besondere Bedeutung kommt in diesem Zusammenhang dem Verweisungsprivileg gemäß § 839 Abs.1 Satz 2 BGB, der die lediglich subsidiäre Haftung des Beamten für fahrlässige Amtspflichtverletzungen begründet, wenn der Verletzte auf andere Weise Ersatz zu erlangen in der Lage ist. Nach der Rechtsprechung des BGH findet das Verweisungsprivileg des § 839 Abs.1 Satz 2 BGB selbst dann Anwendung, wenn der beamtete Arzt Wahlleistungen erbringt und diese selbst liquidiert.[651] Bei stationärer Behandlung verbleibt dem beamteten Arzt daher je nach Vertragskonstellation vor allem die Möglichkeit, auf die Haftung des Krankenhausträgers wegen dessen Haftung nach den §§ 31, 89, 278, 831 BGB und zum Teil auch auf das nachgeordnete, nicht beamtete[652] Personal wegen dessen Haftung nach § 823 BGB zu verweisen.

c) Die Haftung des Krankenhausträgers

aa) Die Organhaftung

Die Organhaftung des Krankenhausträgers, die ihre gesetzliche Grundlage in den §§ 31,89 BGB findet, trifft den Krankenhausträger auch im Deliktsrecht in dem gleichen Umfange, wie in der Vertragshaftung.[653] Der Krankenhausträger haftet demnach für den durch die Rechtsprechung begrenzten Personenkreis leitender Ärzte[654] im Falle des Bestehens eines totalen Krankenhausaufnahmevertrages oder der Behandlung in einer Institutionsambulanz, nur bei einem gespaltenen Krankenhausaufnahmevertrag und bei Behandlung in einer Chefarztambulanz entfällt die Haftung für den selbstverpflichteten Chefarzt, da dieser zur Erfüllung ausschließlich eigener Verbindlichkeiten tätig wird.[655]

---

[649] *RGRK-Nüßgens, § 823 BGB, Anh.II, Rz.258; Laufs, in: Laufs/Uhlenbruck, § 105, Rz.1 m.w.N. zur Rechtsprechung*
[650] *Laufs, in: Laufs/Uhlenbruck, § 105, Rz.10*
[651] *BGH, NJW 1983,1374; BGH, ArztR 1993,309 ff; BGH, VersR 1991,779; kritisch Kistner, MedR 1990,51 ff; anders hat der BGH (NJW 1993,784 ff) nun für die ambulante Behandlung durch beamtete Ärzte entschieden, dort richte sich die Haftung nicht nach § 839 BGB, sondern nach den §§ 823 ff BGB*
[652] *Vgl. RGRK-Nüßgens, § 823 BGB, Anh.II, Rz.257*
[653] *Vgl. oben S. 121 ff*
[654] *Vgl. oben S. 122*
[655] *Vgl. dazu Laufs, in: Laufs/Uhlenbruck, § 98, Rz.8*

bb) Die Haftung für "Organisationsverschulden"

Zu diesem Punkt darf, um Wiederholungen zu vermeiden auf das bereits hierzu Ausgeführte verwiesen werden[656], da den nebenvertraglichen Organisationspflichten im Deliktsrecht gleichartige Pflichten in Form von besonderen Verkehrssicherungspflichten entsprechen. Voraussetzungen und Umfang der vertraglichen und der deliktischen Haftung sind insoweit deckungsgleich.[657]

cc) Die Haftung für Verrichtungsgehilfen

(1) Allgemeines

Die deliktsrechtliche Haftung für Verrichtungsgehilfen ist im BGB nicht als Haftung für fremdes, sondern für gesetzlich vermutetes eigenes Verschulden bei Auswahl, Anleitung und/oder Überwachung der Gehilfen ausgestaltet.[658] Eine Schadensersatzpflicht besteht daher nach § 831 BGB für denjenigen, der andere zu einer Verrichtung bestellt, wenn diese in Ausführung der Verrichtung einem Dritten widerrechtlich Schaden zufügen. Verrichtungsgehilfe in diesem Sinne ist, wem von einem Dritten, dem Geschäftsherrn, eine Tätigkeit in dessen Interesse übertragen worden ist und zu dem er in einer Art sozialem Abhängigkeitsverhältnis steht, wenigstens aber seinen Weisungen unterliegt.[659] Wegen der gesetzgeberischen Konstruktion des vermuteten Auswahl-, Anleitungs- bzw. Überwachungsverschuldens und der auch in § 831 Abs.1 Satz 2 BGB angeordneten Vermutung der Kausalität dieses Verschuldens für den Schadenseintritt, beläßt das Gesetz dem Geschäftsherrn aber die Möglichkeit eines Entlastungsbeweises. Dem Geschäftsherrn steht demnach die Möglichkeit offen, auch wenn die Rechtsprechung hieran strenge Anorderungen stellt, nachzuweisen, daß ihn entgegen der gesetzlichen Vermutung kein Verschulden trifft oder aber sich dieses Verschulden deshalb nicht im Schadenseintritt ausgewirkt hat, weil der Schaden auch bei Beachtung der bei Auswahl, Anleitung und Überwachung erforderlichen Sorgfalt eingetreten wäre.

---

656   Siehe oben S. 1123 f
657   Deutsch, S. 83 m.w.N. in Fn.10; Giesen, S. 3 mwN in Fn. 11-13
658   Vgl. statt vieler MüKo-Mertens, § 823 BGB, Rz.357; RGRK-Nüßgens, § 823 BGB, Anh.II, Rz.38
659   St.Rechtsprechung von RG und BGH: RGZ 86,424(432); 148,154(161); BGHZ 1,283; 14,163(177);80,; 1(3); zuletzt BGH, NJW 1988,1380(1381); in diesem Sinne auch Staudinger-Schäfer, § 831 BGB, Rz., 80; RRRK-Steffen, § 831 BGB, Rz.20; Soergel-Zeuner, § 831 BGB, Rz.17

(2) Verrichtungsgehilfe und fachliche Weisungsunabhängigkeit

Bei der Haftung für Verrichtungsgehilfen nach § 831 BGB könnte die fachliche Weisungsunabhängigkeit zu Schwierigkeiten in der Synchronisierung von Weisungs- und Haftungssystem führen. Nach ständiger Rechtsprechung haftet der Krankenhausträger für alle Krankenhausärzte nach § 831 BGB, für die er nicht bereits nach § 31 BGB haftet. Der Kernbereich fachlicher Weisungsunabhängigkeit approbierter Ärzte könnte einer Subsumtion derselben unter den Rechtsbegriff des Verrichtungsgehilfen im Wege stehen, denn nach allgemeiner Ansicht ist Verrichtungsgehilfe, wer vom Geschäftsherrn in dessen Interesse zu einer Verrichtung bestellt und an dessen Weisungen gebunden ist.[660] Im Ergebnis führt der Kernbereich fachlicher Weisungsunabhängigkeit angestellter Krankenhausärzte aber auch hier nicht zu Modifikationen der haftungsrechtlichen Situation, da im Anschluß an BGHZ 45, 311(313) nunmehr allgemein anerkannt ist, daß die Annahme der Verrichtungsgehilfeneigenschaft keiner ins Einzelne gehenden Weisungs- und Leitungsbefugnis des Geschäftsherrn bedarf.[661] "Es genügt, daß der Geschäftsherr die Tätigkeit des Handelnden jederzeit beschränken oder entziehen oder nach Zeit und Umfang bestimmen kann"[662], so daß letztlich nur noch eine "gewisse Abhängigkeit"[663] zu verlangen ist, die die "Zuständigkeit (des Geschäftsherrn) für den Herrschafts- und Organisationsbereich auszuweisen hat, in dem der Gehilfe tätig wird."[664] "Entscheidend ist nur, daß die Tätigkeit - gewissermaßen unter organisatorischem Aspekt - in abhängiger Stellung vorgenommen wird, (...) und der Gehilfe daher insbesondere Zeit und Umfang seiner Tätigkeit nicht frei bestimmen kann."[665] Diese Anforderungen im Sinne einer organisatorischen Weisungsabhängigkeit des Verrichtungsgehilfen erfüllen alle angestellten Krankenhausärzte trotz ihres Kernbereiches fachlicher Weisungsunabhängigkeit. Unter Beachtung der möglichen Vertragskonstellationen kommt für die Haftung für Verrichtungsgehilfen folgendes Bild zustande:

Bei einem totalen Krankenhausaufnahmevertrag und der Behandlung in einer klinikeigenen Institutionsambulanz trifft den Krankenhausträger als Geschäftsherrn die Haftung aus § 831 BGB für den gesamten ärztlichen, wie auch nichtärztlichen Dienst, soweit nicht bereits eine Haftung aus § 31 BGB gegeben ist.

---

660   *Vgl. Fn. 660*
661   *Vgl. Staudinger-Schäfer, § 831 BGB, Rz.81; Soergel-Zeuner, § 831 BGB, Rz.16; RGRK-Steffen, § 831 BGB, Rz.20*
662   *BGHZ 45,311(313); ebenso MüKo-Mertens, § 823 BGB, Rz.29*
663   *BGH, WM 1989,1047(1050)*
664   *RGRK-Steffen, § 831 BGB, Rz.20*
665   *Soergel-Zeuner, § 831 BGB, Rz.16 m.w.N.; ähnlich Geiß, S.46; Staudinger-Schäfer, § 831 BGB, Rz.71*

Gleiches gilt im Grunde auch für den totalen Krankenhausaufnahmevertrag mit Arztzusatzvertrag, wobei allerdings zu sehen ist, daß vor allem das nachgeordnete ärztliche Personal je nach konkreter Aufgabenvertei-lung zum Teil uno actu Aufgaben des selbstliquidierenden Arztes wahrnimmt, und daher dieser ebenfalls als Geschäftsherr nach § 831 BGB haften kann. Beim gespaltenen Krankenhausaufnahmevertrag orientiert sich die Haftung für Verrichtungsgehilfen an der Trennung der vertraglichen Pflicht- und Verantwortungsbereiche, so daß der Krankenhausträger nur für die allgemeine ärztliche wie pflegerische Grundversorgung durch den nachgeordneten ärztlichen und nichtärztlichen Dienst verantwortlich zeichnet, der liquidationsberechtigte Arzt hingegen für die von ihm in seinem Pflichtenkreis hinzugezogenen ärztlichen Mitarbeiter haftbar ist. Bei Vorliegen eines gespaltenen Arzt-Krankenhaus-Vertrages läßt sich nicht leugnen, daß sich die deliktsrechtliche Gehilfenhaftung zumindest faktisch an der Vertragsgestaltung orientiert, obwohl das Deliktsrecht gerade unabhängig von bestehenden Vertragsbeziehungen zwischen jedermann Geltung beansprucht. Zwar richtet sich die deliktsrechtliche Gehilfenhaftung nicht unmittelbar nach den zugrundeliegenden vertraglichen Beziehungen, aber diese wirken sich auf die Frage der Geschäftsherreneigenschaft und damit mittelbar auf die deliktsrechtliche Gehilfenhaftung aus.[666]

Bei Behandlung in einer Chefarztambulanz hat der die Ambulanz betreibende Chefarzt die Geschäftsherreneigenschaft für den von ihm eingesetzten ärztlichen wie auch nichtärztlichen Dienst.[667]

IV. Zusammenfassung: Sechstes Ergebnis

Die Analyse möglicher Auswirkungen der medizinisch-fachlichen Weisungsunabhängigkeit angestellter Krankenhausärzte auf die Arzthaftung im Krankenhaus hat somit ergeben, daß keinerlei Modifikationen oder gar Friktionen innerhalb der bestehenden Haftungssystematik verursacht werden. Der Kernbereich medizinisch-fachlicher Weisungsunabhängigkeit angestellter Krankenhausärzte fügt sich daher in die geltende Haftungsrechtslage ein, so daß auch aus haftungsrechtlicher Sicht keine Bedenken gegen die medizinisch-fachliche Weisungsunabhängigkeit angestellter Krankenhausärzte gegeben sind.

---

666 Vgl. Geiß, S. 45 ff m.w.N.
667 Vgl. Fn.667

D. LITERATURVERZEICHNIS

ADOMEIT, Klaus	Rechtsquellenfragen im Arbeitsrecht, Habil., Köln, 1969
ANDREAS, M.	Die Verantwortlichkeit für die ordnungsgemäße Behandlung durch einen in der Weiterbildung befindlichen Arzt, Arztrecht, 1982, 322 ff
BATTIS, Ulrich	Bundesbeamtengesetz, Kommentar, München, 1980
BAUR, Ulrich	Der Arzt im Praktikum - AiP, AuK 1990, 68 f
Ders.	Die Rechtsstellung des Arztes im Praktikum (AiP), MedR 1989, 111 ff
BEGRÜNDUNG DES GESETZENTWURFES DER BUNDESREGIERUNG	zur Änderung der Bundesärzteordnung, Bundestags-Drucksache X, 1963
BERICHT DER BUNDESREGIERUNG	über die Lage der Psychiatrie in der Bundesrepublik Deutschland, Bundestags-Drucksache VII, 4200, 4201
BERICHT	des 10. Ausschusses des Reichstages über den Entwurf eines Reichseinkommensteuergesetz, Verhandlungen der verfassungsgebenden deutschen Nationalversammlung, Bd. 341, Nr. 2149, S.2252, 1920/21, Berlin
BIRK, Rolf	Die arbeitsrechtliche Leitungsmacht, Habill., Köln, 1973
BÖTTNER, Walter	Das Direktionsrecht des Arbeitgebers, Diss., in: Beiträge zum Arbeitsrecht, Bd.9, Marburg, 1971
BUHROW, Johann Sebastian	Zur Tätigkeit des Rechtsbeistandes, NJW 1966, 2150 ff
BÜSKEN, Rainer	Haftungssystem, Freistellung und Regreß bei Krankenhausträger und angestelltem Arzt, in: Beiträge zum Privat- und Wirtschaftsrecht, Heft 52, 1987
BYDLINSKI, Franz	Die Bedeutung des Rechtsscheins im Arbeitsverhältnisrecht, ZfA 1970, 249 ff
CADMUS, Manuell	Zivilrechtliche Haftung des nachgeordneten ärztlichen Dienstes, München, 1982
CARSTENSEN, Gert / SCHREIBER, Hans-Jürgen	Arbeitsteilung und Verantwortung, in: Medizin und Recht, Bd.11, Stuttgart, 1981

DANIELS, Jürgen	Probleme des Haftungssystems bei stationärer Krankenbehandlung, NJW 1972,305 ff
Ders.	Klassifizierung der freien Berufe, Berlin, 1969
DERLEDER, Peter	Arbeitsverhältnis und Gewissen, AuR 1991,193 ff
Ders.	Arztrecht und Arzneimittelrecht, 2. Auflage, Berlin u.a., 1991
DEUTSCH, Erwin / GEIGER, Willi	Empfiehlt sich eine besondere Regelung der zivilrechtlichen Beziehung zwischen dem Patienten und dem Arzt im BGB? In: Gutachten und Vorschläge zur Überarbeitung des Schuldrechts, Bd.II, hgg. vom Bundesministerium der Justiz, Bonn, 1981
DEUTSCH, Erwin / TAUPITZ, Jochen (Hrsg.)	Haftung der Dienstleistungsberufe, Mannheimer rechtswissenschaftliche Abhandlungen, Bd. 14, Heidelberg, 1992
DÖRNER, Heinrich	Verbraucherschutz beim Direktunterricht, NJW 1979,241 ff
DÜRIG, Günter	in: Maunz/Dürig, Bd.I, München, 31.Lieferung, Stand: 5/1994
Ders.	Grundrechte und Zivilrechtsprechung, in: Festschrift für Hans NAwiasky, München, 1956, S. 157 ff
EHLERS, Alexander / BROGLIE, Maximilian	Praxis des Arzthaftungsrechts, 1. Auflage, München, 1994
EICHHORN, Siegfried	Künftige Anforderungen an das Krankenhausmanagement, KHU 1989,623 ff
Ders.	Struktur und Organisation der Krankenhausleitung, in: Müller, Führungsaufgaben im modernen Krankenhaus, 2.Auflage, Stuttgart, 1983
Ders.	Krankenhausbetriebslehre, Bd.II, 2.Auflage, Düsseldorf, 1974
EICHHOLZ, Wolf	Die Rechtsstellung der Krankenhausärzte, in: Arbeitsrechts-Blattei,D, Arzt I, Stand: 1974
ENTSCHLIESSUNG	des 93. Deutschen Ärztetages 1990, Deutsches Ärzteblatt 1990,1323
ENTWURF	eines Bundesarchitektengesetzes, Bundestags-Drucksache V,64
ENTWURF	eines Partnerschaftsgesetzes (1.Entw.), Bundestags-Drucksache VII,4089

ENTWURF	eines Partnerschaftsgesetzes entsprechend dem Beschluß des Rechtsausschusses, Bundestags-Drucksache VII,5402
ERMAN, Walter (Hrsg.)	Handkommentar zum Bürgerlichen Gesetzbuch, Bd.I, 8.Auflage, Münster, 1989
ESSER, Josef / SCHMIDT, Eike	Lehrbuch des Schuldrechts, Bd.I, AT, 6.Auflage, Heidelberg, 1984
FAHRENHORST, Irene	Die haftungsrechtliche Stellung des im Krankenhaus beschäftigten AiP, MedR 1991, 173
FALKENBERG, Rolf-Dieter	Gegenstand und Grenzen des arbeitgeberseitigen Weisungsrechts, DB 1981,1087 ff
FEHLMANN, Max	Die rechtliche Stellung der freien wissenschaftlichen Berufe, Diss., Zürich, 1946
FEUCHTWANGER, Sigbert	Die freien Berufe, München/Leipzig, 1920
Ders.	Kultur und Wirtschaft, JW 1928,2768
FLEISCHMANN, Eugen	Die freien Berufe im Rechtsstaat, Diss., Tübingen, 1970
FRANKE, Robert / HART, Dieter	Ärztliche Verantwortung und Patienteninformation, in: Medizin in Recht und Ethik, Bd. 16, Stuttgart, 1987
FRANZKI, Harald	Krankenhaus und Patientenrecht, AuK 1985, 168 ff
Ders.	Der AiP - Arzt oder Azubi? AuK 1988,82 f
FRANZKI, Harald / HANSEN, Britta	Der Belegarzt - Stellung und Haftung im Verhältnis zum Krankenhausträger, NJW 1990,737 ff
FROMME, Friedrich-Karl	Der Parlamentarier - ein freier Beruf, Zürich, 1978
FUCHS, Christoph	Kostendämpfung und ärztlicher Standard - Verantwortlichkeit und Prinzipien der Ressourcenverteilung, MedR 1993, 323 ff
FUHRMANN, Markus	Rechtsstellung des angestellten Rechtsanwaltes, Diss., Baden-Baden, 1989
GAMILLSCHEG, Franz	Die Grundrechte im Arbeitsrecht, Berlin, 1989
GAST, Wolfgang	Das Gewissen als rhetorische Figur, BB 1992, 785 ff
GEHLEN, Arnold / SCHELSKY, Helmut	Soziologie, 6.Auflage, Düsseldorf/Köln, 1966

GEIGER, Michael	Gesetzliche Regelung des medizinischen Behandlungsvertrages, Diss., Göttingen, 1989
GEIGER, Willi	Wie frei ist der Arzt? In: Festschrift für Erwin Stein, Bad Homburg, 1969, S. 83 ff
GEISS, Karlmann	Arzthaftpflichtrecht, 2.Auflage, München, 1993
GENZEL, Herbert	in: Laufs/Uhlenbruck, Handbuch des Arztrechts, München, 1992
GICK, Dietmar	Gewerbsmäßige Arbeitnehmerüberlassung zwischen Verbot und Neugestaltung, Diss., Berlin, 1983
GIESEN, Dieter	Arzthaftungsrecht, 1.Auflage, Tübingen, 1990
Ders.	Grundzüge der zivilrechtlichen Arzthaftung, JURA 1981, 10 ff
Ders.	Anmerkung zu BGH, Urteil vom 27.9.1983, VI ZR 230/81 (OLG Köln), JZ 1984,331 f
GÖRL, Maximilian	Die freien Berufe im Internationalen Steuerrecht, Diss., München/Florenz, 1983
GRAUHAN, Rolf	Das Unbehagen am Krankenhaus, KH 1969,253 ff
GROTEFEND (Hrsg.)	Preußisch - deutsche Gesetz - Sammlung, Bde. I 2 und VI, 4.Auflage, Düsseldorf, 1905
GRUBE, Georg	in: Littmann, Das Einkommensteuerrecht, Bd.2, 14. Auflage, Stuttgart, 1985
GRUNDSÄTZE	für die Gestaltung von Verträgen zwischen Krankenhausträgern und leitenden Abteilungsärzten der DKG und des Verbandes leitender Krankenhausärzte, KH 1957,137 f
GUBELT, Manfred	in: von Münch, Grundgesetzkommentar, Bd.I, 3.Auflage, München, 1985
GÜNTHER, Hellmuth	Folgepflicht, Remonstration und Verantwortlichkeit der Beamten, ZBR 1988,297 ff
GUTENBERG, Erich	Grundlagen der Betriebswirtschaftslehre, Bd.I, 19.Auflage, Heidelberg, 1972
HADDING, Walther	in: Soergel, BGB Kommentar, Bd.I, §§ 1-240 BGB, 12. Auflage, Berlin, 1988
HAHN, Bernhard	Die Haftung des Arztes für nichtärztliches Hilfspersonal, in: Forum Rechtswissenschaft, Bd. 9, Königstein/Tr., 1981

Ders.	Zulässigkeit und Grenzen der Delegierung ärztlicher Aufgaben, NJW 1981,1977 ff
HANAU, Peter	in: Münchener Kommentar, Bd.2, §§ 276-278 BGB, 2.Auflage, München, 1985
Ders.	in: Erman, Handkommentar zum BGB, Bd. I, §§ 611-630 BGB, 8. Auflage, Münster, 1989
HANAU, Peter / ADOMEIT, Klaus	Arbeitsrecht, 10.Auflage, Frankfurt, 1992
HASSOLD, Gerhard	Die Lehre vom Organisationsverschulden, JUS 1992,582 ff
HÄUSELE, Harald	Weisung und Gewissen im Arbeitsrecht, Diss., Konstanz, 1989
HEILMANN, Joachim	Der Stand der deliktischen Arzthaftung, NJW 1990, 1513 ff
HERSCHEL, Wilhelm	Freier Beruf und Arbeitsverhältnis, Heidelberg, 1964
HERMES, Georg	Grundrechtsschutz durch Privatrecht auf neuer Grundlage?, NJW 1990,1764 f
HEUß, Theodor	Organisationsprobleme der freien Berufe, in: Festschrift für Brentano, München, 1916, S. 237 ff
HILG, Günter / MÜLLER, Helmut	Beamtenrecht in Bayern, Bd.II, Allgemeines Beamtenrecht, 3. Auflage, München, 1990
HOFFMANN, Hermann	Der Ärztliche Dienst, in: Müller, Führungsaufgaben im modernen Krankenhaus, 2. Auflage, Stuttgart, 1983
HOFFMANN, Hermann / JEUTE, Karl / BAUR, Ulrich	Die Organisation des ärztlichen Dienstes im Krankenhaus, KHA 1981,20 ff
HOFSTETTER, Ludwig HOPF, Günter	Arztrecht, Erlangen, 1991 Die Stellung des Chefarztes und die Ordnung im Krankenhaus, KHA 1972,55 ff
HOYNINGEN-HUENE von, Gerrick	Billigkeit im Arbeitsrecht, Habil., München, 1978
HUECK, Alfred / NIPPERDEY, Hans-Carl	Lehrbuch des Arbeitsrechts, Bd.I, Berlin, 1963
HUMMES, Wolfgang	Die rechtliche Sonderstellung der freien Berufe im Vergleich zum Gewerbe, Diss., Göttingen, 1979
Hüber, Gerhard	Der fachlich weisungsfreie Arbeitnehmer, Diss., St. Gallen, 1975

IPSEN, Hans Peter	Rechtsfragen berufsständischer Zwangsversorgung, in: Aktuelle Probleme der Versicherungswirtschaft, Berlin, 1954
ISENSEE, Josef	Satzungsautonomie und Dispens im Bereich der Arbeitskampf-Neutralität, DB 1985,2681 ff
JANSEN, Christoph	Spezielle Haftungsfragen aus dem OP-Alltag, AuK 1989,54 ff
JARASS,Hans D./PIEROTH, Bodo	Grundgesetz-Kommentar, 2.Auflage, München, 1992
JELINEK, Georg	System der subjektiven öffentlichen Rechte, 2. Auf-lage, Tübingen, 1905 (2. unveränderter Nachdruck, Darmstadt, 1963)
JUNG, Heike / SCHREIBER, HAns-Wilhelm	Arzt und Patient zwischen Therapie und Recht, in: Medizin und Recht, Bd. 11, Stuttgart, 1981
KADUK, Hubert	in: Staudinger, Kommentar zum BGB, II.Buch, §§ 328-432 BGB, 11. Auflage, Berlin, 1978
KARL, Fritz	Recht der freien Berufe, Berlin, 1976
KEMPFF, Gilbert	Anmerkung zu dem Urteil BAG, AP Nr.1 zu § 611 BGB, Gewissensfreiheit, AiB 1990,48 f
KISTNER,.Klaus	Liquidiere und hafte?, MedR 1990, 51 ff
KLEIN, Eckart	Grundrechtliche Schutzpflichten des Staates, NJW 1989,1633 ff
KLEINE-COSACK, Michael	Berufständische Autonomie und Grundgesetz, Baden-Baden, 1986
Ders.	Rezension von Fuhrmann's "Rechtsstellung des angestellten Rechtsanwaltes, NJW 1990, 1101 ff
KLEINEWEFERS, Herbert / WILTS, Walter	Vertragliche Schadensersatzansprüche der Patienten bei gespaltenem Arzt-Krankenhaus-Vertrag, VersR 1964,201 ff
Diess.	Die vertragliche Haftung bei gespaltenem Arzt-Krankenhaus-Vertrag, NJW 1965,332 ff
KONZEN, Horst	Arbeitsrechtliche Drittbeziehungen, ZfA 1982,2 ff
KONZEN, Horst / RUPP, Hans Heinrich	Gewissenskonflikte im Arbeitsverhältnis, Köln, 1990
KRAFT, A	in: Soergel, BGB Kommentar, Bd. III, §§ 611-630 BGB, 11.Auflage, Berlin, 1980
KRELLER, Hans	Entwurf eines allgemeinen Arbeitsvertragsgesetzes aus dem Jahre 1923, AcP 123,263 ff

LACH, Michael	Formen freiberuflicher Zusammenarbeit, Diss., München, 1970
LANGE, Rudolf	Das Direktionsrecht des Arbeitgebers, Diss., Jena, 1933
LARENZ, Karl	Lehrbuch des allgemeinen Teils des BGB, 7. Auflage, München, 1989
Ders.	Lehrbuch des Schuldrechts, Bd. I, Allgemeiner Teil, 14. Auflage, München, 1987
Ders.	Methodenlehre, 6. Auflage, Berlin, 1991
LAUFS, Adolf	Arztrecht, 5. Auflage, München, 1993
Ders.	Die Entwicklung des Arztrechts 1980/81, NJW 1981, 1289 ff
Ders.	Die Entwicklung des Arztrechts 1988/89, NJW 1989, 1521 ff
Ders.	Grundlagen des Arztrechts, Festschrift für Weitnauer, Berlin, 1980, S.363 ff
Ders.	Zum Wandel des ärztlichen Berufsrechts, Festschrift für Geiger, Tübingen, 1989, 228 ff
Ders.	Arztrecht und Berufsfreiheit, AuK 1981,259 ff
LAUFS, Adolf / UHLENBRUCK, Wilhelm	Handbuch des Arztrechts, München, 1992
LEENEN, Detlev	Typus und Rechtsfindung, Berlin, 1971
LEHR, Ursula	Tätigkeit als Arzt im Praktikum, AuK 1989,259
LEITSÄTZE	zur Struktur der Krankenhäuser und ihres ärztlichen Dienstes des deutschen Ärztetages 1972 (Westerländer Beschlüsse), abgedruckt bei Eichhorn,in: Müller, Führungsaufgaben im modernen Krankenhaus, S.152 f
LENCKNER, Theodor	in: Schönke/Schröder, StGB, §§ 153-205 StGB, 24.Auflage, München, 1991
LEPA, Manfred	Verfassungsrechtliche Probleme der Rechtsetzung durch Rechtsverordnung, AöR 105, 337 ff
LEßMANN, Jochen	Die Grenzen des arbeitgeberseitigen Direktionsechts, DB 1992,1137 ff
LITTMANN, Eberhard	Das Einkommensteuerrecht, Kommentar, 14. Auflage, Stuttgart, 1985
LÖWISCH, Manfred	in: Staudinger, BGB, II. Buch, §§ 275-309 BGB, 12.Auflage, Berlin, 1979

LÜBEN, Gerhard	Die Fundamente der freien geistigen Berufe, Berlin, 1959
MAUNZ, Theodor / DÜRIG, Günter / HERZOG, Roman / SCHOLZ, Ruppert	Grundgesetz-Kommentar, Bd.I, München, Stand: 31. Lieferung 1994
MAYER - MALY, Theodor	in: Münchener Kommentar, BGB, Bd. I, §§ 1-240 BGB, 2.Auflage, München, 1984
MEIER - GREVE, Hans-Jürgen	Öffentlichrechtliche Bindungen und freiberufliche Stellung der Kassenärzte, Diss., Göttingen, 1968
MICHALSKI, Lutz	Der Begriff des freien Berufes im Standes- und Steuerrecht, Habil. 1.Teil, Köln, 1989
Ders.	Das Gesellschafts- und Kartellrecht der berufsrechtlich gebundenen freien Berufe, Habil., 2.Teil, Köln, 1989
MICHEL, Ernst	Sozialgeschichte der industriellen Arbeitswelt, 4. Auflage, Frankfurt, 1960
MOLITOR, Erich	Grund und Grenzen des Weisungsrechts, RdA 1959, 2 ff
Ders.	Geteiltes Weisungsrecht, DB 1960,28 ff
MOMMSEN, Theodorus / KRÜGER, Paulus	Corpus iuris cicivilis, Digesta, Bd.I, 16. Auflage, Berlin, 1954
MUGDAN, B.	Die gesamten Materialien zum Bürgerlichen Gesetzbuch, Bd. I, Berlin, 1899
MUSTERBERUFSORDNUNG	für die deutschen Ärzte, MuBO, (zuletzt geändert vom 86. Dt. Ärztetag 1983), abgedruckt in Anhang 1
MUSTERVERTRÄGE	für leitende Krankenhausärzte, abgedruckt in: Arztrecht 1976,145 ff, Arztrecht 1983,317 ff
MÜLLER, Hans - Werner (Hrsg.)	Führungsaufgaben im modernen Krankenhaus, 2.Auflage, Stuttgart, 1983
MÜLLER, Wolfgang	Einbeziehung der freien Berufe in das Handelsrecht unter besonderer Berücksichtigung von Arzt, Rechts-anwalt, Wirtschaftsprüfer und Architekt, Diss., Berlin, 1968
MÜNCHENER KOMMENTAR	Das Bürgerliche Gesetzbuch,Bd.I, §§ 1-240 BGB, 3.Auflage, München,1993; Bd.II, §§ 241-432 BGB, 2.Auflage, München,1985; Bd.III, §§ 433-651k BGB, 2.Auflage, München, 1988
MÜNCH von, Eva Marie	in: von Münch, Grundgesetzkommentar, Bd. I, 3. Auflage, München, 1985

MÜNCH von, Ingo	Grundgesetzkommentar, Bd. I, 3.Auflage, München, 1985
NARR, Helmut	Ärztliches Berufsrecht, Bd. I, 2.Auflage, Köln, 1989
NIPPERDEY, Hans Carl	Grundrechte und Privatrecht, Festschrift für Erich Molitor, München/Berlin 1962, S.17 ff
NUNIUS, Volker	Die ärztliche Weiterbildung im Krankenhaus, Diss., Giesen, 1983
NÜßGENS, Karl	Arzthaftungsrecht, in: Reichsgerichtsrätekommentar, BGB, Bd. II/5, Anhang II zu § 823 BGB, 12. Auflage, Berlin, 1989
OSSENBÜHL, Fritz / RICHARDI, Reinhard	Neutralität im Arbeitskampf, Köln u.a., 1987
OSTHEIM, Ralf	Die Weisung des Arbeitgebers als arbeitsrechtliches Problem, Wien, 1970
OPDERBECKE, Hans Wolfgang	Anästhesie und ärztliche Sorgfaltspflicht, Berlin, 1978
OPDERBECKE, Hans Wolfgang / WEIßAUER, W.	Zeitbombe: Der Arzt im Praktikum, KH 1986, 231 ff
Diess.	Eine erneute Entscheidung des BGH zur "Facharztqualität", MedR 1993, 447 ff
PAPPERMANN, Ernst	in: von Münch, Grundgesetzkommentar, Bd. I, 3. Auflage, München, 1985
PARK, Young-Kyu	Das System des Arzthaftungsrechts, Diss., Frankfurt 1992
PERRIDON, L.	Organisations- und Führungsprobleme im Krankenhaus, KH 1969,374 ff
PETER, Anne-Marie	Arbeitsteilung im Krankenhaus aus strafrechtlicher Sicht, Diss., 1. Auflage, Baden-Baden, 1992
RADBRUCH, Gustav	Natur der Sache als juristische Denkform, Festschrift für Laun, Hamburg, 1948, S.157 ff
RAMM, Thilo	Die Aufspaltung der Arbeitgeberfunktionen (Leih-arbeitsverhältnis, mittelbares Arbeitsverhältnis, Arbeitnehmerüberlassung und Gesamthafenarbeitsverhältnis), ZfA 1973,263 ff
RANCKE, Friedbert	Die freien Berufe zwischen Wirtschafts- und Arbeitsrecht, Diss., Berlin, 1978
RAPPENECKER, Otto / STAUFFENBERG, Alfred / PETERS, Horst / GRAF, Otto	Das Krankenhaus, in: Zentrallehrgang, Kulmbach, 1958

REICHSGERICHTSRÄTE - KOMMENTAR	Das Bürgerliche Gesetzbuch, Bd.II/1, §§ 241-413 BGB, 12. Auflage, Berlin, 1976; Bd.II/5, §§ 812-831 BGB, 12. Auflage, Berlin, 1989
REMLER-DETZEL, Pia	Therapiefreiheit und Berufshaftpflicht des Arztes, VersR 1989, 1008 ff
REUTER, Dieter	in: Münchener Kommentar, Bd.1, §§ 1-240 BGB, 3. Auflage, München 1993
RICHARDI, Reinhard	Dienstvertragsverhältnis eines Arztes, in: Staudinger, II. Buch, §§ 611-630 BGB, Vorbem. zu § 611 BGB, Rz. 1628 ff, 12. Auflage, München, 1990
Ders.	Prinzipien des Grundrechtsschutzes im Arbeitsverhältnis nach deutschem Recht, Festschrift für Walter Schwarz, Wien, 1991, S.781 ff
Ders.	Krankenhausarzt und Arbeitsrecht, AuK 1985, 213 ff
Ders.	Arbeitsrecht, Fälle und Lösungen nach höchst richterlichen Entscheidungen, 6. Auflage, Heidelberg, 1991
Ders.	Rezension der Habilitationsschrift von A. Söllner, RdA 1970, 208 ff
RICHARDI, Reinhard / WLOTZKE, Otfried (Hrsg.)	Münchener Handbuch zum Arbeitsrecht, Bde. 1, 2, München 1993
RICHTER, Gerhard	Organisation des ärztlichen Dienstes und Rationalisierung im Großkrankenhaus, KH 1969, 174 ff
RICHTER, Helmut	Die Änderung von Arbeitsbedingungen kraft des Direktionsrechts des Arbeitgebers unter Beachtung der Beteiligung des Betriebsrates (I), DB 1989, 2378 ff
RICHTLINIEN	er Bundesärztekammer über die Ermächtigung zur Weiterbildung, abgedruckt in: Arztrecht 1990, 81 f
RICHTINIEN	für Chefarztverträge (der Kommission der Arbeitsgemeinschaft Krankenhaus von DKG und dem Verband leitender Krankenhausärzte Deutschland e.V.), abgedruckt in: KH 1957, 137 ff
RIEGER, Hans-Jürgen	Lexikon des Arztrechts, Berlin, 1984
Ders.	Die Rechtsstellung des Arztes im Praktikum, DMW 1988, 1204 f
RITTNER, Fritz	Unternehmen und freier Beruf als Rechtsbegriffe, Tübingen, 1962

ROTH, Günther	in: Münchener Kommentar, BGB, Bd. II, §§ 241-432 BGB, 2. Auflage, München, 1985
RÜFNER, Wolfgang	Gewissensentscheidung im Arbeitsverhältnis, RdA 1992,1 ff
RÜSSMANN, Helmut	Die Einziehungsermächtigung im bürgerlichen Recht - ein Institut richterlicher Rechtsschöp-fung, JUS 1972, 169 ff
RÜTHERS, Bernd / BUHL, Dieter	Arbeitsvertrag und Rundfunkfreiheit bei programmgestaltenden Mitarbeitern, ZfA 1986,19 ff
SACHWEH, D. / DEBONG, B.	Die Rechtsstellung des Ärztlichen Direktors heute und in Zukunft, MedR 1993, 141 ff
SCHÄFER, Karl	in: Staudinger, Kommentar zum BGB, II. Buch, §§ 823-832 BGB, 12. Auflage, München, 1986
SCHAUB, Günter	Arbeitsrechtshandbuch, 7. Auflage, München, 1992
SCHÄUBLE, Wolfgang	Die berufsrechtliche Stellung der Wirtschaftsprüfer in Wirtschaftsprüfungsgesellschaften, Diss., Freiburg, 1971
SCHEUNER, Ulrich	Die freien Berufe im ständischen Aufbau, Festschrift für Hedemann, Jena, 1938, S. 437 ff
Ders.	Berufsständische Versorgungseinrichtungen und Grundgesetz, in: Aktuelle Probleme der Versicherungswirtschaft, S. 71 ff, Berlin, 1954
SCHICK, Walter	Die freien Berufe im Steuerrecht, Köln, 1983
SCHIEMANN, Gottfried	Wandlungen der Berufshaftung, in: Festschrift für Joachim Gernhuber, Tübingen, 1993, S. 387 ff
SCHILLING, Karl-Jürgen	Rechtsfragen einer Reform der inneren Strukturen der Krankenhäuser in der Bundesrepublik Deutschland, Festschrift für Küchenhoff, Berlin, 1972, S.389 ff
SCHIWY, Peter	Deutsches Arztrecht, Starnberg-Percha, Stand: 11. Lieferung 1/1992
SCHMIDT, Ludwig (Hrsg.)	Einkommensteuergesetz, Kommentar, 10. Auflage, München, 1991
SCHMIDT - BLEIBTREU, Bruno / KLEIN, Franz	Kommentar zum Grundgesetz, 7.Auflage, München, 1990
SCHNAPP, Friedrich E.	in: von Münch, Grundgesetzkommentar, Bd. I, 3. Auflage, München, 1985

SCHOLZ, Ruppert	in: Maunz/Dürig, Grundgesetz - Kommentar, Bd. I, Art. 1-12 GG, München, 31.Lieferung, 5/1994
SCHORN, Hubert	Zur Berufstätigkeit des Rechtsbeistandes, NJW 1967, 911 f
SCHÖNKE, Adolf / SCHRÖDER, Horst	Strafgesetzbuch - Kommentar, 24.Auflage, München, 1991
SCHULTE, Bernd / HINTERBERGER, Peter	Der Gesetzentwurf zum Beruf des Psychotherapeuten, ZRP 1978,287 ff
SECKEL, Emil	Die Gestaltungsrechte des Bürgerlichen Rechts, Festschrift für Richard Koch, Berlin, 1903, S. 205 ff
SEEGER, Sigbert	in: Schmidt, EStG, 10. Auflage, München, 1991
SEITER, Hugo	Staatsneutralität im Arbeitskampf, Tübingen, 1987
SERICK, Rolf	Rechtsform und Realität juristischer Personen, Berlin, Tübingen, 1955
SMITH, Adam	An Inquiry into the Nature and Causes of the Wealth of Nations, Bd. I, Kap.1 (Deutsche Übersetzung von F. Stölpel "Untersuchung über das Wesen und die Ursachen des Volkswohlstandes, 2. Auflage, 1905)
SÖLLNER, Alfred	Einseitige Leistungsbestimmung im Arbeitsverhältnis, Habil., Frankfurt, 1966
Ders.	in: Münchener Kommentar, BGB, Bd. III/1, §§ 433-651k BGB, 2. Auflage, München, 1988
SOERGEL	Kommentar zum Bürgerlichen Gesetzbuch, Bd.I, §§ 1-240 BGB, 12. Auflage, Berlin, 1988; Bd.II/1, §§ 241-432 BGB, 12. Auflage, Berlin, 1990; Bd.III, §§ 516-704 BGB, 11. Auflage, Berlin, 1980; Bd.IV, §§ 705-853 BGB, 11. Auflage, Berlin, 1985
SPANNER, Hans	Eine moderne Verfassungslehre, DÖV 1959,38 ff
STATISTIK	der Bundesärztekammer, Rekordzugang im Krankenhaus, abgedruckt in: DÄ 1990,975 ff
STATISTISCHES JAHRBUCH	für die Bundesrepublik Deutschland, Hrsg.: Statistisches Bundesamt, Wiesbaden, Jahrgänge 1972, 1989, 1991, 1993

STAUDINGER	Kommentar zum Bürgerlichen Gesetzbuch, Bd.II, §§ 275-309 BGB, 12. Auflage, Berlin, 1979; Bd.II, §§ 328-432 BGB, 11. Auflage, Berlin, 1978; Bd.II, §§ 611-630 BGB, 12. Auflage, Berlin, 1990
STEFFEN, Erich	Neue Richtlinien der BGH - Rechtsprechung zum Arzthaftungsrecht, 5.Auflage, Köln, 1993
Ders.	in: Reichsgerichtsrätekommentar, BGB, Bd. II/5, §§ 812-831 BGB, 12. Auflage, Berlin, 1989
STEIN, Ekkehard	Staatsrecht, 12. Auflage, Tübingen, 1990
STEINDORFF, Ernst	Freie Berufe - Stiefkinder der Rechtsordnung? in: Schriftenreihe der Otto Brenner Stiftung, Bd. 19, Köln, 1980
STELLUNGNAHME	des Bundedsausschusses für das Gesundheitswesen zum Entwurf einer Bundesärzteordnung, Bundestags-Drucksache III,2810
STERN, Klaus	Das Staatsrecht der Bundesrepublik Deutschland, Bd. II/1, München, 1988
TAUPITZ, Jochen	Die Standesordnungen der freien Berufe, Berlin, u.a., 1991
Ders.	Berufsständische Berufsordnungen als Verbotsgesetze im Sinne von § 134 BGB, JZ 1994,221
TIPKE, Klaus	Steuerrecht, 12. Auflage, Köln, 1989
TRIEPEL, Heinrich	Staatsdienst und staatlich gebundener Beruf, Festschrift für Binding, Leipzig, 1911, S. 3 ff
UHLENBRUCK, Wilhelm	Die vertragliche Haftung von Krankenhaus und Arzt für fremdes Verschulden, NJW 1964,2187 ff
Ders.	Die ärztliche Haftung für Narkoseschäden, NJW 1972,2201 ff
Ders.	Die rechtlichen Auswirkungen der neuen Bundespflegesatzverordnung, NJW 1973,1399 ff
Ders.	in: Laufs/Uhlenbruck, Handbuch des Arztrechts, München, 1992
ULSENHEIMER, Klaus	Zur zivil- und strafrechtlichen Verantwortlichkeit des Arztes unter besonderer Berücksichtigung der neueren Judikatur und ihrer Folgen für eine defensive Medizin, MedR 1992,127 ff

UNTERRICHTUNG	des Ausschusses für Wirtschaft (9. Ausschuss) zu dem von der SPD, FDP eingebrachten Entwurf eines zweiten Gesetzes zur Änderung des Gesetzes gegen Wettbewerbsbeschränkungen, Bundestags - Drucksache VIII / 76
VERHANDLUNGEN	der verfassungsgebenden deutschen Nationalversammlung, Bde. 331, 341, Berlin, 1920/21
VERHANDLUNGEN	des preußischen Landtages, Haus der Abgeordneten, Bde. A II 1, A II 3; Anlagen-Bde. I, II, Berlin, 1890/91
WANK, Rolf	Arbeitnehmer und Selbständige, Habil., München, 1988
WEBER, Karl	Neue Gesetzes- und Verordnungssammlung für das Königreich Bayern, München, 1892
WEBER, Reinhold	in: Reichsgerichtsrätekommentar, BGB, Bd. II/1, 241-413 BGB, 12. Auflage, Berlin, 1978
WEBER - STEINHAUS, Dietrich	Ärztliche Berufshaftung als Sonderdeliktsrecht, Medizin in Recht und Ethik, Bd. 21, Stuttgart, 1990
WEIS, Karl Heinz	Umsatzbesteuerung der freien Berufe in Deutschland, Köln, Berlin, 1962
WEISSAUER, Walter / POELLINGER, Franz	Ist eine Regelung der ärztlichen Berufspflichten durch Berufsordnungen der Ärztekammern mit Art. 12 I GG vereinbar? Köln, Berlin 1961
WEIß, Gert	Die weltberühmte Mayo - Klinik feiert Jubiläum, KHU 1964,182
WENDELING - SCHRÖDER, Ulrike	Gewissen und Eigenverantwortung im Arbeitsleben, BB 1988,1742 ff
WESTERMANN, Harm-Peter	Zivilrechtliche Verantwortlichkeit bei ärztlicher Teamarbeit, NJW 1974,577 ff
WEYERS, Hans-Leo	Empfiehlt es sich, im Interesse der Patienten und Ärzte ergänzende Regelungen für das ärztliche Vertrags- (Standes-) und Haftungsrecht einzuführen? In: Verhandlungen des 52. Deutschen Juristentages, Wiesbaden, 1978, Bd. I, Teil A, München, 1978
WIESNER, Bernhard	Die rechtlichen Auswirkungen der Weiterbildung im ärztlichen Arbeitsverhältnis, BlStSozArbR 1985,177 ff
WILHELM, Dorothee	Verantwortung und Vertrauen bei medizinischer Arbeitsteilung, Medizin in Recht und Ethik, Bd. 13, Stuttgart, 1984

Dies.	Probleme der medizinischen Arbeitsteilung aus strafrechtlicher Sicht, MedR 1983, 45 ff
WILKE, Dieter	in: Mangoldt/Klein, Das Bonner Grundgesetz, 2. Auflage, München, 1974
ZEISS, Walter	in: Soergel, BGB - Kommentar, Bd. II/1, §§ 362-397 BGB, 12. Auflage, Berlin, 1990
ZEUNER, Albrecht	in: Soergel, BGB - Kommentar, Bd. IV, §§ 823-825 BGB, 11. Auflage, Berlin, 1985
ZÖLLNER, Wolfgang	Betriebs- und unternehmensverfassungsrechtliche Fragen bei konzernrechtlichen Betriebsführungsverträgen, ZfA 1983, 93 ff
ZÖLLNER, Wolfgang / LORITZ, Karl-Georg	Arbeitsrecht, 4. Auflage, München, 1992

E. ABKÜRZUNGSVERZEICHNIS

a.A.	anderer Ansicht
abgedr.	abgedruckt
ABlEG	Amtsblatt der Europäischen Gemeinschaften
Abs.	Absatz
AcP	Archiv civilistischer Praxis
AiB	Arbeit im Betrieb
AiP	Arzt im Praktikum
AiW	Arzt in der Weiterbildung
AFG	Arbeitsförderungsgesetz
Anh.	Anhang
Anl.	Anlage
Anm.	Anmerkung
AöR	Archiv des öffentlichen Rechts
AppOÄ	Approbationsordnung/Ärzte
Art.	Artikel
ArztR	Arztrecht
AT	Allgemeiner Teil
AÜG	Arbeitnehmerüberlassungsgesetz
AuK	Arzt und Krankenhaus
AuR	Arbeit und Recht
BAG	Bundesarbeitsgericht
BAGE	Entscheidungen des Bundesarbeitsgerichts
BArchG	Bundesarchitektengesetz
BAT	Bundesangestelltentarifvertrag
Bay	Bayerische(s,r)
BÄO	Bundesärzteordnung
BB	Betriebsberater
BBG	Bundesbeamtengesetz
BBiG	Bundesberufsbildungsgesetz
Bd.	Band
Bde.	Bände
betr.	betreffend
FG	Beschäftigungsfördrungsgesetz
BFH	Bundesfinanzhof
BGB	Bürgerliches Gesetzbuch
BGH	Bundesgerichtshof
BGHZ	Entscheidungen des Bundesgerichtshofs in Zivilsachen
BlStSozArbR	Blätter für Steuer-,Sozial- und Arbeitsrecht
BO	Berufsordnung
BOH	Berufsordnung der Heilpraktiker
BPflVO	Bundespflegesatzverordnung
BRAO	Bundesrechtsanwaltsordnung
Brem.	Breme(n,r)
BReg.	Bundesregierung
BRRG	Beamtenrechtsrahmengesetz
BStBl.	Bundessteuerblatt
BT-Drs.	Bundestags-Drucksache
BVerfG	Bundesverfassungsgericht
BVerfGE	Entscheidungen des Bundesverfassungsgerichts
BVerwG	Bundesverwaltungsgericht
BVerwGE	Entscheidungen des Bundesverwaltungsgerichts
bzgl.	bezüglich

ca.	circa
DÄ	Deutsches Ärzteblatt
DB	Der Betrieb
ders.	derselbe
d.h.	das heißt
dies.	dieselben
Diss.	Dissertation
DKG	Deutsche Krankenhaus Gesellschaft
DÖV	Die Öffentliche Verwaltung
DR	Das Recht
Dt.	deutsche(r,s)
EStG	Einkommensteuergesetz
etc.	et ceterum
f	folgende
ff	fortfolgende
Fn.	Fußnote
FS.	Festschrift
GG	Grundgesetz
GewSt	Gewerbesteuer
GewStG	Gewerbesteuergesetz
hgg.	herausgegeben
Hb.	Halbband
HBG	Heilberufsgesetz
hM	herrschende Meinung
HPG	Heilpraktikergesetz
Hrsg.	Herausgeber
HS.	Halbsatz
i.d.F.	in der Fassung
i.d.R.	in der Regel
insb.	insbesondere
i.S.	im Sinne
i.V.m.	in Verbindung mit
JUS	Juristische Schulung
JW	Juristische Wochenschrift
JZ	Juristenzeitung
KammG	Kammergesetz
KH	Das Krankenhaus
KHA	Der Krankenhausarzt
KHG	Krankenhausgesetz
KHU	Krankenhausumschau
KG	Kammergericht
LAG	Landesarbeitsgericht
LÄK	Landesärztekammer
LHKG	Landeskrankenhausgesetz
m.a.W.	mit anderen Worten
MB	Marburger Bund
mE.	meines Erachtens
MedR	Medizinrecht
MuBO	Musterberufsordnung
Münch.ArbR	Münchener Handbuch für Arbeitsrecht
MuWBO	Musterweiterbildungsordnung
m.w.N.	mit weiteren Nachweisen
NJW	Neue Juristische Wochenschrift
Nr.	Nummer
NZA	Neue Zeitschrift für Arbeitsrechtt

OLG	Oberlandesgericht
OLGZ	Entscheidungen der Oberlandesgerichte in Zivilsachen
OVG	Oberverwaltungsgericht
PFV	Positive Forderungsverletzung
Preuß.	Preußische(r,s)
RdA	Recht der Arbeit
Rdnr.	Randnummer
RFH	Reichsfinanzhof
RG	Reichsgericht
RGRK	Reichsgerichtsräte - Kommentar
RGZ	Entscheidungen des Reichsgerichts
RichtlRA	Grundsätze des anwaltlichen Standesrechts (1987)
RStBl.	Reichssteuerblatt
RVO	Reichsversicherungsordnung
Rz.	Randzeichen
S.	Seite
SGB	Sozialgesetzbuch
SLG	Seelotsengesetz
StBerG	Steuerberatungsgesetz
StGB	Strafgesetzbuch
StrRG	Strafrechtsreformgesetz
St.Rspr.	Ständige Rechtsprechung
TV	Tarifvertrag
u.a.	und andere
UStG	Umsatzsteuergesetz
u.U.	unter Umständen
vgl.	vergleiche
VersR	Versicherungsrecht
VGH	Verwaltungsgerichthof
VO	Verordnung
Vorb.	Vorbemerkung
Vorbem.	Vorbemerkung
W-L	Westfalen-Lippe
WM	Wertpapiermitteilungen
WPO	Wirtschaftsprüferordnung
ZÄK	Zahnärztekammer
z.B.:	zum Beispiel
ZBR	Zeitschrift für Beamtenrecht
ZfA	Zeitschrift für Arbeitsrecht
ZfT	Zeitschrift für Tarifrecht
Ziff.	Ziffer
ZS	Zeitschrift
z.T.	zum Teil

F. ANHANG

Bundesärztekammer

Berufsordnung
für die deutschen Ärzte

BUNDESÄRZTEKAMMER

Berufsordnung für die deutschen Ärzte

Aufgrund der Beschlüsse des 79. Deutschen Ärztetages 1976 und gemäß den Änderungen der Ärztetage 1977, 1979, 1983, 1985, 1988, 1990 und 1993 wird nachfolgend die Berufsordnung für die deutschen Ärzte in der zur Zeit gültigen Fassung veröffentlicht:

§ 1
Berufsausübung

(1) Der Arzt dient der Gesundheit des einzelnen Menschen und des gesamten Volkes. Der ärztliche Beruf ist kein Gewerbe. Er ist seiner Natur nach ein freier Beruf. Der ärztliche Beruf verlangt, daß der Arzt seine Aufgabe nach seinem Gewissen und nach den Geboten der ärztlichen Sitte erfüllt.

(2) Aufgabe des Arztes ist es, das Leben zu erhalten, die Gesundheit zu schützen und wiederherzustellen sowie Leiden zu lindern. Der Arzt übt seinen Beruf nach den Geboten der Menschlichkeit aus. Er darf keine Grundsätze anerkennen und keine Vorschriften oder Anweisungen beachten, die mit seiner Aufgabe nicht vereinbar sind oder deren Befolgung er nicht verantworten kann.

(3) Der Arzt ist verpflichtet, seinen Beruf gewissenhaft auszuüben und dem ihm im Zusammenhang mit dem Beruf entgegengebrachten Vertrauen zu entsprechen.

(4) Der Arzt muß sich vor der Durchführung klinischer Versuche am Menschen oder der epidemiologischen Forschung mit personenbezogenen Daten durch eine bei der Ärztekammer oder bei einer medizinischen Fakultät gebildete Ethik-Kommission über die mit seinem Vorhaben verbundenen berufsethischen und berufsrechtlichen Fragen beraten lassen.

(5) Die Erzeugung von menschlichen Embryonen zu Forschungszwecken sowie der Gentransfer in Embryonen und die Forschung an menschlichen Embryonen und totipotenten Zellen sind verboten. Verboten sind diagnostische Maßnahmen an Embryonen vor dem Transfer in die weiblichen Organe; es sei denn, es handelt sich um Maßnahmen zum Ausschluß schwerwiegender geschlechtsgebundener Erkrankungen im Sinne des § 3 Embryonenschutzgesetz. Der Arzt muß sich vor der Durchführung der Forschung mit vitalen menschlichen Gameten und lebendem embryonalen Gewebe durch eine bei der Ärztekammer oder bei einer medizinischen Fakultät gebildete Ethik-Kommission über die mit seinem Vorhaben verbundenen berufsethischen und berufsrechtlichen Fragen beraten lassen.

(6) Bei durchzuführenden Beratungen nach dem Absatz (4) und (5) ist die Deklaration des Weltärztebundes von 1964 (Helsinki) in der revidierten Fassung von 1975 (Tokio), von 1983 (Venedig) und 1989 (Hongkong) zugrunde zu legen.

Gelöbnis

Für jeden Arzt gilt folgendes Gelöbnis:

„Bei meiner Aufnahme in den ärztlichen Berufsstand gelobe ich feierlich, mein Leben in den Dienst der Menschlichkeit zu stellen.

Ich werde meinen Beruf mit Gewissenhaftigkeit und Würde ausüben. Die Erhaltung und Wiederherstellung der Gesundheit meiner Patienten soll oberstes Gebot meines Handelns sein.

Ich werde alle mir anvertrauten Geheimnisse auch über den Tod des Patienten hinaus wahren.

Ich werde mit allen meinen Kräften die Ehre und die edle Überlieferung des ärztlichen Berufes aufrechterhalten und bei der Ausübung meiner ärztlichen Pflichten keinen Unterschied machen weder nach Religion, Nationalität, Rasse noch nach Parteizugehörigkeit oder sozialer Stellung.

Ich werde jedem Menschenleben von der Empfängnis an Ehrfurcht entgegenbringen und selbst unter Bedrohung meine ärztliche Kunst nicht in Widerspruch zu den Geboten der Menschlichkeit anwenden.

Ich werde meinen Lehrern und Kollegen die schuldige Achtung erweisen. Dies alles verspreche ich feierlich auf meine Ehre."

(7) Der Arzt ist verpflichtet, sich über die für die Berufsausübung geltenden Vorschriften zu unterrichten und sie zu beachten.

(8) Der Arzt darf seinen Beruf nicht im Umherziehen ausüben. Er darf individuelle ärztliche Beratung oder Behandlung weder brieflich noch in Zeitungen oder Zeitschriften noch im Fernsehen oder Tonrundfunk durchführen.

(9) Der Arzt ist in der Ausübung seines Berufes frei. Er kann die ärztliche Behandlung ablehnen, insbesondere dann, wenn er der Überzeugung ist, daß das notwendige Vertrauensverhältnis zwischen ihm und dem Patienten nicht besteht. Seine Verpflichtung, in Notfällen zu helfen, bleibt hiervon unberührt.

(10) Ärzte sollen sich in der Regel nur durch Ärzte des gleichen Gebietes vertreten lassen.

§ 2
Aufklärungspflicht[1]

Der Arzt hat das Selbstbestimmungsrecht des Patienten zu achten. Zur Behandlung bedarf er der Einwilligung des Patienten. Der Einwilligung hat grundsätzlich eine Aufklärung im persönlichen Gespräch vorauszugehen.

§ 3
Schweigepflicht

(1) Der Arzt hat über das, was ihm in seiner Eigenschaft als Arzt anvertraut oder bekannt geworden ist, zu schweigen. Dazu gehören auch schriftliche Mitteilungen des Patienten, Aufzeichnungen über Patienten, Röntgenaufnahmen und sonstige Untersuchungsbefunde.

(2) Der Arzt hat die Pflicht zur Verschwiegenheit auch seinen Familienangehörigen gegenüber zu beachten.

(3) Der Arzt hat seine Mitarbeiter und die Personen, die zur Vorbereitung auf den Beruf an der ärztlichen Tätigkeit teilnehmen, über die gesetzliche Pflicht zur Verschwiegenheit zu belehren und dieses schriftlich festzuhalten.

(4) Der Arzt ist zur Offenbarung befugt, soweit er von der Schweigepflicht entbunden worden ist oder soweit die Offenbarung zum Schutze eines höherwertigen Rechtsgutes erforderlich ist. Gesetzliche Aussage- und Anzeigepflichten bleiben unberührt.

(5) Der Arzt ist auch dann zur Verschwiegenheit verpflichtet, wenn er

---

[1] Die zu § 2 „Aufklärungspflicht" niedergelegten „Empfehlungen zur Patientenaufklärung" sind im DEUTSCHEN ÄRZTEBLATT vom 19. April 1990, Heft 16, erschienen.

amtlichen oder privaten Auftrag eines Dritten tätig wird, es sei denn, daß dem Betroffenen vor der Untersuchung oder Behandlung bekannt ist oder eröffnet wurde, inwieweit die von dem Arzt getroffenen Feststellungen zur Mitteilung an Dritte bestimmt sind.

(6) Wenn mehrere Ärzte gleichzeitig oder nacheinander denselben Patienten untersuchen oder behandeln, so sind sie untereinander von der Schweigepflicht insoweit befreit, als das Einverständnis des Patienten anzunehmen ist.

(7) Zum Zwecke der wissenschaftlichen Forschung und Lehre dürfen der Schweigepflicht unterliegende Tatsachen und Befunde grundsätzlich nur soweit mitgeteilt werden, als dabei die Anonymität des Patienten gesichert ist oder dieser ausdrücklich zustimmt[2].

§ 4
Zusammenarbeit der Ärzte

(1) Der Arzt ist zu kollegialer Zusammenarbeit mit denjenigen Ärzten verpflichtet, die gleichzeitig oder nacheinander denselben Patienten behandeln.

(2) Der Arzt ist verpflichtet, einen weiteren Arzt hinzuzuziehen oder den Patienten an einen anderen Arzt zu überweisen, wenn dies nach seiner ärztlichen Erkenntnis angezeigt erscheint und der Patient einverstanden ist sein Einverständnis anzunehmen ist. Den Wunsch des Patienten oder seiner Angehörigen, einen weiteren Arzt zuzuziehen oder einem anderen Arzt überwiesen zu werden, soll der behandelnde Arzt in der Regel nicht ablehnen.

(3) Der Arzt hat einem vor-, mit- oder nachbehandelnden Arzt auf Verlangen die erhobenen Befunde zu übermitteln und ihn über die bisherige Behandlung zu informieren, soweit das Einverständnis des Patienten anzunehmen ist. Bei Überweisungen, Krankenhauseinweisungen und Krankenhausentlassungen gilt dies auch ohne ausdrückliches Verlangen. Originalunterlagen sind zurückzugeben.

§ 5
Verpflichtung zur Weiterbildung

Der zur Weiterbildung ermächtigte Arzt hat im Rahmen der gegebenen Möglichkeiten einen ärztlichen Mitarbeiter unbeschadet dessen Pflicht, sich selbst um eine Weiterbildung zu bemühen, in dem gewählten Weiterbildungsgang nach

---

[2]) Die zum § 3 Absatz 7 verfaßten Richtlinien sind vom Vorstand der Bundesärztekammer in seiner Sitzung vom 8. März 1991 beschlossen worden.

Maßgabe der Weiterbildungsordnung weiterzubilden.

§ 6
Erhaltung des ungeborenen Lebens

Der Arzt ist grundsätzlich verpflichtet, das ungeborene Leben zu erhalten. Der Schwangerschaftsabbruch unterliegt den gesetzlichen Bestimmungen. Der Arzt kann nicht gezwungen werden, einen Schwangerschaftsabbruch vorzunehmen.

§ 7
Schutz der toten Leibesfrucht

Der Arzt, der einen Schwangerschaftsabbruch durchführt oder eine Fehlgeburt betreut, hat dafür Sorge zu tragen, daß die tote Leibesfrucht keiner mißbräuchlichen Verwendung zugeführt wird.

§ 8
Sterilisationen

Sterilisationen sind aus medizinischen, genetischen oder sozialen Gründen zulässig.

§ 9
In-vitro-Fertilisation, Embryotransfer

(1) Die künstliche Befruchtung einer Eizelle außerhalb des Mutterleibes und die anschließende Einführung des Embryos in die Gebärmutter oder die Einbringung von Gameten oder Embryonen in den Eileiter der genetischen Mutter sind als Maßnahmen zur Behandlung der Sterilität ärztliche Tätigkeiten und nur im Rahmen der von der Ärztekammer als Bestandteil der Berufsordnung beschlossenen Richtlinien zulässig. Die Verwendung fremder Eizellen (Eizellenspende) ist bei Einsatz dieser Verfahren verboten.

(2) Jeder Arzt, der diese Maßnahmen durchführen will und für sie die Gesamtverantwortung trägt, hat sein Vorhaben der Ärztekammer anzuzeigen und nachzuweisen, daß die berufsrechtlichen Anforderungen erfüllt sind.

(3) Ein Arzt kann nicht verpflichtet werden, an einer In-vitro-Fertilisation oder einem Embryotransfer mitzuwirken.

§ 10
Fortbildung

(1) Der Arzt, der seinen Beruf ausübt, ist verpflichtet, sich beruflich fortzubilden und über die für seine Berufsausübung jeweils geltenden Bestimmungen zu unterrichten.

(2) Geeignete Mittel der Fortbildung sind insbesondere:

a) Teilnahme an allgemeinen oder besonderen Fortbildungsveranstaltungen (Kongresse, Seminare, Übungsgruppen, Kurse, Kolloquien),
b) Klinische Fortbildung (Vorlesungen, Visiten, Demonstrationen und Übungen),
c) Studium der Fachliteratur,
d) Inanspruchnahme audiovisueller Lehr- und Lernmittel.

(3) Der Arzt hat in dem Umfange von den aufgezeigten Fortbildungsmöglichkeiten Gebrauch zu machen, wie es zur Erhaltung und Entwicklung der zur Ausübung seines Berufes erforderlichen Fachkenntnisse notwendig ist.

(4) Der Arzt muß eine den Absätzen (1) bis (3) entsprechende Fortbildung gegenüber der Ärztekammer in geeigneter Form nachweisen können.

§ 11
Qualitätssicherung

Der Arzt ist verpflichtet, die von der Ärztekammer eingeführten Maßnahmen zur Sicherung der Qualität der ärztlichen Tätigkeit durchzuführen.

§ 12
Haftpflichtversicherung

Der Arzt ist verpflichtet, sich hinreichend gegen Haftpflichtansprüche im Rahmen seiner beruflichen Tätigkeit zu versichern.

§ 13
Ausübung der Praxis

(1) Die Ausübung ambulanter ärztlicher Tätigkeit außerhalb des Krankenhauses einschließlich konzessionierter Privat-Krankenanstalten ist an die Niederlassung in eigener Praxis gebunden, soweit nicht gesetzliche Vorschriften etwas anderes zulassen.

(2) Die Niederlassung ist durch ein Praxisschild entsprechend § 34 kenntlich zu machen. Hierbei ist der Arzt verpflichtet, seine Sprechstunde nach den örtlichen und fachlichen Gegebenheiten seiner Praxis festzusetzen und die Sprechstunden auf dem Praxisschild bekanntzugeben.

(3) Dem Arzt ist es nicht gestattet, ar mehreren Stellen Sprechstunden abzu halten. Die Ärztekammer kann, soweit e: die Sicherung der ärztlichen Versor gung der Bevölkerung erfordert, die Ge nehmigung für eine Zweigpraxis (Sprech stunde) erteilen.

(4) Ort und Zeitpunkt der Niederlas sung sowie jede Veränderung hat de Arzt der Ärztekammer unverzüglich mi zuteilen.

§ 14
Verträge

(1) Anstellungsverträge dürfen von Ärzten nur abgeschlossen werden, wenn die Grundsätze dieser Berufsordnung gewahrt sind. Sie müssen insbesondere sicherstellen, daß der Arzt in seiner ärztlichen Tätigkeit keinen Weisungen von Nichtärzten unterworfen wird. Sofern Weisungsbefugnis von Ärzten gegenüber Ärzten besteht, sind die Empfänger dieser Weisung dadurch nicht von ihrer ärztlichen Verantwortung entbunden.

(2) Der Arzt soll alle Verträge über seine ärztliche Tätigkeit vor ihrem Abschluß der Ärztekammer vorlegen, damit geprüft werden kann, ob die beruflichen Belange gewahrt sind.

§ 15
Ärztliche Aufzeichnungen

(1) Der Arzt hat über die in Ausübung seines Berufes gemachten Feststellungen und getroffenen Maßnahmen die erforderlichen Aufzeichnungen zu machen. Ärztliche Aufzeichnungen sind nicht nur Gedächtnisstützen für den Arzt, sie dienen auch dem Interesse des Patienten an einer ordnungsgemäßen Dokumentation.

(2) Ärztliche Aufzeichnungen sind 10 Jahre nach Abschluß der Behandlung aufzubewahren, soweit nicht nach anderen gesetzlichen Vorschriften eine längere Aufbewahrungspflicht besteht. Eine längere Aufbewahrung ist auch dann erforderlich, wenn sie nach ärztlicher Erfahrung geboten ist.

(3) Eine nach den Grundsätzen des § 3 zulässige Herausgabe von ärztlichen Aufzeichnungen, Krankenblättern, Sektionsbefunden, Röntgenaufnahmen und anderen Untersuchungsbefunden soll an nichtärztliche Stellen oder an Ärzte, die nicht an der Behandlung beteiligt sind, in Verbindung mit der Erstattung eines Berichts oder Gutachtens erfolgen, wenn es für das Verständnis dieser Unterlagen erforderlich ist.

(4) Der Arzt soll dafür Sorge tragen, daß seine ärztlichen Aufzeichnungen und Untersuchungsbefunde nach Aufgabe der Praxis in gehörige Obhut gegeben werden. Der Arzt, dem bei einer Praxisaufgabe oder Praxisübergabe ärztliche Aufzeichnungen über Patienten in Obhut gegeben werden, muß diese Aufzeichnungen unter Verschluß halten und darf sie nur mit Einwilligung des Patienten einsehen oder weitergeben.

(5) Aufzeichnungen im Sinne des Absatzes (1) auf elektronischen Datenträgern oder anderen Speichermedien bedürfen besonderer Sicherungs- und Schutzmaßnahmen, um deren Veränderung, Vernichtung oder unrechtmäßige Verwendung zu verhindern.

§ 16
Ausstellung von Gutachten und Zeugnissen

Bei der Ausstellung ärztlicher Gutachten und Zeugnisse hat der Arzt mit der notwendigen Sorgfalt zu verfahren und nach bestem Wissen seine ärztliche Überzeugung auszusprechen. Der Zweck des Schriftstückes und sein Empfänger sind anzugeben. Gutachten und Zeugnisse, zu deren Ausstellung der Arzt verpflichtet ist oder die auszustellen er übernommen hat, sind innerhalb einer angemessenen Frist abzugeben.

Bei Zeugnissen über Mitarbeiter und Ärzte in Weiterbildung sollte eine Frist von drei Monaten nach Antragstellung oder Ausscheiden nicht überschritten werden.

§ 17
Ausbildung von Mitarbeitern

Der Arzt hat bei der Ausbildung seiner Mitarbeiter die für die Berufsausbildung bestehenden gesetzlichen Vorschriften zu beachten.

§ 18
Ärztliches Honorar

(1) Die Honorarforderung des Arztes muß angemessen sein. Für die Berechnung ist die Gebührenordnung die Grundlage. Der Arzt hat dabei die besonderen Umstände des einzelnen Falles, insbesondere die Schwierigkeit der Leistung, den Zeitaufwand und nach billigem Ermessen zu berücksichtigen. Hierbei darf er die üblichen Sätze in unlauterer Weise unterschreiten. Bei Abschluß einer Honorarvereinbarung hat der Arzt auf Einkommens- und Vermögensverhältnisse des Zahlungspflichtigen Rücksicht zu nehmen.

(2) Der Arzt kann Verwandten, Kollegen, deren Angehörigen und unbemittelten Patienten das Honorar ganz oder teilweise erlassen.

(3) Der Arzt soll seine Honorarforderungen im allgemeinen mindestens vierteljährlich stellen und aufgrund seiner Aufzeichnungen aufgliedern, so daß eine Nachprüfung möglich ist.

(4) Der Arzt darf ein Gutachten über die Angemessenheit der Honorarforderungen eines anderen Arztes nur in amtlichem Auftrag oder mit Genehmigung der Ärztekammer abgeben. Auf Antrag eines Beteiligten gibt die Ärztekammer eine gutachterliche Äußerung über die Angemessenheit der Honorarforderung ab.

§ 19
Kollegiales Verhalten

(1) Ärzte haben sich untereinander kollegial und rücksichtsvoll zu verhalten. Die Verpflichtung des Arztes nach § 16 Satz 1, in einem Gutachten, auch soweit es die Behandlungsweise eines anderen Arztes betrifft, nach bestem Wissen seine ärztliche Überzeugung auszusprechen, bleibt unberührt. Unsachliche Kritik an der Behandlungsweise oder dem beruflichen Wissen eines Arztes sowie herabsetzende Äußerungen über seine Person sind berufsunwürdig.

Es ist berufsunwürdig, einen Kollegen aus seiner Behandlungstätigkeit oder als Mitbewerber durch unlautere Handlungsweise zu verdrängen.

Es ist insbesondere berufsunwürdig, wenn ein „Arzt im Praktikum", ein Assistent oder Vertreter zur Ableistung der Vorbereitungszeit auf die kassenärztliche Tätigkeit oder ein Weiterbildungsassistent sich innerhalb eines Zeitraumes von zwei Jahren ohne Zustimmung des Praxisinhabers im Einzugsbereich derjenigen Praxis niederläßt, in welcher er die bezeichneten Tätigkeiten mindestens drei Monate ausgeübt hat.

Der Arzt darf nicht die Notlage stellensuchender Kolleginnen und Kollegen (insbesondere in Weiterbildung) dadurch ausnutzen, daß unter seiner Mitwirkung unter Umgehung oder Bruch geltender Tarifverträge und anderer Rechtsnormen Arbeitsplätze angeboten werden (zum Beispiel Mißbrauch von Gastarztverträgen). Dasselbe gilt für das Anbieten oder Fördern von Arbeitsverhältnissen, durch die mehrere Ärzte in einen Verdrängungswettbewerb hineingezogen werden.[3)]

(2) Ärzte, die andere Ärzte zu ärztlichen Verrichtungen bei Patienten heranziehen, denen gegenüber nur sie einen Liquidationsanspruch haben, sind verpflichtet, diesen Ärzten eine angemessene Vergütung zu gewähren.

(3) In Gegenwart von Patienten oder Nichtärzten sind Beanstandungen der ärztlichen Tätigkeit und zurechtweisende Belehrungen zu vermeiden. Das gilt auch für Ärzte als Vorgesetzte und Untergebene und für den Dienst in der Krankenanstalten.

(4) Nachuntersuchungen arbeitsunfähiger Patienten eines Arztes dürfen von einem anderen Arzt hinsichtlich der Arbeitsfähigkeit nur im Benehmen mit dem behandelnden Arzt durchgeführt werden. Die Bestimmungen über den Vertrauensärztlichen Dienst in der Sozial-

sicherung oder amtsärztliche Aufgaben werden hiervon nicht berührt.

§ 20
Behandlung von Patienten anderer Ärzte

(1) In seiner Sprechstunde darf der Arzt jeden Patienten behandeln. Wird der Arzt von einem Patienten in Anspruch genommen, der bereits in Behandlung eines anderen Arztes steht, so hat er darauf hinzuwirken, daß der von ihm zugezogene Arzt durch den Patienten oder dessen Angehörige verständigt wird.

(2) Wird ein Arzt in einem Notfall zu einem Patienten gerufen, der bereits in Behandlung eines anderen, nicht erreichbaren Arztes steht, so hat er nach der Notfallbehandlung diesen baldmöglichst

---

[3]) Anmerkung des Vorstandes der Bundesärztekammer zu § 19 Abs. 1 Sätze 6 und 7:
Der Vorstand der Bundesärztekammer anerkennt inhaltlich die in der Beschlußfassung des Deutschen Ärztetages zum Ausdruck gekommene Willensbildung und Tendenz. Der Vorstand der Bundesärztekammer schließt sich jedoch hinsichtlich der Aufnahme des vom Deutschen Ärztetag verabschiedeten Textes als Rechtsnorm in die Berufsordnung den von den Mitgliedern des Berufsordnungsausschusses und den Justitiaren geäußerten Bedenken dahingehend an, daß die vorgelegte Wortfassung den Ansprüchen an eine gesetzliche Regelung nicht genügt. Der vom Deutschen Ärztetag angenommene Text trägt den Charakter einer Resolution und ist auch in Teilen einer solchen entnommen. Die Ermächtigung aus den Heilberufsgesetzen (Ärztekammergesetzen) an die Ärztekammern, in einer Berufsordnung die Pflichten der Ärzte festzulegen, ist jedoch ein Auftrag zur Rechtsetzung. Das bedeutet, daß die Normen der Berufsordnung in solche Tatbestände zu fassen sind, welche Grundlage einer berufsgerichtlichen Verurteilung sein können. Diesen Anforderungen genügt der verabschiedete Text für § 19 Abs. 1 Musterberufsordnung nicht.
Die Rechtskonferenz hat den nachstehenden Formulierungsvorschlag zu § 19 Abs. 1 der Musterberufsordnung, der den Ärztekammern zur Übernahme in die Berufsordnungen empfohlen wird:
In § 19 Abs. 1 der Musterberufsordnung wird nach Satz 4 folgender Satz eingefügt: „Ebenso ist es berufsunwürdig, einen Kollegen in unlauterer Weise durch Gewährung üblichen Vergütung oder unentgeltlich zu beschäftigen oder eine solche Beschäftigung zu bewirken."

[4]) Die Empfehlungen zu „Richtlinien für den ärztlichen Notfalldienst" wurden in Heft 29/78 des DEUTSCHEN ÄRZTEBLATTES am 20. Juli 1978 veröffentlicht.

[5]) Die „Richtlinien für die publizistische Tätigkeit von Ärzten" wurden in Heft 2/79 des DEUTSCHEN ÄRZTEBLATTES vom 11. Januar 1979 veröffentlicht.

---

zu unterrichten und ihm die weitere Behandlung zu überlassen.

(3) Nach Entlassung aus stationärer Behandlung soll der Patient dem Arzt zurücküberwiesen werden, in dessen Behandlung er vor der Krankenhauseinweisung stand. Wiederbestellung zur ambulanten Behandlung oder Überwachung ist nur mit Zustimmung des behandelnden Arztes gestattet.

(4) Der Arzt darf den von einem anderen Arzt erbetenen Beistand ohne zwingenden Grund nicht ablehnen.

(5) Der Arzt soll Patienten, die ihm von einem anderen Arzt überwiesen worden sind, nach Beendigung seiner Behandlungstätigkeit wieder zurücküberweisen, wenn noch eine weitere Behandlung erforderlich ist.

(6) Bei Konsilien sollen die beteiligten Ärzte ihre Beratung nicht in Anwesenheit des Patienten oder seiner Angehörigen abhalten. Sie sollen sich darüber einigen, wer das Ergebnis des Konsiliums mitteilt.

§ 21
Vertreter und ärztliche Mitarbeiter

(1) Der Arzt muß seine Praxis persönlich ausüben.

(2) Die Ärzte sollen grundsätzlich zur gegenseitigen Vertretung bereit sein; übernommene Patienten sind nach Beendigung der Vertretung zurückzuüberweisen.

(3) Die Beschäftigung eines Vertreters in der Praxis ist der Ärztekammer anzuzeigen, wenn die Behinderung, die Vertretung auslöst, insgesamt länger als drei Monate innerhalb von 12 Monaten dauert.

(4) Der Arzt, der sich vertreten lassen will, hat sich darüber zu vergewissern, daß die Voraussetzungen für die ordnungsgemäße Vertretung in der Person des Vertreters erfüllt sind.

(5) Die Praxis eines verstorbenen Arztes kann zugunsten seiner Witwe oder eines unterhaltsberechtigten Angehörigen in der Regel bis zur Dauer von drei Monaten nach dem Ende des Kalendervierteljahres durch einen anderen Arzt fortgesetzt werden.

(6) Die Beschäftigung eines ärztlichen Mitarbeiters setzt die Leitung der Praxis durch den niedergelassenen Arzt voraus. Sie ist der Ärztekammer anzuzeigen.

§ 22
Verbot der Zuweisung gegen Entgelt

Dem Arzt ist es nicht gestattet, für die Zuweisung von Patienten oder Untersuchungsmaterial ein Entgelt oder andere Vorteile sich versprechen oder gewähren zu lassen oder selbst zu versprechen oder zu gewähren.

§ 23
Gemeinsame Ausübung ärztlicher Tätigkeit

Der Zusammenschluß von Ärzten zur gemeinsamen Ausübung des Berufes, zur gemeinschaftlichen Nutzung von Praxisräumen, diagnostischen und therapeutischen Einrichtungen ist der Ärztekammer anzuzeigen.

Bei allen Formen gemeinsamer Berufsausübung muß die freie Arztwahl gewährleistet bleiben.

§ 24
Ärztlicher Notfalldienst

(1) Der niedergelassene Arzt ist verpflichtet, am Notfalldienst teilzunehmen. Auf Antrag eines Arztes kann aus schwerwiegenden Gründen eine Befreiung vom Notfalldienst ganz, teilweise oder vorübergehend erteilt werden. Dies gilt insbesondere:
- wenn er wegen körperlicher Behinderung hierzu nicht in der Lage ist,
- wenn ihm aufgrund besonders belastender familiärer Pflichten die Teilnahme nicht zuzumuten ist,
- wenn er an einem klinischen Bereitschaftsdienst mit Notfallversorgung teilnimmt,
- für Ärztinnen mindestens drei Monate vor und mindestens sechs Monate nach der Niederkunft.

(2) Für die Einrichtung und Durchführung eines Notfalldienstes im einzelnen sind die von der Ärztekammer erlassenen Richtlinien[4]) maßgebend. Die Verpflichtung zur Teilnahme am Notfalldienst gilt für den festgelegten Notfalldienstbereich.

(3) Die Einrichtung eines Notfalldienstes entbindet den behandelnden Arzt nicht von seiner Verpflichtung, für die Betreuung seiner Patienten in dem Umfange Sorge zu tragen, wie es deren Krankheitszustand erfordert.

(4) Der Arzt hat sich auch für den Notfalldienst fortzubilden, wenn er gemäß Absatz (1) nicht auf Dauer von der Teilnahme am Notfalldienst befreit ist. § 10 gilt sinngemäß.

§ 25
Werbung und Anpreisung[5])

(1) Dem Arzt ist jegliche Werbun für sich oder andere Ärzte untersagt. E darf eine ihm verbotene Werbung durc andere weder veranlassen noch dulder Dies gilt auch für Ärzte, deren Perso

oder Tätigkeit in Ankündigungen von Sanatorien, Kliniken, Institutionen oder anderen Unternehmen anpreisend herausgestellt wird.

(2) Der Arzt darf nicht dulden, daß Berichte oder Bildberichte mit werbendem Charakter über seine ärztliche Tätigkeit unter Verwendung seines Namens, Bildes oder seiner Anschrift veröffentlicht werden.

§ 26
Information unter Ärzten

Ärzte dürfen andere Ärzte über ihr Leistungsangebot informieren. Die Information muß räumlich auf ein angemessenes Einzugsgebiet um den Ort der Niederlassung begrenzt und auf eine Ankündigung der eigenen Leistungsbereitschaft sowie des Leistungsangebotes beschränkt sein. Die Information darf sich auch auf die Mitteilung von solchen Qualifikationen erstrecken, die nach dem maßgeblichen Weiterbildungsrecht erworben worden sind, jedoch als Bezeichnungen nicht geführt werden dürfen (fakultative Weiterbildung, Fachkunde). Bei der Information ist jede werbende Herausstellung der eigenen Tätigkeit untersagt.

§ 27
Berufliches Wirken in der Öffentlichkeit

Veröffentlichungen medizinischen Inhalts oder die Mitwirkung des Arztes an aufklärenden Veröffentlichungen in Presse, Funk und Fernsehen sind zulässig, wenn und soweit die Veröffentlichung und die Mitwirkung des Arztes auf sachliche Information begrenzt und auf Person sowie das Handeln des Arztes nicht werbend herausgestellt wird. Dabei ist der Arzt zu verantwortungsbewußter Objektivität verpflichtet. Dasselbe gilt für öffentliche Vorträge medizinischen Inhalts.

§ 28
Patienteninformation

Sachliche Informationen medizinischen Inhalts und organisatorische Hinweise zur Patientenbehandlung sind in den Praxisräumen des Arztes zur Unterrichtung der Patienten zulässig, wenn eine werbende Herausstellung des Arztes und seiner Leistungen unterbleibt.

§ 29
Arzt und Nichtarzt

(1) Dem Arzt ist nicht gestattet, zusammen mit Personen, die weder Ärzte sind noch zu seinen berufsmäßig tätigen Mitarbeitern gehören, zu untersuchen oder zu behandeln. Er darf diese auch nicht als Zuschauer bei ärztlichen Verrichtungen zulassen. Personen, welche sich in der Ausbildung zum ärztlichen Beruf oder einem medizinischen Assistenzberuf befinden, werden hiervon nicht betroffen. Angehörige von Patienten und andere Personen dürfen anwesend sein, wenn hierfür eine ärztliche Begründung besteht und der Patient zustimmt.

(2) Ein unzulässiges Zusammenwirken im Sinne von Absatz 1 liegt nicht vor, wenn der Arzt zur Erzielung des Heilerfolges am Patienten nach den Regeln der ärztlichen Kunst die Mitwirkung des Nichtarztes für notwendig hält und die Verantwortungsbereiche von Arzt und Nichtarzt klar erkennbar voneinander getrennt bleiben.

(3) Der Arzt darf sich durch einen Nichtarzt weder vertreten lassen noch eine Krankenbehandlung oder Untersuchung durch einen Nichtarzt mit seinem Namen decken.

§ 30
Verordnungen und Empfehlungen von Arznei-, Heil- und Hilfsmitteln

(1) Dem Arzt ist es nicht gestattet, für die Verordnung von Arznei-, Heil- und Hilfsmitteln von dem Hersteller oder Händler eine Vergütung oder sonstige wirtschaftliche Vergünstigungen zu fordern oder anzunehmen.

(2) Der Arzt darf Ärztemuster nicht gegen Entgelt weitergeben.

(3) Der Arzt darf einer mißbräuchlichen Anwendung oder Verschreibungen keinen Vorschub leisten.

(4) Dem Arzt ist es nicht gestattet, Patienten ohne hinreichenden Grund an bestimmte Apotheken oder Geschäfte zu verweisen oder mit Apotheken oder Geschäften zu vereinbaren, daß Arznei-, Heil- oder Hilfsmittel unter Decknamen oder unklaren Bezeichnungen verordnet werden. Der Arzt soll bei der Verordnung von Heil- und Hilfsmitteln ohne sachlich gebotenen Grund keine Erzeugnisse bestimmter Hersteller nennen.

(5) Der Arzt soll an der Bekämpfung des Heilmittelschwindels mitwirken.

(6) Die Tätigkeit ärztlich-wissenschaftlicher Mitarbeiter der Industrie soll sich auf eine fachliche Information von Ärzten über Wirkung und Anwendungsweise von Arznei-, Heil- und Hilfsmitteln beschränken. Es ist diesen Ärzten nicht gestattet, bei Apothekern, Händlern oder anderen Nichtärzten um Bestellungen zu werben.

(7) Der Arzt ist verpflichtet, ihm aus seiner Verordnungstätigkeit bekanntwerdende unerwünschte Arzneimittelwirkungen der Arzneimittelkommission der deutschen Ärzteschaft mitzuteilen.

§ 31
Begutachtung von Arznei-, Heil- und Hilfsmitteln

(1) Dem Arzt ist es nicht gestattet, über Arznei-, Heil- und Hilfsmittel, Körperpflegemittel oder ähnliche Waren, Werbeverträge zu halten, Gutachten oder Zeugnisse auszustellen, die zur Werbung verwendet werden sollen. Der Arzt hat eine solche Verwendung seiner Gutachten und Zeugnisse dem Empfänger ausdrücklich zu untersagen.

(2) Dem Arzt ist es verboten, seinen Namen in Verbindung mit einer ärztlichen Berufsbezeichnung in unlauterer Weise für gewerbliche Zwecke, zum Beispiel für einen Firmentitel oder zur Bezeichnung eines Mittels herzugeben.

§ 32
Arzt und Industrie

(1) Soweit Ärzte Leistungen für die Hersteller von Arznei-, Heil-, Hilfsmitteln oder medizinisch-technischen Geräten erbringen (zum Beispiel bei der Entwicklung, Erprobung und Begutachtung), darf das hierfür bestimmte Honorar einen angemessenen Umfang nicht überschreiten und muß der erbrachten Leistung entsprechen.

(2) Dem Arzt ist es untersagt, Werbegaben aller Art von solchen Herstellern entgegenzunehmen. Dies gilt nicht für solche Gegenstände, welche lediglich einen geringen Wert darstellen.

(3) Bei Informationsveranstaltungen solcher Hersteller hat der Arzt zu beachten, daß alleine der Informationszweck im Vordergrund bleibt und ihm keine unangemessene Aufwendung für Bewirtung und vergleichbare Vorteile (zum Beispiel Reiseaufwendungen) gewährt werden.

§ 33
Anzeigen und Verzeichnisse

(1) Anzeigen in Zeitungen über die Niederlassung oder Zulassung dürfen außer der Anschrift der Praxis nur die für die Schilder des Arztes gestatteten Angaben enthalten und nicht dreimal in der gleichen Zeitung innerhalb der ersten drei Monate nach der Niederlassung oder nach der Aufnahme der Kassenpraxis veröffentlicht werden. Weitere Veröffentlichungen über die Niederlassung oder Zulassung sind untersagt.

(2) Im übrigen sind Anzeigen nur in den Zeitungen bei Praxisaufgabe, Praxisübergabe, längerer Abwesenheit von der Praxis oder Krankheit sowie bei der Ver-

legung der Praxis und bei der Änderung der Sprechstundenzeit oder der Fernsprechnummer gestattet. Derartige Anzeigen dürfen höchstens zweimal veröffentlicht werden.

(3) Form und Inhalt dieser Zeitungsanzeigen müssen sich nach den örtlichen Gepflogenheiten richten.

(4) Ärzte dürfen sich in für die Öffentlichkeit bestimmte Informationsmedien eintragen lassen, wenn diese folgenden Anforderungen gerecht werden:
1. Sie müssen allen Ärzten zu denselben Bedingungen gleichermaßen mit einem kostenfreien Grundeintrag offenstehen;
2. die Eintragungen müssen sich auf ankündigungsfähige Bezeichnungen beschränken (§ 34);
3. in dem Verzeichnis oder seinen für die Eintragung der Ärzte vorgesehenen Teilen müssen ausschließlich Ärzte aufgenommen werden.

Der Arzt darf an der Erstellung von Verzeichnissen, die nicht diesen Anforderungen entsprechen, nicht mitwirken.

§ 34
Praxisschilder

(1) Der Arzt hat auf seinem Praxisschild seinen Namen und die Bezeichnung als Arzt oder eine führbare Arztbezeichnung nach der Weiterbildungsordnung (Facharzt-, Schwerpunkt- oder Zusatzbezeichnung) anzugeben und Sprechstunden anzukündigen. Eine erworbene Facharzt-, Schwerpunkt- und Zusatzbezeichnung darf nur in der nach der Weiterbildungsordnung zulässigen Form und nur dann geführt werden, wenn der Arzt im entsprechenden Fachgebiet, Schwerpunkt oder Bereich tätig ist.

(2) Ärzte, welche nicht unmittelbar patientenbezogen tätig werden, können von der Ankündigung ihrer Niederlassung durch ein Praxisschild absehen, wenn sie dies der Ärztekammer anzeigen.

(3) Das Praxisschild darf über die Angaben nach Absatz 1 hinaus Zusätze über medizinische akademische Grade, ärztliche Titel, Privatwohnung und Telefonnummern enthalten. Andere akademische Grade dürfen nur in Verbindung mit der Fakultätsbezeichnung genannt werden.

(4) Folgende weitere Angaben dürfen, sofern die Voraussetzungen vorliegen, auf dem Praxisschild genannt werden:
a) Zulassung zu Krankenkassen
b) Durchgangsarzt

(5) Die Bezeichnung „Professor" darf geführt werden, wenn sie auf Vorschlag der medizinischen Fakultät (Fachbereich) durch das zuständige Landesministerium verliehen worden ist. Dasselbe gilt für die von einer ausländischen medizinischen Fakultät einer wissenschaftlichen Hochschule verliehene Bezeichnung, wenn sie nach Beurteilung durch die Ärztekammer der deutschen Bezeichnung „Professor" gleichwertig ist.

(6) Die nach Abs. 5 Satz 2 führbare, im Ausland erworbene Bezeichnung ist in der Fassung der ausländischen Verleihungsurkunde zu führen.

(7) Ärzte, die ihren Beruf in einer Gemeinschaftspraxis ausüben, haben dies mit dem Zusatz „Gemeinschaftspraxis" anzuzeigen.

(8) Das Führen anderer Zusätze ist untersagt.

§ 35
Anbringung der Schilder

(1) Das Praxisschild soll der Bevölkerung die Praxis des Arztes anzeigen. Es darf nicht in aufdringlicher Form gestaltet und angebracht sein und ein übliches Maß (etwa 35 × 50 cm) nicht übersteigen.

(2) Bei Vorliegen besonderer Umstände, zum Beispiel bei versteckt liegenden Praxiseingängen, darf der Arzt mit Zustimmung der Ärztekammer weitere Arztschilder anbringen.

(3) Bei Verlegung der Praxis kann der Arzt an dem Haus, aus dem fortgezogen ist, bis zur Dauer eines halben Jahres ein Schild mit einem entsprechenden Vermerk anbringen.

(4) Mit Genehmigung der Ärztekammer darf der Arzt erforderlichenfalls Praxisräume, die nicht am Ort der Niederlassung befinden und ausschließlich speziellen Untersuchungs- oder Behandlungszwecken dienen (z. B. Operationen), mit einem Hinweisschild kennzeichnen, welches seinen Namen, seine Arztbezeichnung und den Hinweis „Untersuchungsräume" oder „Behandlungsräume" ohne weitere Zusätze enthält.

§ 36
Ankündigungen auf Briefbögen, Rezeptvordrucken, Stempeln und im sonstigen Schriftverkehr

Für die Ankündigung auf Briefbögen, Rezeptvordrucken, Visitenkarten und Stempeln sowie im sonstigen Schriftverkehr gelten die Bestimmungen des § 34 entsprechend. Ärztliche Dienstbezeichnungen dürfen im Schriftverkehr angegeben werden; das gleiche gilt auch für Bezeichnungen nach der Weiterbildungsordnung nur am Ort der Tätigkeit geführt werden dürfen.

§ 37
Freier Dienstleistungsverkehr im Rahmen der Europäischen Gemeinschaft

Diese Berufsordnung gilt auch für Ärzte, die im Geltungsbereich dieser Berufsordnung nur vorübergehend Dienstleistungen in ihrem Beruf erbringen und Staatsangehörige eines anderen Mitgliedstaates der Europäischen Gemeinschaft sind.

§ 38
Übergangsbestimmungen

Wer bei Inkrafttreten dieser Änderung die Bezeichnung „Professor" führt, darf dies auch weiterhin, wenn die Bezeichnung von einer zuständigen Behörde verliehen worden ist. Für die im Ausland erworbene Bezeichnung „Professor" gilt die in § 34 (5) getroffene Regelung auch für die vor Inkrafttreten dieser Vorschrift geführten Bezeichnungen.

Bundesärztekammer

(Arbeitsgemeinschaft der Deutschen Ärztekammern) Sitz Köln

(Muster-) Weiterbildungsordnung

Nach den Beschlüssen
des 95. Deutschen Ärztetages 1992 in Köln

Hinweis:

Rechtsverbindlich ist für die Ärztin/ den Arzt die Weiterbildungsordnung in der jeweils gültigen Fassung der Landesärztekammer, deren Mitglied er ist.

Die Weiterbildungsordnungen der Landesärztekammern lehnen sich sehr eng an die (Muster-)Weiterbildungsordnung der Bundesärztekammer an.

Abweichungen in Details sind in den Weiterbildungsordnungen der Landesärztekammern möglich.

INHALTSVERZEICHNIS

	Seite:
§ 1 Ziel und Struktur der Weiterbildung	5
§ 2 Gebiete, Schwerpunkte und Bereiche	5
§ 3 Fakultative Weiterbildung im Gebiet und Weiterbildung in bestimmten Untersuchungs- und Behandlungsmethoden im Gebiet (Fachkunde)	5
§ 4 Art, Inhalt, Dauer und zeitlicher Ablauf der Weiterbildung	6
§ 5 Qualifikationsinhalt der Weiterbildung	7
§ 6 Facharztbezeichnungen	7
§ 7 Führen mehrerer Facharztbezeichnungen	7
§ 8 Befugnis zur Weiterbildung	8
§ 9 Zulassung von Praxen niedergelassener Ärzte oder sonstiger Einrichtungen der ärztlichen Versorgung als Weiterbildungsstätte	8
§ 10 Widerruf der Befugnis	8
§ 11 Erteilung von Zeugnissen über die Weiterbildung	9
§ 12 Anerkennung von Arztbezeichnungen	9
§ 13 Bescheinigung über die fakultative Weiterbildung und Weiterbildung zum Erwerb einer Fachkunde	9
§ 14 Prüfungsausschuß und Widerspruchsausschuß	9
§ 15 Zulassung zur Prüfung	9
§ 16 Prüfung	9
§ 17 Prüfungsentscheidung	10
§ 18 Wiederholungsprüfung	10
§ 19 Anerkennung bei gleichwertiger Weiterbildung	
§ 20 Weiterbildung außerhalb der Bundesrepublik Deutschland	10
§ 21 Aberkennung der Arztbezeichnung	11
§ 22 Pflichten der Ärzte	11
§ 23 Übergangsbestimmungen	11

Abschnitt I
Gebiete, Fachkunde, Fakultative Weiterbildung, Schwerpunkte

	Seite:
1. Allgemeinmedizin	12
1.A. *Fachkunde:*	
1.A.1 Laboruntersuchungen	13
1.B. *Fakultative Weiterbildung:*	
1.B.1 Klinische Geriatrie	13
2. Anästhesiologie	14
2.A. *Fachkunde:*	
2.A.1 Laboruntersuchungen	15
2.B. *Fakultative Weiterbildung:*	
2.B.1 Spezielle Anästhesiologische Intensivmedizin	15
3. Anatomie	15
4. Arbeitsmedizin	15
4.A. *Fachkunde:*	
4.A.1 Laboruntersuchungen	16
5. Augenheilkunde	16
5.A. *Fachkunde:*	
5.A.1 Laboruntersuchungen	16
6. Biochemie	16
7. Chirurgie	16
7.A. *Fachkunde:*	
7.A.1 Laboruntersuchungen	18
7.B. *Fakultative Weiterbildung:*	
7.B.1 Spezielle Chirurgische Intensivmedizin	18
7.C. *Schwerpunkte:*	
7.C.1 Gefäßchirurgie	18
7.C.2 Thoraxchirurgie	19
7.C.3 Unfallchirurgie	19
7.C.4 Visceralchirurgie	19
8. Diagnostische Radiologie	20
8.C. *Schwerpunkte:*	
8.C.1 Kinderradiologie	20
8.C.2 Neuroradiologie	21
9. Frauenheilkunde und Geburtshilfe	21
9.A. *Fachkunde:*	
9.A.1 Laboruntersuchungen	22
9.A.2 Gynäkologische Exfoliativ-Zytologie	22
9.A.3 Gynäkologische Aspirations- u. Punktatzytologie des Genitales und der Mamma	22
9.B. *Fakultative Weiterbildung:*	
9.B.1 Gynäkologische Endokrinologie und Reproduktionsmedizin	22
9.B.2 Spezielle Geburtshilfe und Perinatalmedizin	23
9.B.3 Spezielle Operative Gynäkologie	23
10. Hals-Nasen-Ohrenheilkunde	23
10.A. *Fachkunde:*	
10.A.1 Laboruntersuchungen	24
10.B. *Fakultative Weiterbildung:*	
10.B.1 Spezielle Hals-Nasen-Ohren-Chirurgie	24
11. Haut- und Geschlechtskrankheiten	25
11.A. *Fachkunde:*	
11.A.1 Laboruntersuchungen	26
12. Herzchirurgie	26
12.A. *Fachkunde:*	
12.A.1 Laboruntersuchungen	26
12.B. *Fakultative Weiterbildung:*	
12.B.1 Spezielle Herzchirurgische Intensivmedizin	26
12.C. *Schwerpunkt:*	
12.C.1 Thoraxchirurgie	27
13. Humangenetik	27
13.A. *Fachkunde:*	
13.A.1 Zytogenetische Labordiagnostik	28
13.A.2 Molekulargenetische Labordiagnostik	28
14. Hygiene und Umweltmedizin	28
15. Innere Medizin	29
15.A. *Fachkunde:*	
15.A.1 Laboruntersuchungen	29
15.A.2 Internistische Röntgendiagnostik	30
15.A.3 Sigmoido-Koloskopie	30
15.B. *Fakultative Weiterbildung:*	
15.B.1 Klinische Geriatrie	30
15.B.2 Spezielle Internistische Intensivmedizin	30
15.C. *Schwerpunkte:*	
15.C.1 Angiologie	31
15.C.2 Endokrinologie	31

	Seite:
15.C.3 Gastroenterologie	31
15.C.4 Hämatologie und Internistische Onkologie	32
15.C.5 Kardiologie	32
15.C.6 Nephrologie	33
15.C.7 Pneumologie	33
15.C.8 Rheumatologie	34
16. Kinderchirurgie	**34**
16.A. *Fachkunde:*	
16.A.1 Laboruntersuchungen	35
16.B. *Fakultative Weiterbildung:*	
16.B.1 Spezielle Kinderchirurgische Intensivmedizin	35
17. Kinderheilkunde	**35**
17.A. *Fachkunde:*	
17.A.1 Laboruntersuchungen	36
17.B. *Fakultative Weiterbildung:*	
17.B.1 Spezielle Pädiatrische Intensivmedizin	36
17.C. *Schwerpunkte:*	
17.C.1 Kinderkardiologie	37
17.C.2 Neonatologie	37
18. Kinder- und Jugendpsychiatrie und -psychotherapie	**37**
19. Klinische Pharmakologie	**38**
20. Laboratoriumsmedizin	**39**
21. Mikrobiologie und Infektionsepidemiologie	**39**
22. Mund-Kiefer-Gesichtschirurgie	**40**
22.A. *Fachkunde:*	
22.A.1 Laboruntersuchungen	41
23. Nervenheilkunde	**41**
23.A. *Fachkunde:*	
23.A.1 Laboruntersuchungen	42
23.B. *Fakultative Weiterbildung:*	
23.B.1 Klinische Geriatrie	42
24. Neurochirurgie	**42**
24.A. *Fachkunde:*	
24.A.1 Laboruntersuchungen	43
24.B. *Fakultative Weiterbildung:*	
24.B.1 Spezielle Neurochirurgische Intensivmedizin	43
25. Neurologie	**43**
25.A. *Fachkunde:*	
25.A.1 Laboruntersuchungen	44
25.B. *Fakultative Weiterbildung:*	
25.B.1 Klinische Geriatrie	44
25.B.2 Spezielle Neurologische Intensivmedizin	45
26. Neuropathologie	**45**
27. Nuklearmedizin	**45**
28. Öffentliches Gesundheitswesen	**46**
29. Orthopädie	**46**
29.A. *Fachkunde:*	
29.A.1 Laboruntersuchungen	47
29.B. *Fakultative Weiterbildung:*	
29.B.1 Spezielle Orthopädische Chirurgie	47

	Seite:
29.C. *Schwerpunkt:*	
29.C.1 Rheumatologie	47
30. Pathologie	**48**
30.B. *Fakultative Weiterbildung:*	
30.B.1 Molekularpathologie	48
31. Pharmakologie und Toxikologie	**48**
32. Phoniatrie und Pädaudiologie	**49**
33. Physikalische und Rehabilitative Medizin	**50**
34. Physiologie	**50**
35. Plastische Chirurgie	**51**
35.A. *Fachkunde:*	
35.A.1 Laboruntersuchungen	51
35.B. *Fakultative Weiterbildung:*	
35.B.1 Spezielle Plastisch-chirurgische Intensivmedizin	51
36. Psychiatrie und Psychotherapie	**52**
36.A. *Fachkunde:*	
36.A.1 Laboruntersuchungen	53
36.B. *Fakultative Weiterbildung:*	
36.B.1 Klinische Geriatrie	53
37. Psychotherapeutische Medizin	**53**
38. Rechtsmedizin	**54**
39. Strahlentherapie	**55**
40. Transfusionsmedizin	**55**
41. Urologie	**56**
41.A. *Fachkunde:*	
41.A.1 Laboruntersuchungen	57
41.B. *Fakultative Weiterbildung:*	
41.B.1 Spezielle Urologische Chirurgie	57

Abschnitt II
Bereiche (Zusatzbezeichnungen)
1. Allergologie 57
2. Balneologie und Medizinische Klimatologie 58
3. Betriebsmedizin 58
4. Bluttransfusionswesen 58
5. Chirotherapie 58
6. Flugmedizin 59
7. Handchirurgie 59
8. Homöopathie 59
9. Medizinische Genetik 59
10. Medizinische Informatik 60
11. Naturheilverfahren 60
12. Phlebologie 60
13. Physikalische Therapie 60
14. Plastische Operationen 61
15. Psychoanalyse 61
16. Psychotherapie 61
17. Rehabilitationswesen 61
18. Sozialmedizin 62
19. Sportmedizin 62
20. Stimm- und Sprachstörungen 62
21. Tropenmedizin 62
22. Umweltmedizin 63

§ 1
Ziel und Struktur der Weiterbildung

(1) Ziel der Weiterbildung ist der geregelte Erwerb eingehender Kenntnisse, Erfahrungen und Fertigkeiten für definierte ärztliche Tätigkeiten nach Abschluß der Berufsausbildung. Sie erfolgt im Rahmen mehrjähriger Berufstätigkeit unter Anleitung zur Weiterbildung befugter Ärzte. Die Weiterbildung wird grundsätzlich mit einer Prüfung abgeschlossen. Ziel der Weiterbildung ist auch die Sicherung der Qualität ärztlicher Berufsausübung. Weiterbildungszeiten und Weiterbildungsinhalte sind Mindestzeiten und Mindestinhalte.

(2) Die Weiterbildung erfolgt nach Maßgabe dieser Weiterbildungsordnung zur Qualifizierung in
1. Gebieten
2. bestimmten Untersuchungs- und Behandlungsmethoden in Gebieten (Fachkunde)
3. fakultativer Weiterbildung in Gebieten
4. Schwerpunkten
5. Bereichen

(3) Durch den erfolgreichen Abschluß der Weiterbildung in
- Gebieten (Abs. 2 Nr. 1)
- Schwerpunkten (Abs. 2 Nr. 4)
- Bereichen (Abs. 2 Nr. 5)

werden eingehende Kenntnisse, Erfahrungen und Fertigkeiten oder besondere Kenntnisse und Erfahrungen nachgewiesen, welche zur Ankündigung einer speziellen ärztlichen Tätigkeit durch Führen einer
- Facharztbezeichnung
- zur Facharztbezeichnung zusätzlichen Schwerpunktbezeichnung
- Zusatzbezeichnung

nach Maßgabe dieser Weiterbildungsordnung berechtigen.

(4) Durch den erfolgreichen Abschluß der fakultativen Weiterbildung im Gebiet oder der Weiterbildung in bestimmten Untersuchungs- und Behandlungsmethoden im Gebiet (Erwerb von Fachkunde) werden spezielle Kenntnisse, Erfahrungen und Fertigkeiten oder eingehende Kenntnisse und Erfahrungen und Fertigkeiten nachgewiesen, über die der Arzt eine Bescheinigung erhält, welche nicht zur Ankündigung einer speziellen ärztlichen Tätigkeit durch Führen einer Bezeichnung berechtigt.

(5) Die Bezeichnung Arzt, Arztbezeichnungen sowie die Bezeichnung Weiterbilder und befugter Arzt finden bei Ärztinnen und Ärzten in der jeweils zutreffenden Form Anwendung.

§ 2
Gebiete, Schwerpunkte und Bereiche

(1) Der Arzt kann sich in folgenden Gebieten und Schwerpunkten zur Erlangung des Rechts zum Führen einer Facharztbezeichnung oder Schwerpunktbezeichnung weiterbilden:
1. Allgemeinmedizin
2. Anästhesiologie
3. Anatomie
4. Arbeitsmedizin
5. Augenheilkunde
6. Biochemie
7. Chirurgie:
   Schwerpunkte:
   Gefäßchirurgie,
   Thoraxchirurgie,
   Unfallchirurgie,
   Visceralchirurgie.
8. Diagnostische Radiologie:
   Schwerpunkte:
   Kinderradiologie,
   Neuroradiologie.
9. Frauenheilkunde und Geburtshilfe
10. Hals-Nasen-Ohrenheilkunde
11. Haut- und Geschlechtskrankheiten
12. Herzchirurgie:
    Schwerpunkte:
    Thoraxchirurgie.
13. Humangenetik
14. Hygiene und Umweltmedizin
15. Innere Medizin:
    Schwerpunkte:
    Angiologie,
    Endokrinologie,
    Gastroenterologie,
    Hämatologie
    und Internistische Onkologie,
    Kardiologie,
    Nephrologie,
    Pneumologie,
    Rheumatologie.
16. Kinderchirurgie
17. Kinderheilkunde:
    Schwerpunkte:
    Kinderkardiologie,
    Neonatologie.
18. Kinder- und Jugendpsychiatrie und -psychotherapie
19. Klinische Pharmakologie
20. Laboratoriumsmedizin
21. Mikrobiologie und Infektionsepidemiologie
22. Mund-Kiefer-Gesichtschirurgie
23. Nervenheilkunde
24. Neurochirurgie
25. Neurologie
26. Neuropathologie
27. Nuklearmedizin
28. Öffentliches Gesundheitswesen
29. Orthopädie:
    Schwerpunkt:
    Rheumatologie.
30. Pathologie
31. Pharmakologie und Toxikologie
32. Phoniatrie und Pädaudiologie
33. Physikalische und Rehabilitative Medizin
34. Physiologie
35. Plastische Chirurgie
36. Psychiatrie und Psychotherapie
37. Psychotherapeutische Medizin
38. Rechtsmedizin
39. Strahlentherapie
40. Transfusionsmedizin
41. Urologie

(2) In folgenden Bereichen kann sich der Arzt zur Erlangung des Rechts zum Führen einer Zusatzbezeichnung weiterbilden:
1. Allergologie
2. Balneologie und Medizinische Klimatologie
3. Betriebsmedizin
4. Bluttransfusionswesen
5. Chirotherapie
6. Flugmedizin
7. Handchirurgie
8. Homöopathie
9. Medizinische Genetik
10. Medizinische Informatik
11. Naturheilverfahren
12. Phlebologie
13. Physikalische Therapie
14. Plastische Operationen
15. Psychoanalyse
16. Psychotherapie
17. Rehabilitationswesen
18. Sozialmedizin
19. Sportmedizin
20. Stimm- und Sprachstörungen
21. Tropenmedizin
22. Umweltmedizin

§ 3
Fakultative Weiterbildung im Gebiet und Weiterbildung in bestimmten Untersuchungs- und Behandlungsmethoden im Gebiet (Fachkunde)

(1) In folgenden Gebieten kann der Arzt über die obligatorischen Inhalte nach Maßgabe dieser Weiterbildungsordnung hinaus für die näher bezeichneten gebietsergänzenden Tätigkeiten spezielle Kenntnisse, Erfahrungen und Fertigkeiten erwerben (Fakultative Weiterbildung) und darüber eine Bescheinigung erhalten:

- Gebiet 1: Allgemeinmedizin
  Fakultative Weiterbildung:
  1. Klinische Geriatrie

- Gebiet 2: Anästhesiologie
  Fakultative Weiterbildung:
  1. Spezielle Anästhesiologische Intensivmedizin

- Gebiet 7: Chirurgie

Fakultative Weiterbildung:
1. Spezielle Chirurgische Intensivmedizin

– Gebiet 9: **Frauenheilkunde und Geburtshilfe**
Fakultative Weiterbildung:
1. Gynäkologische Endokrinologie und Reproduktionsmedizin; 3. Spezielle Operative Gynäkologie
2. Spezielle Geburtshilfe und Perinatalmedizin;

– Gebiet 10: **Hals-Nasen-Ohrenheilkunde**
Fakultative Weiterbildung:
1. Spezielle Hals-Nasen-Ohren-Chirurgie

– Gebiet 12: **Herzchirurgie**
Fakultative Weiterbildung:
1. Spezielle Herzchirurgische Intensivmedizin

– Gebiet 15: **Innere Medizin**
Fakultative Weiterbildung:
1. Klinische Geriatrie
2. Spezielle Internistische Intensivmedizin

– Gebiet 16: **Kinderchirurgie**
Fakultative Weiterbildung:
1. Spezielle Kinderchirurgische Intensivmedizin

– Gebiet 17: **Kinderheilkunde**
Fakultative Weiterbildung:
1. Spezielle Pädiatrische Intensivmedizin

– Gebiet 23: **Nervenheilkunde**
Fakultative Weiterbildung:
1. Klinische Geriatrie

– Gebiet 24: **Neurochirurgie**
Fakultative Weiterbildung:
1. Spezielle Neurochirurgische Intensivmedizin

– Gebiet 25: **Neurologie**
Fakultative Weiterbildung:
1. Klinische Geriatrie;
2. Spezielle Neurologische Intensivmedizin

– Gebiet 29: **Orthopädie**
Fakultative Weiterbildung:
1. Spezielle Orthopädische Chirurgie

– Gebiet 30: **Pathologie**
Fakultative Weiterbildung:
1. Molekularpathologie

– Gebiet 35: **Plastische Chirurgie**
Fakultative Weiterbildung:
1. Spezielle Plastisch-Chirurgische Intensivmedizin

– Gebiet 36: **Psychiatrie und Psychotherapie**
Fakultative Weiterbildung:
1. Klinische Geriatrie

– Gebiet 41: **Urologie**
Fakultative Weiterbildung:
1. Spezielle Urologische Chirurgie

(2) Für bestimmte Untersuchungs- und Behandlungsmethoden in den jeweiligen Fachgebieten, deren Anwendung den Erwerb und Nachweis eingehender Kenntnisse und Erfahrungen und Fertigkeiten sowie besondere Anforderungen der Qualitätssicherung voraussetzt, können Fachkundenachweise eingeführt werden, welche nach dem erfolgreichen Abschluß der dafür vorgeschriebenen Weiterbildung erteilt werden. Fachkundenachweise werden durch Beschluß der Ärztekammer als Bestandteil dieser Weiterbildungsordnung eingeführt, wenn dies im Hinblick auf die wissenschaftliche Entwicklung und eine angemessene Versorgung der Bevölkerung sowie zur Sicherung der Qualität in ärztlicher Diagnostik und Therapie erforderlich ist. Fachkundenachweise sollen eingeführt werden, wenn das Bundesärztekammer entsprechende Empfehlungen abgegeben hat. Hierbei sind jeweils Inhalt und Umfang der Weiterbildung zu bestimmen sowie festzulegen, ob die Weiterbildung abweichend von § 4 Absatz 6 Satz 1 und Absatz 9 durchgeführt werden kann. Für eingeführte Fachkundenachweise gelten im übrigen die besonderen Bestimmungen dieser Weiterbildungsordnung, insbesondere für die Durchführung der Weiterbildung, die Befugnis der weiterbildenden Ärzte, die Anerkennung und die Prüfung.

§ 4
Art, Inhalt, Dauer und zeitlicher Ablauf der Weiterbildung

(1) Mit der Weiterbildung kann erst nach der Approbation als Arzt oder – bei abgeschlossener Berufsausbildung – nach der Erteilung der Erlaubnis zur Ausübung des ärztlichen Berufes begonnen werden; der Beginn der Weiterbildung zum Mund-Kiefer-Gesichtschirurgen setzt auch die Approbation als Zahnarzt oder der Erlaubnis zur Ausübung des zahnärztlichen Berufes voraus.

(2) Hat ein Arzt im Praktikum Tätigkeiten nachgewiesen, die den Anforderungen dieser Weiterbildungsordnung genügen, so sind diese Tätigkeiten im Sinne einer Verkürzung der Mindestweiterbildungszeit auf die Weiterbildung anzurechnen.

(3) Die Weiterbildung muß gründlich und umfassend sein. Sie umfaßt insbesondere die Vertiefung der Kenntnisse, Erfahrungen und Fertigkeiten in der Verhütung, Erkennung und Behandlung von Krankheiten, Körperschäden und Leiden einschließlich der Wechselbeziehungen zwischen Mensch und Umwelt, die Begutachtung, die notwendigen Maßnahmen der Rehabilitation und die Maßnahmen zur Qualitätssicherung. Zur Qualitätssicherung gehört eine regelmäßige Teilnahme an den Demonstrationen klinischer Obduktionen.

(4) Dauer und Inhalt der Weiterbildung richten sich nach den Bestimmungen der Abschnitte I und II der Weiterbildungsordnung. Die dort angegebenen Weiterbildungszeiten und Weiterbildungsinhalte sind Mindestzeiten und Mindestinhalte. Weiterbildungs- oder Tätigkeitsabschnitte unter sechs Monaten können nur dann auf die Weiterbildungszeit angerechnet werden, wenn dies in den Abschnitten I und II der Weiterbildungsordnung vorgesehen ist. Eine Unterbrechung der Weiterbildung infolge Krankheit, Schwangerschaft, Sonderbeurlaubung, Wehrdienst usw. kann grundsätzlich nicht auf die Weiterbildungszeit angerechnet werden. Dies gilt nicht für Unterbrechungen von insgesamt nicht mehr als 6 Wochen im Kalenderjahr. Inhalt, Umfang der Weiterbildungszeiten der Gebiete, Schwerpunkte, Bereiche, der fakultativen Weiterbildung im Gebiet und der Weiterbildung in bestimmten Untersuchungs- und Behandlungsmethoden sind in den Abschnitten I und II der Weiterbildungsordnung festgelegt.

(5) Die Weiterbildung hat sich auf die Vermittlung und den Erwerb von Kenntnissen, Erfahrungen und Fertigkeiten in den für das jeweilige Weiterbildungsziel in den Abschnitten I und II der Weiterbildungsordnung festgelegten Tätigkeitsbereichen und dem dort festgelegten Umfang zu erstrecken.

(6) Die Weiterbildung in den Gebieten und Schwerpunkten sowie in der fakultativen Weiterbildung im Gebiet ist grundsätzlich ganztägig und in hauptberuflicher Stellung durchzuführen. Dies gilt auch für eine Weiterbildung in Bereichen, soweit in der Weiterbildungsordnung nichts anderes bestimmt ist. Wenn eine ganztägige Weiterbildung nicht möglich ist, kann die Weiterbildung in Teilzeit, aber mit mindestens der halben regelmäßigen Arbeitszeit erfolgen, sofern nicht für bestimmte Weiterbildungsabschnitte eine ganztägige Weiterbildung vorgesehen ist. Eine Teilzeitweiterbildung kann nur dann angerechnet werden, wenn sie vorher der zuständigen Ärztekammer angezeigt wurde und von

dieser als anrechnungsfähig bestätigt worden ist. Eine Teilzeitweiterbildung kann während des selben Zeitraums nur in einem Gebiet oder Schwerpunkt oder im Rahmen einer fakultativen Weiterbildung oder in einem Bereich abgeleistet werden.

(7) Anrechnungsfähige Zeiten für ein Gebiet sollen in der Regel am Anfang der Weiterbildungszeit abgeleistet werden. Die Weiterbildung in einem Schwerpunkt soll auf der Weiterbildung im zugehörigen Gebiet aufbauen; sie kann nach Maßgabe des Abschnittes I der Weiterbildungsordnung teilweise während der Weiterbildung in dem Gebiet durchgeführt werden, dem der Schwerpunkt zugehört. Dasselbe gilt für eine fakultative Weiterbildung im Gebiet. Die Weiterbildung zum Erwerb einer Fachkundebescheinigung kann während der Weiterbildung zum Facharzt erfolgen.

(8) Innerhalb der vorgeschriebenen Weiterbildungszeit für ein Gebiet soll grundsätzlich mindestens 1 Jahr unter Leitung von Ärzten abgeleistet werden, die im vollen Umfang zur Weiterbildung befugt sind.

(9) Für die Weiterbildung zum Erwerb eines Fachkundenachweises gilt Absatz 6 entsprechend. Der Fachkundenachweis kann auch im Rahmen berufsbegleitender Weiterbildung erworben werden, es sei denn, in Abschnitt I der Weiterbildungsordnung ist etwas anderes bestimmt.

(10) Sofern in den Abschnitten I und II der Weiterbildungsordnung die Ableistung von Kursen vorgeschrieben wird, ist eine vorherige Anerkennung des jeweiligen Kurses und dessen Leiters durch die für den Ort der Veranstaltung oder den Leiter des jeweiligen Kurses zuständige Ärztekammer erforderlich.

§ 5
Qualifikationsinhalt der Weiterbildung

(1) Die Urkunde über den Erwerb einer Facharztbezeichnung bescheinigt die eingehenden Kenntnisse, Erfahrungen und Fertigkeiten, die Inhalt der Weiterbildung im Gebiet sind.

(2) Typische diagnostische und therapeutische Verfahren der Schwerpunkte eines Gebietes, welche nicht Gegenstand des Erwerbs eingehender Kenntnisse, Erfahrungen und Fertigkeiten im Gebiet sind, werden in Richtlinien (§15 Absatz 2) zu Abschnitt I der Weiterbildungsordnung festgelegt.

(3) Für ärztliche Tätigkeiten, welche nur Inhalt einer Weiterbildung im Schwerpunkt oder einer fakultativen Weiterbildung im Gebiet sind, sind besondere Kenntnisse und Erfahrungen oder spezielle Kenntnisse, Erfahrungen und Fertigkeiten nur nachgewiesen, wenn der Arzt die Weiterbildung im Schwerpunkt oder die fakultative Weiterbildung im Gebiet erfolgreich abgeschlossen hat.

(4) Eingehende Kenntnisse und Erfahrungen in besonderen Untersuchungs- und Behandlungsmethoden, für welche ein Fachkundenachweis erteilt wird, sind nur nachgewiesen, wenn der Arzt diesen Fachkundenachweis erworben hat.

(5) Soweit für die Weiterbildung im Gebiet neben dem Erwerb eingehender Kenntnisse, Erfahrungen und Fertigkeiten auch der Erwerb anderer Kenntnisse vorgeschrieben ist, welche die Fähigkeit zur Zusammenarbeit mit Ärzten anderer Gebiete vertiefen sollen, bescheinigt die Facharztanerkennung für das Gebiet nicht den Nachweis der Befähigung zur Ausübung ärztlicher Tätigkeiten im Gegenstandsbereich sonstiger Kenntnisse.

§ 6
Facharztbezeichnungen

(1) Für die in § 2 genannten Gebiete werden die folgenden Facharztbezeichnungen festgelegt:
1. Facharzt für Allgemeinmedizin oder Allgemeinarzt
2. Facharzt für Anästhesiologie oder Anästhesist
3. Facharzt für Anatomie
4. Facharzt für Arbeitsmedizin oder Arbeitsmediziner
5. Facharzt für Augenheilkunde oder Augenarzt
6. Facharzt für Biochemie
7. Facharzt für Chirurgie oder Chirurg
8. Facharzt für Diagnostische Radiologie
9. Facharzt für Frauenheilkunde und Geburtshilfe oder Frauenarzt
10. Facharzt für Hals-Nasen-Ohrenheilkunde oder Hals-Nasen-Ohrenarzt
11. Facharzt für Haut- und Geschlechtskrankheiten oder Hautarzt
12. Facharzt für Herzchirurgie oder Herzchirurg
13. Facharzt für Humangenetik
14. Facharzt für Hygiene und Umweltmedizin
15. Facharzt für Innere Medizin oder Internist
16. Facharzt für Kinderchirurgie oder Kinderchirurg
17. Facharzt für Kinderheilkunde oder Kinderarzt
18. Facharzt für Kinder- und Jugendpsychiatrie und -psychotherapie
19. Facharzt für Klinische Pharmakologie oder Klinischer Pharmakologe
20. Facharzt für Laboratoriumsmedizin oder Laborarzt
21. Facharzt für Mikrobiologie und Infektionsepidemiologie
22. Facharzt für Mund-Kiefer-Gesichtschirurgie oder Mund-Kiefer-Gesichtschirurg
23. Facharzt für Nervenheilkunde oder Nervenarzt
24. Facharzt für Neurochirurgie oder Neurochirurg
25. Facharzt für Neurologie oder Neurologe
26. Facharzt für Neuropathologie oder Neuropathologe
27. Facharzt für Nuklearmedizin oder Nuklearmediziner
28. Facharzt für Öffentliches Gesundheitswesen
29. Facharzt für Orthopädie oder Orthopäde
30. Facharzt für Pathologie oder Pathologe
31. Facharzt für Pharmakologie und Toxikologie
32. Facharzt für Phoniatrie und Pädaudiologie
33. Facharzt für Physikalische und Rehabilitative Medizin
34. Facharzt für Physiologie
35. Facharzt für Plastische Chirurgie
36. Facharzt für Psychiatrie und Psychotherapie oder Psychiater und Psychotherapeut
37. Facharzt für Psychotherapeutische Medizin
38. Facharzt für Rechtsmedizin oder Rechtsmediziner
39. Facharzt für Strahlentherapie
40. Facharzt für Transfusionsmedizin oder Transfusionsmediziner
41. Facharzt für Urologie oder Urologe

(2) Die Bezeichnung Radiologe darf führen, wer die Anerkennung als Facharzt für Diagnostische Radiologie und die Anerkennung als Facharzt für Strahlentherapie erworben hat.

§ 7
Führen mehrerer Facharztbezeichnungen

(1) Hat ein Arzt die Anerkennung zum Führen von Facharztbezeichnungen für mehrere Gebiete erhalten, darf er in der Regel nur eine Facharztbe-

zeichnung führen. Auf Antrag kann ihm die Ärztekammer das Führen einer weiteren Bezeichnung gestatten.
(2) Schwerpunktbezeichnungen nach § 2 Abs. 1 dürfen nur zusammen mit der Bezeichnung des Gebietes geführt werden, dem die Schwerpunkte zugehören. Für ein Gebiet dürfen in der Regel nicht mehr als zwei Schwerpunktbezeichnungen nebeneinander geführt werden. Führt ein Arzt zwei Gebietsbezeichnungen, darf er daneben für jedes dieser Gebiete nur eine Schwerpunktbezeichnung führen.
(3) Zusatzbezeichnungen nach § 2 Abs. 2 dürfen nur zusammen mit der Berufsbezeichnung „Arzt" oder einer Gebietsbezeichnung geführt werden. Neben einer Gebietsbezeichnung darf eine Zusatzbezeichnung jedoch nur geführt werden, wenn der betreffende Bereich in das Gebiet fällt, dessen Bezeichnung der Arzt führt.

§ 8
Befugnis zur Weiterbildung

(1) Die Weiterbildung in den Gebieten und Schwerpunkten sowie im Rahmen der fakultativen Weiterbildung wird unter verantwortlicher Leitung der von der Ärztekammer befugten Ärzte in einem Universitätszentrum, einer Universitätsklinik oder in einer hierzu von den zuständigen Behörden oder Stellen zugelassenen Einrichtung der ärztlichen Versorgung (Weiterbildungsstätte) durchgeführt. Das Erfordernis einer Befugnis gilt auch für eine Weiterbildung in Bereichen sowie für eine Weiterbildung zum Erwerb einer Fachkunde, soweit in den Abschnitten I und II der Weiterbildungsordnung nichts anderes bestimmt ist.
(2) Die Befugnis zur Weiterbildung kann nur erteilt werden, wenn der Arzt fachlich und persönlich geeignet ist. Der Arzt, der für ein Gebiet, einen Schwerpunkt oder einen Bereich zur Weiterbildung befugt wird, muß in seinem Gebiet, Schwerpunkt oder Bereich umfassende Kenntnisse, Erfahrungen und Fertigkeiten besitzen, die ihn befähigen, eine gründliche Weiterbildung zu vermitteln. Er soll diese Kenntnisse, Erfahrungen und Fertigkeiten in mehrjähriger Tätigkeit nach Abschluß der Weiterbildung in verantwortlicher Stellung erworben haben. Die Befugnis kann -von den Fällen des Abs. 3 abgesehen- nur für das Gebiet oder den Schwerpunkt oder den Bereich erteilt werden, dessen Bezeichnung der Arzt führt. Sie kann grundsätzlich nur für ein Gebiet und einen zugehörigen Schwerpunkt erteilt werden.

(3) In geeigneten Fällen können auch Fachärzte, die nicht die Gebietsbezeichnung „Allgemeinmedizin" führen, in ihrem Gebiet zur Weiterbildung mit der Maßgabe befugt werden, daß der Weiterbildungsabschnitt nur zur Anrechnung für das Gebiet „Allgemeinmedizin" anerkannt werden darf.
(4) Absatz 2 Sätze 1 bis 3 gelten entsprechend für die Befugnis von Ärzten zur Weiterbildung im Gebiet und für die Befugnis zum Erwerb einer Fachkunde im Gebiet.
(5) Der befugte Arzt ist verpflichtet, die Weiterbildung persönlich zu leiten sowie zeitlich und inhaltlich entsprechend dieser Weiterbildungsordnung zu gestalten. Wird die Befugnis mehreren Ärzten an einer Weiterbildungsstätte gemeinsam erteilt, so muß die ordnungsgemäße Durchführung und Überwachung der Weiterbildung durch die befugten Ärzte sichergestellt sein.
(6) Für den Umfang der Weiterbildungsbefugnis ist maßgebend, inwieweit die an Inhalt, Ablauf und Zielsetzung der Weiterbildung gestellten Anforderungen durch den befugten Arzt unter Berücksichtigung des Versorgungsauftrages (Anzahl sowie Erkrankungs- und Verletzungsarten der Patienten) sowie der personellen und materiellen Ausstattung der Weiterbildungsstätte erfüllt werden können. Zur Entscheidung darüber erläßt die Ärztekammer allgemeine Verwaltungsvorschriften, welche die für den Befugnisinhalt und -umfang im jeweiligen Gebiet und Schwerpunkt, bei der fakultativen Weiterbildung im Gebiet und zur Vermittlung der Fachkunde im einzelnen notwendigen Bedingungen zur ordnungsgemäßen Weiterbildung bestimmen können. Die Ärztekammer berücksichtigt hierbei entsprechende Empfehlungen der Bundesärztekammer. Der befugte Arzt hat Veränderungen in Struktur und Größe der Weiterbildungsstätte unverzüglich der Ärztekammer anzuzeigen. Auf Verlangen sind dieser entsprechende Auskünfte zu geben.
(7) Die Weiterbildung kann in den in den Abschnitten I und II der Weiterbildungsordnung bestimmten Fällen und in dem dort festgelegten Umfang auch bei einem befugten niedergelassenen Arzt erfolgen. Für die Zulassung von Praxen niedergelassener Ärzte als Weiterbildungsstätte gilt § 9.
(8) Die Befugnis wird dem Arzt auf Antrag erteilt. Der antragstellende Arzt hat das Gebiet, den Schwerpunkt,

den Bereich, die fakultative Weiterbildung im Gebiet oder die Fachkunde sowie die Weiterbildungszeit, für die er die Befugnis beantragt, näher zu bezeichnen. Die Ärztekammer führt ein Verzeichnis der befugten Ärzte, aus dem die Weiterbildungsstätte, das Gebiet, der Schwerpunkt, der Bereich, die fakultative Weiterbildung im Gebiet oder die Fachkunde in denen Ärzte zur Weiterbildung befugt sind, sowie der Umfang der Befugnis hervorgehen.
(9) Die Ärztekammer kann die Befugnis mit den für eine ordnungsgemäße Weiterbildung erforderlichen Auflagen erteilen.

§ 9
Zulassung von Praxen niedergelassener Ärzte oder sonstiger Einrichtungen der ärztlichen Versorgung als Weiterbildungsstätte

(1) Die Zulassung von Praxen niedergelassener Ärzte als Weiterbildungsstätte erfolgt durch die Ärztekammer mit der Befugnis nach Maßgabe des § 8. Die Zulassung setzt voraus, daß Patienten in so ausreichender Zahl und Art behandelt werden, daß es möglich ist, den weiterzubildenden Arzt mit den typischen Krankheiten im angestrebten Gebiet, während der fakultativen Weiterbildung, im Schwerpunkt oder den Bereich oder bei der Weiterbildung für den Erwerb einer Fachkunde mit den für ihn vertraut zu machen. § 8 Abs. 6 gilt entsprechend.
(2) In geeigneten Fällen ist bei Fachärzten, welche nicht die Gebietsbezeichnung „Allgemeinmedizin" führen, die Zulassung als Weiterbildungsstätte und die Befugnis zur Weiterbildung dahingehend festzulegen, daß eine bei ihnen erfolgte Weiterbildung nur zur Anrechnung für die Weiterbildung im Gebiet „Allgemeinmedizin" anerkannt werden darf.
(3) Absätze 1 und 2 gelten entsprechend für ärztlich geleitete Einrichtungen der ärztlichen Versorgung mit der Maßgabe, daß unter den Voraussetzungen mindestens einer der leitenden oder verantwortlichen Ärzte zur Weiterbildung befugt werden kann.

§ 10
Widerruf der Befugnis

(1) Die Befugnis zur Weiterbildung ist ganz oder teilweise zu widerrufen, wenn oder soweit ihre Voraussetzungen nicht mehr gegeben sind, insbesondere wenn
1. ein Verhalten vorliegt, das die fachliche und/oder persönliche Eig-

nung des Arztes als Weiterbilder ausschließt

2. Tatsachen vorliegen, aus denen sich ergibt, daß die in den Abschnitten I und II der Weiterbildungsordnung an den Inhalt der Weiterbildung im Gebiet, Schwerpunkt oder Bereich oder für die fakultative Weiterbildung oder für eine Weiterbildung zum Erwerb einer Fachkunde gestellten Anforderungen nicht oder nicht mehr erfüllt werden können.

(2) Mit der Beendigung der Tätigkeit eines befugten Arztes an der Weiterbildungsstätte, der Auflösung der Weiterbildungsstätte oder des Widerrufs der Zulassung als Weiterbildungsstätte erlischt die Befugnis zur Weiterbildung.

§ 11
Erteilung von Zeugnissen über die Weiterbildung

(1) Der befugte Arzt hat dem in Weiterbildung befindlichen Arzt oder dem Arzt im Praktikum über die unter seiner Verantwortung abgeleistete Weiterbildungszeit ein Zeugnis auszustellen, das die erworbenen Kenntnisse, Erfahrungen und Fertigkeiten darlegt und zur Frage der fachlichen Eignung ausführlich Stellung nimmt. Das Zeugnis muß im einzelnen Angaben enthalten über:
1. die Dauer der abgeleisteten Weiterbildungszeit, sowie Unterbrechungen der Weiterbildung durch Krankheit, Schwangerschaft, Sonderbeurlaubung, Wehrdienst usw.
2. die in dieser Weiterbildungszeit im einzelnen vermittelten und erworbenen Kenntnisse, Erfahrungen und Fertigkeiten, die erbrachten ärztlichen Leistungen in Diagnostik und Therapie sowie die sonstigen vermittelten Kenntnisse.

(2) Auf Antrag des in der Weiterbildung befindlichen Arztes oder auf Anforderung durch die Ärztekammer ist nach Ablauf je eines Weiterbildungsjahres ein Zeugnis auszustellen, das den Anforderungen des Absatzes 1 entspricht.

§ 12
Anerkennung von Arztbezeichnungen

(1) Eine Gebiets-, Schwerpunkt- oder Zusatzbezeichnung nach § 2 darf führen, wer nach abgeschlossener Weiterbildung die Anerkennung durch die Ärztekammer erhalten hat. Dem Antrag auf Anerkennung sind alle während der Weiterbildung ausgestellten Zeugnisse und Nachweise beizufügen.

(2) Die Entscheidung über die Anerkennung einer Gebiets- oder Schwerpunktbezeichnung trifft die Ärztekammer aufgrund der vorgelegten Zeugnisse und einer sie ergänzenden Prüfung vor dem Prüfungsausschuß (§ 14); zur Prüfung wird der Antragsteller gemäß § 15 zugelassen.

(3) Die Anerkennung einer in § 2 Abs. 2 festgelegten Zusatzbezeichnung erfolgt grundsätzlich ohne Prüfung aufgrund der vorgelegten Zeugnisse und Nachweise, soweit in Abschnitt II nichts anderes bestimmt ist. Sofern die vorgelegten Zeugnisse und Nachweise für eine sichere Beurteilung nicht ausreichen oder wenn Zweifel an der Eignung des Antragstellers bestehen, ist eine Prüfung durchzuführen.

§ 13
Bescheinigung über die fakultative Weiterbildung und Weiterbildung zum Erwerb einer Fachkunde

Eine Bescheinigung über den erfolgreichen Abschluß der fakultativen Weiterbildung im Gebiet oder Fachkunde für bestimmte Untersuchungs- und Behandlungsmethoden im Gebiet erhält der Arzt auf Antrag durch die Ärztekammer. Für die Entscheidung zur Anerkennung der fakultativen Weiterbildung gilt § 12 Abs. 2 entsprechend; die Entscheidung über die Anerkennung des Erwerbs der Fachkunde erfolgt in entsprechender Anwendung des § 12 Abs. 3.

§ 14
Prüfungsausschuß und Widerspruchsausschuß

(1) Die Ärztekammer bildet zur Durchführung der Prüfung einen Prüfungsausschuß. Bei Bedarf sind mehrere Prüfungsausschüsse zu bilden.

(2) Die Mitglieder des Prüfungsausschusses und ihre Stellvertreter werden von der Ärztekammer bestellt; dabei ist die Reihenfolge der Stellvertreter festzusetzen. Der Prüfungsausschuß entscheidet in der Besetzung mit mindestens drei Ärzten, von denen zwei die Anerkennung für das zu prüfende Gebiet, den Schwerpunkt oder den Bereich besitzen müssen. Dies gilt auch für die Prüfung zur Anerkennung des erfolgreichen Abschlusses einer fakultativen Weiterbildung oder einer Fachkunde.

(3) Die Ärztekammer bestimmt den Vorsitzenden des Prüfungsausschusses.

(4) Der Prüfungsausschuß beschließt mit einfacher Stimmenmehrheit. Bei Stimmengleichheit gibt die Stimme des Vorsitzenden den Ausschlag.

(5) Die Mitglieder des Prüfungsausschusses entscheiden unabhängig und sind an Weisungen nicht gebunden.

(6) Zur Beratung bei der Entscheidung über Widersprüche gegen Prüfungsentscheidungen wird bei der Ärztekammer ein Widerspruchsausschuß gebildet. Für die Bestellung der Mitglieder und die Bestimmung des Vorsitzenden gelten Abs. 2 Satz 1 sowie Abs. 3 und für die Zusammensetzung des Widerspruchsausschusses bei Widerspruchsentscheidungen Abs. 2 Satz 2 und 3 entsprechend.

(7) Die Bestellung der Mitglieder, ihrer Stellvertreter und des Vorsitzenden des Prüfungsausschusses sowie der Mitglieder, ihrer Stellvertreter und des Vorsitzenden des Widerspruchsausschusses erfolgt für die Dauer der Wahlperiode für die Organe der Ärztekammer.

§ 15
Zulassung zur Prüfung

(1) Über die Zulassung zur Prüfung entscheidet die Ärztekammer. Die Zulassung wird erteilt, wenn die Weiterbildung ordnungsgemäß abgeschlossen sowie durch Zeugnisse und Nachweise gemäß § 11 belegt ist. Eine Ablehnung der Zulassung ist dem Antragsteller mit Begründung schriftlich mitzuteilen.

(2) Der Entscheidung darüber, ob eine gründliche und eingehende Weiterbildung erfolgt und nachgewiesen ist, insbesondere, ob die Kenntnisse, Erfahrungen und Fertigkeiten erworben und nachgewiesen sind, welche nach den Abschnitten I und II der Weiterbildungsordnung gefordert werden, werden von der Ärztekammer die beschließende allgemeine Verwaltungsvorschriften zugrundegelegt. Die Kammer berücksichtigt hierbei entsprechende Empfehlungen der Bundesärztekammer.

(3) Die Zulassung ist zurückzunehmen, wenn ihre Voraussetzungen zu Unrecht als gegeben angenommen worden sind.

§ 16
Prüfung

(1) Die Ärztekammer setzt den Termin der Prüfung im Einvernehmen mit dem Vorsitzenden des Prüfungsausschusses fest. Die Prüfung soll in

angemessener Frist nach der Zulassung stattfinden. Der Antragsteller ist zum festgesetzten Termin mit einer Frist von mindestens zwei Wochen zu laden.

(2) Die Prüfung ist mündlich. Sie soll für jeden Antragsteller in der Regel dreißig Minuten dauern.

(3) Inhalt, Umfang und Ergebnis der Weiterbildung in den einzelnen Abschnitten werden durch die vorgelegten Zeugnisse nachgewiesen. Die während der Weiterbildung erworbenen eingehenden oder besonderen oder speziellen Kenntnisse werden in einem Fachgespräch durch den Prüfungsausschuß überprüft. Die Prüfung kann sich auch auf die Prüfung ärztlicher Fertigkeiten erstrecken. Der Prüfungsausschuß entscheidet aufgrund der vorgelegten Zeugnisse und des Prüfungsergebnisses, ob das vorgeschriebene Weiterbildung erfolgreich abgeschlossen ist, und die eingehenden, besonderen oder speziellen Kenntnisse, Erfahrungen und Fertigkeiten im Gebiet, Schwerpunkt oder Bereich oder in der fakultativen Weiterbildung oder für die angestrebte Fachkunde erworben sind.

(4) Kommt der Prüfungsausschuß mehrheitlich zu dem Ergebnis, daß der Antragsteller die vorgeschriebene Weiterbildung nicht erfolgreich abgeschlossen hat, so beschließt er, ob und gegebenenfalls wie lange die Weiterbildungszeit des Antragstellers zu verlängern ist und welche besonderen Anforderungen an diese verlängerte Weiterbildung zu stellen sind.

(5) Die Dauer der verlängerten Weiterbildung beträgt in Gebieten mindestens 3 Monate, höchstens aber 2 Jahre. In Schwerpunkten und Bereichen, sowie für eine fakultative Weiterbildung oder eine Fachkunde beträgt sie höchstens 1 Jahr. Die besonderen Anforderungen müssen sich auf die in der Prüfung festgestellten Mängel beziehen. Sie können die Verpflichtung beinhalten, bestimmte Weiterbildungsinhalte abzuleisten, bestimmte ärztliche Tätigkeiten unter Anleitung durchzuführen und Wissenslücken auszugleichen.

(6) In geeigneten Fällen des Absatzes 4 kann der Prüfungsausschuß als Voraussetzung für eine Wiederholungsprüfung oder die Verlängerung der Weiterbildung auch die Verpflichtung aussprechen, festgestellte Lücken in theoretischen Kenntnissen durch ergänzenden Wissenserwerb auszugleichen; er legt hierzu eine Frist fest, die drei Monate nicht unterschreiten soll.

(7) Wenn der Antragsteller der Prüfung ohne ausreichenden Grund fernbleibt oder sie ohne ausreichenden Grund abbricht, gilt die Prüfung als nicht bestanden.

(8) Über die Prüfung ist eine Niederschrift anzufertigen. Sie muß enthalten
1. die Besetzung des Prüfungsausschusses
2. den Namen des Geprüften
3. den Prüfungsgegenstand
4. die gestellten Fragen und Vermerke über deren Beantwortung
5. Ort, Beginn und Ende der Prüfung
6. im Fall des Nichtbestehens der Prüfung die vom Prüfungsausschuß gemachten Auflagen über Dauer und Inhalt der zusätzlichen Weiterbildung.

§ 17
Prüfungsentscheidung

(1) Der Vorsitzende des Prüfungsausschusses teilt der Ärztekammer das Ergebnis der Prüfung mit.

(2) Bei Bestehen der Prüfung stellt die Ärztekammer dem Antragsteller eine Urkunde über das Recht zum Führen der Arztbezeichnung aus.

(3) Bei Nichtbestehen der Prüfung erteilt die Ärztekammer dem Antragsteller einen schriftlichen Bescheid mit Begründung einschließlich der vom Prüfungsausschuß beschlossenen Auflagen gemäß § 16 Abs. 4 bis 6.

(4) Gegen den Bescheid der Ärztekammer nach Absatz 3 kann der Antragsteller Widerspruch nach Maßgabe der §§ 69 bis 73 der Verwaltungsgerichtsordnung einlegen. Über den Widerspruch entscheidet die Ärztekammer nach Anhörung des Widerspruchsausschusses.

§ 18
Wiederholungsprüfung

Eine nicht erfolgreich abgeschlossene Prüfung kann frühestens nach drei Monaten wiederholt werden. Für die Wiederholungsprüfung gelten die §§ 14 bis 17 entsprechend.

§ 19
Anerkennung bei gleichwertiger Weiterbildung

(1) Wer in einem von § 4 und den Abschnitten I und II der Weiterbildungsordnung abweichenden Weiterbildungsgang eine Weiterbildung abgeschlossen hat, kann auf Antrag die Anerkennung durch die Ärztekammer, wenn die Weiterbildung gleichwertig ist. Auf das Verfahren der Anerkennung finden die §§ 14 bis 18 entsprechende Anwendung.

(2) Eine nicht abgeschlossene, von § 4 und den Abschnitten I und II der Weiterbildungsordnung abweichende Weiterbildung kann unter vollständiger oder teilweiser Anrechnung der bisher abgeleisteten Weiterbildungszeiten nach den Vorschriften dieser Weiterbildungsordnung abgeschlossen werden. Über die Anrechnung der bisher abgeleisteten Weiterbildungszeiten entscheidet die Ärztekammer nach Anhörung des Prüfungsausschusses.

§ 20
Weiterbildung außerhalb der Bundesrepublik Deutschland

(1) Wer als Staatsangehöriger eines Mitgliedstaates der Europäischen Gemeinschaften ein in einem anderen Mitgliedstaat als der Bundesrepublik Deutschland erworbenes fachbezogenes Diplom, Prüfungszeugnis oder einen sonstigen fachbezogenen Befähigungsnachweis für ein Gebiet, einen Schwerpunkt oder einen Bereich besitzt, erhält auf Antrag die Anerkennung für ein entsprechendes Gebiet, oder Bereich oder das Recht zum Führen einer entsprechenden Bezeichnung, soweit nach dieser Weiterbildungsordnung in diesem Gebiet, Schwerpunkt oder Bereich eine entsprechende Anerkennung möglich ist. Wenn dabei die Mindestdauer der Weiterbildung nach den Richtlinien der Europäischen Gemeinschaften nicht erfüllt worden ist, kann die Ärztekammer von dem Arzt eine Bescheinigung der zuständigen Stelle des Heimat- oder Herkunftsstaates darüber verlangen, daß die betreffende ärztliche Tätigkeit tatsächlich und rechtmäßig während eines Zeitraums ausgeübt worden ist, der der doppelten Differenz zwischen der tatsächlichen Dauer der Weiterbildung und der genannten Mindestdauer der Weiterbildung entspricht.

(2) Die von den Staatsangehörigen eines Mitgliedstaates der Europäischen Gemeinschaften in einem anderen Mitgliedstaate abgeleisteten Weiterbildungszeiten, die noch nicht zu einem Befähigungsnachweis gemäß Absatz 1 Satz 1 geführt haben, sind nach Maßgabe des § 19 Abs. 2 im Geltungsbereich dieser Weiterbildungsordnung festgesetzten Weiterbildungszeiten ganz oder teilweise anzurechnen.

(3) Eine Weiterbildung im Ausland außerhalb eines Mitgliedstaates der Europäischen Gemeinschaften kann

ganz oder teilweise angerechnet werden, wenn sie den Grundsätzen dieser Weiterbildungsordnung entspricht und eine Weiterbildung von mindestens 12 Monaten in einem angestrebten Gebiet, Schwerpunkt oder Bereich oder in einer fakultativen Weiterbildung in der Bundesrepublik abgeleistet worden ist. Gleiches gilt für die Weiterbildung in einem Mitgliedstaat der Europäischen Gemeinschaften, wenn sie von einem Arzt abgeleistet wurde, der nicht Staatsangehöriger eines Mitgliedstaates ist.

(4) Eine von Ärzten, die nicht die deutsche Staatsangehörigkeit besitzen, aber zum Personenkreis des Art. 116 Abs. 1 Grundgesetz gehören, außerhalb des Geltungsbereiches des Grundgesetzes abgeschlossene Weiterbildung ist anzuerkennen, wenn sie einer Weiterbildung nach Maßgabe dieser Weiterbildungsordnung gleichwertig ist. Bei nicht gleichwertiger oder nicht abgeschlossener Weiterbildung gilt für die Anrechnung von Weiterbildungszeiten § 19 Abs. 2 entsprechend.

§ 21
Aberkennung der Arztbezeichnung

(1) Die Anerkennung einer Arztbezeichnung kann zurückgenommen werden, wenn die für die Anerkennung erforderlichen Voraussetzungen nicht gegeben waren. Vor der Entscheidung der Ärztekammer über die Rücknahme sind ein nach § 14 gebildeter Prüfungsausschuß und der Arzt zu hören.

(2) In dem Rücknahmebescheid ist festzulegen, welche Weiterbildungsabschnitte der betroffene Arzt ableisten muß, um eine ordnungsgemäße Weiterbildung nachzuweisen. Für den Rücknahmebescheid und das Verfahren finden im übrigen § 17 Abs. 3 und 4 entsprechende Anwendung.

(3) Für die Rücknahme der Anerkennung des erfolgreichen Abschlusses der fakultativen Weiterbildung im Gebiet oder der Weiterbildung zum Erwerb der Fachkunde für bestimmte Untersuchungs- und Behandlungsmethoden im Gebiet gelten Absatz 1 und 2 entsprechend.

§ 22
Pflichten der Ärzte

Wer eine Facharztbezeichnung führt, darf grundsätzlich nur in diesem Gebiet tätig werden. Ärzte, die eine Schwerpunktbezeichnung führen, müssen auch im Schwerpunkt tätig sein. Dasselbe gilt für Ärzte, die mehr als eine Gebietsbezeichnung oder Schwerpunktbezeichnung führen.

§ 23
Übergangsbestimmungen

(1) Die bisher ausgesprochenen Anerkennungen von Arztbezeichnungen bleiben gültig mit der Maßgabe, daß die in dieser Weiterbildungsordnung bestimmten entsprechenden Arztbezeichnungen zu führen sind.

(2) Wer vor Inkrafttreten dieser Weiterbildungsordnung die Weiterbildung in einem Gebiet oder in einem Bereich nach der bisherigen Weiterbildungsordnung begonnen hat, darf diese nach der bisherigen Weiterbildungsordnung abschließen. Für die Anerkennung der Arztbezeichnung gilt Absatz 1 entsprechend.

(3) Wer bei Einführung einer neuen Arztbezeichnung in diese Weiterbildungsordnung in dem Gebiet, Schwerpunkt oder Bereich, für das bzw. für den diese Arztbezeichnung eingeführt worden ist, innerhalb der letzten acht Jahre vor der Einführung mindestens die gleiche Zeit regelmäßig an Weiterbildungsstätten oder vergleichbaren Einrichtungen tätig war, welche der jeweiligen Mindestdauer der Weiterbildung entspricht, kann auf Antrag die Anerkennung zum Führen dieser Arztbezeichnung erhalten. Abweichendes ist in den Abschnitten I und II der Weiterbildungsordnung für einzelne Gebiete, Schwerpunkte oder Bereiche bestimmt. Der Antragsteller hat den Nachweis über eine regelmäßige Tätigkeit für die in Satz 1 angegebene Mindestdauer in dem jeweiligen Gebiet, Schwerpunkt oder Bereich zu erbringen. Aus dem Nachweis muß hervorgehen, daß der Antragsteller in dieser Zeit überwiegend im betreffenden Gebiet, Schwerpunkt oder Bereich tätig gewesen ist und dabei umfassende Kenntnisse, Erfahrungen und Fertigkeiten erworben hat.

(4) Bei Einführung von fakultativen Weiterbildungen im Gebiet sowie für die darauf bezogenen Anträge ist entsprechende Bescheinigungen Absatz 3 entsprechend. Bei Einführung einer Fachkunde kann einem Arzt auf Antrag die entsprechende Bescheinigung erteilt werden, wenn er innerhalb der letzten 4 Jahre vor Einführung entsprechende Tätigkeiten in ausreichendem Umfang ausgeübt und hierbei die notwendigen Kenntnisse erworben hat. Der Antragsteller hat den Nachweis der ausreichenden Tätigkeit und der notwendigen Kenntnisse und Erfahrungen gegenüber der Ärztekammer zu führen.

(5) Wer bei Inkrafttreten dieser Weiterbildungsordnung zusammen mit der bisherigen Gebietsbezeichnung im Gebiet der Chirurgie eine der bisherigen Teilgebietsbezeichnungen der Chirurgie (Gefäßchirurgie, Kinderchirurgie, Plastische Chirurgie, Thorax- und Kardiovaskularchirurgie, Unfallchirurgie) führt, kann sie beibehalten. Auf Antrag erhält er das Recht, unter Verzicht auf die Bezeichnung „Facharzt für Chirurgie" oder „Arzt für Chirurgie" oder „Chirurg" und die bisher geführte Teilgebietsbezeichnung eine der nachstehenden Facharztbezeichnungen zu führen, wenn er berechtigt war, eine der nachstehend genannten Teilgebietsbezeichnungen zu führen und in diesem Teilgebiet mindestens 2 Jahre überwiegend tätig war:

1. bei Teilgebietsbezeichnung „Kinderchirurgie" die Facharztbezeichnung für „Kinderchirurgie";
2. bei Teilgebietsbezeichnung „Plastische Chirurgie" die Facharztbezeichnung für „Plastische Chirurgie";
3. bei Teilgebietsbezeichnung „Thorax- und Kardiovaskularchirurgie" die Facharztbezeichnung für „Herzchirurgie".

(6) Wer bei Inkrafttreten dieser Weiterbildungsordnung die Teilgebietsbezeichnung „Phoniatrie und Pädaudiologie" führt, kann sie beibehalten. Auf Antrag erhält er das Recht zum Führen der Bezeichnung „Facharzt für Phoniatrie und Pädaudiologie".

(7) Wer bei Inkrafttreten dieser Weiterbildungsordnung die Zusatzbezeichnung „Transfusionsmedizin" führt, kann sie beibehalten. Auf Antrag erhält er das Recht zum Führen der Zusatzbezeichnung „Bluttransfusionswesen". Die Anerkennung als „Facharzt für Transfusionsmedizin" für Inhaber der bisherigen Zusatzbezeichnung „Transfusionsmedizin" richtet sich nach Absatz 3.

(8) Wer bei Inkrafttreten dieser Weiterbildungsordnung die Bezeichnung Psychiater oder Arzt für Psychiatrie führt, kann sie beibehalten. Auf Antrag erhält er das Recht, die Facharztbezeichnung „Facharzt für Psychiatrie und Psychotherapie" zu führen, wenn er die Zusatzbezeichnung „Psychotherapie" führen darf. Wer im Zeitpunkt des Inkrafttretens dieser Weiterbildungsordnung die Facharztbezeichnung für Kinder- und Jugendpsychiatrie führt, erhält auf Antrag das Recht die Facharztbezeichnung „Kinder- und Jugendpsychiatrie und -psychotherapie" zu führen.

(9) Wer bei Inkrafttreten dieser Weiterbildungsordnung die Zusatzbe-

zeichnungen „Psychoanalyse" oder „Psychotherapie" führt, kann sie beibehalten. Er erhält auf Antrag das Recht, die Bezeichnung „Facharzt für Psychotherapeutische Medizin" zu führen, wenn er nach Erwerb der Zusatzbezeichnung über einen Zeitraum von mindestens fünf Jahren überwiegend Psychotherapie ausgeübt hat.

(10) Wer gemäß § 10a der Bundesärzteordnung als Fachzahnarzt für Kieferchirurgie eine unbefristete Erlaubnis zur Ausübung des ärztlichen Berufs auf dem Gebiet der Mund-Kiefer-Gesichtschirurgie erhalten hat, erhält auf Antrag das Recht zum Führen der Bezeichnung „Facharzt für Mund-Kiefer-Gesichtschirurgie" oder „Mund-Kiefer-Gesichtschirurg". Andere Fachzahnärzte, die eine Erlaubnis nach § 10 a Bundesärzteordnung besitzen, können auf Antrag das Recht erhalten, eine dem Inhalt ihrer Erlaubnis entsprechende Facharztbezeichnung zu führen, wenn sie eine gleichwertige Qualifikation nachweisen und im Fachgebiet voll umfänglich tätig sein dürfen.

(11) Ärzte ohne Gebietsbezeichnung (einschließlich Praktische Ärzte), die bei Inkrafttreten dieser Weiterbildungsordnung in eigener Praxis tätig sind und während der letzten 8 Jahre mindestens 6 Jahre allgemeinmedizinisch tätig waren, erhalten auf Antrag das Recht zum Führen der Bezeichnung „Facharzt für Allgemeinmedizin". Der Antragsteller hat den Nachweis einer regelmäßigen Tätigkeit für diese Zeit zu erbringen. Dabei können auch Tätigkeiten in Krankenhäusern anerkannt werden, wenn diese nach Abschnitt I dieser Weiterbildungsordnung für die Allgemeinmedizin anrechnungsfähig sind.

(12) Wer aufgrund der im Zeitpunkt des Inkrafttretens dieser Weiterbildungsordnung geltenden Übergangsbestimmungen rechtmäßig Arztbezeichnungen nach der Facharztordnung oder der Subspezialisierungsordnung der ehemaligen DDR führt, welche nicht in entsprechende Arztbezeichnungen nach der bisherigen Weiterbildungsordnung oder in entsprechende Arztbezeichnungen nach dieser Weiterbildungsordnung umgewandelt werden können, darf sie weiter führen.*)

(13) Anträge nach diesen Übergangsvorschriften müssen innerhalb von zwei Jahren nach Inkrafttreten dieser Weiterbildungsordnung gestellt werden.

---

*) Dies gilt nur für Weiterbildungsordnungen der Landesärztekammern Berlin, Brandenburg, Mecklenburg-Vorpommern, Sachsen, Sachsen-Anhalt, Thüringen.

Ludwig-Maximilians-Universität
München

Arbeitsvertrag
für hauptberufliche wissenschaftliche Hilfskräfte

ANHANG 3

Zwischen dem Freistaat Bayern und dem/der im folgenden wissenschaftliche Hilfskraft genannten

Herrn/Frau   geb.am :
Adresse:

wird folgender Vertrag geschlossen:

§ 1 Vertragsdauer

(1) Die wissenschaftliche Hilfskraft wird für die Zeit vom 1.11.1990 bis 31.10.1991
bei m Institut für Anaesthesiologie Großhadern   [ ] beschäftigt [XXX] weiterbeschäf

(2) Befristungsbegründung:

[ ] nicht erforderlich (Beschäftigungsförderungsgesetz)

[XXX] Die Beschäftigung dient auch der Weiterbildung als wissenschaftlicher Nachwuchs oder der berufl
Aus-, Fort- oder Weiterbildung (§ 57 b Abs. 2 Nr. 1 Hochschulrahmengesetz - HRG -)

[XXX] Der/Die Angestellte wird aus Hausmitteln vergütet, die haushaltsrechtlich für eine befristete B
schäftigung bestimmt sind, und entsprechend beschäftigt (§ 57 b Abs. 2 Nr. 2 HRG)

[ ] Der/Die Angestellte wird ganz oder überwiegend aus Mitteln Dritter vergütet und der Zweckbestim
dieser Mittel entsprechend beschäftigt (§ 57 b Abs. 2 Nr. 4 HRG)

[ ]

(3) Das Arbeitsverhältnis endet mit Ablauf des in Abs. 1 bestimmten Tages. Vorher endet es durch ordentliche
Kündigung unter Einhaltung einer Kündigungsfrist von 1 Monat zum Monatsende oder durch außerordentliche
Kündigung bei Vorliegen eines wichtigen Grundes oder durch Vertragsaufhebung im gegenseitigen Einvernehmen. Eine Verlängerung des Arbeitsverhältnisses über den in Abs. 1 bestimmten Tag hinaus bedarf einer
schriftlichen Vereinbarung.

§ 2 Art der Tätigkeit

(1) Der wissenschaftlichen Hilfskraft obliegen wissenschaftliche Dienstleistungen i.S. von Art. 22 Bayer. Hochschullehrergesetz (BayHSchLG).

(2) Die wissenschaftliche Hilfskraft ist ohne Anspruch auf besondere Vergütung verpflichtet, auf Verlangen
Unterrichtsveranstaltungen selbständig oder gemeinsam mit einem Hochschullehrer abzuhalten und zur Durchführung von Hochschulprüfungen und staatlichen Prüfungen beizutragen; die Regellehrverpflichtungsverordnung
findet in der jeweiligen Fassung Anwendung.

§ 3 Arbeitszeit und Vergütung

(1) Die wissenschaftliche Hilfskraft ist [XXX] vollbeschäftigt

[ ] halbtagsbeschäftigt

Bei Halbtagsbeschäftigten richtet sich die Lage der Arbeitszeit innerhalb der üblichen Arbeitszeit nach
den Weisungen des Vorgesetzten.

(2) Die wissenschaftliche Hilfskraft erhält eine Vergütung nach

[ ] Besoldungsgruppe A 13, hinsichtlich des Grundgehalts jedoch nach A 12

[XX] Besoldungsgruppe A 13

(3) Die wissenschaftliche Hilfskraft verpflichtet sich hiermit, Überzahlungen zurückzuzahlen.

§ 4 Anzuwendende Vorschriften

(1) Auf das Vertragsverhältnis finden

1. §§ 4 (Schriftform, Nebenabrede), 6 (Gelöbnis), 7 (Ärztliche Untersuchung), 9 (Schweigepflicht), 10 (Belohnungen und Geschenke), 13 (Personalakten), 14 (Haftung), 18 (Arbeitsversäumnis), 38 (Krankenbezüge bei Schadensersatzansprüchen gegen Dritte), 40 (Beihilfen in Krankheits-, Geburts- und Todesfällen, Unterstützungen), 41 (Sterbegeld), 42 (Reisekostenvergütung), 44 (Umzugskostenvergütung, Trennungsgeldentschädigung), 57 (Schriftform der Kündigung), 61 (Zeugnisse und Arbeitsbescheinigung) und 70 (Ausschlußfrist) des Bundes-Angestelltentarifvertrages (BAT),

2. Art. 9 Abs. 1 Nr. 2, Art. 62 Abs. 2 (Allgemeine Pflichten) des Bayer.Beamtengesetzes (BayBG) sowie die für Akademische Räte a. Zeit geltenden beamtenrechtlichen Vorschriften über die Nebentätigkeit (Art. 73 - 78 BayBG, Bayer. Nebentätigkeitsverordnung, Hochschullehrernebentätigkeitsverordnung), die Arbeitszeit (Art. 80BayBG, Arbeitszeitverordnung) und den Urlaub (Art. 99 BayBG, Urlaubsverordnung)

in der jeweiligen Fassung entsprechende Anwendung. § 37 BAT gilt mit der Maßgabe, daß an Stelle der Dienstzeit (§ 20 BAT) die Zeit der hauptberuflichen Tätigkeit als wissenschaftliche Hilfskraft tritt. Über die Regelung des Art. 80 BayBG hinaus ist die Bezahlung einer Mehrarbeit ,gleich aus welchem Rechtsgrund ausgeschlossen, auch soweit bei Beendigung des Arbeitsverhältnisses kein Freizeitausgleich gewährt wird.

(2) Außerdem finden Art. 6 (Veröffentlichung von Forschungsergebnissen) und Art. 25 Abs. 3, Art. 26 Abs. 3 BayHSchLG (Ausbildungszweck, Erprobung der Eignung als wiss. Nachwuchs, Ausschluß einer Dauerbeschäftigung) in der jeweiligen Fassung Anwendung.

§ 5 Sonstiges

(1) Die Weisungen des Leiters der Dienststelle und der von diesem beauftragten Personen sowie des Dekans sind zu beachten, ebenso die Allgemeine Dienstordnung und die Unfallverhütungsvorschriften in der jeweiligen Fassung.

(2) Adressenänderungen sind der Dienststelle unverzüglich schriftlich anzuzeigen. Dies gilt auch für einen Zeitraum von 3 Monaten nach dem Ausscheiden aus dem Arbeitsverhältnis. Dem Freistaat Bayern (Universität München) gegenüber gilt die in diesem Vertrag (vor § 1) oder durch schriftliche Anzeige einer Adressenänderung zuletzt mitgeteilte Adresse bis zur schriftlichen Anzeige einer Adressenänderung als fortbestehend.

(3) Die wissenschaftliche Hilfskraft ist verpflichtet, sofort und unaufgefordert alle Umstände, die zu einer Änderung des Ortszuschlags oder des Kindergeldes führen, schriftlich der Dienststelle zur Weiterleitung an die Personalabteilung der Universitätsverwaltung mitzuteilen. Solche Umstände sind insbesondere: Eintritt des Ehegatten in den öffentlichen Dienst, Austritt des Ehegatten aus dem öffentlichen Dienst, Eheschließung, Scheidung, Tod des Ehegatten, Geburt und Tod eines Kindes, Adoption, Beginn und Ende eines Pflegekindverhältnisses.

(4) Die wissenschaftliche Hilfskraft ist zur Führung eines Dienstfahrzeuges verpflichtet, soweit dies für die Erledigung der übertragenen Tätigkeiten erforderlich ist.

(5) Der Erholungsurlaub ist während der unterrichtsfreien Zeit zu nehmen, es sei denn, daß zwingende dienstliche Gründe entgegenstehen.

(6)

München, den 20.8.1990

....
wissenschaftliche Hilfskraft.
Dr.

....
Personalabteilung der Universitätsverwaltung
Reg.dir.

Heinz Naegler

Struktur und Organisation des Krankenhaus-Managements unter besonderer Berücksichtigung der Abgrenzung zwischen Krankenhausträger und Krankenhaus-Direktorium
Ergebnis einer empirischen Untersuchung

Frankfurt/M., Bern, New York, Paris, 1992. IX, 364 S., 15 Abb., zahlr. Tab.
Europäische Hochschulschriften: Reihe 5, Volks- u. Betriebswirtschaft. Bd. 1264
ISBN 3-631-44623-3   br. DM 98.--*

Die Untersuchung geht von der Frage aus, ob das Krankenhaus-Management kommunaler Krankenhäuser aufgrund seiner Struktur und Organisation im Stande ist, die Realisierung der den Krankenhäusern gesetzten Ziele, insbesondere das der Sicherstellung der Leistungsfähigkeit und Wirtschaftlichkeit, dauerhaft gewährleisten kann. Um die Frage beantworten zu können, wurden die Struktur und Organisation des Krankenhaus-Managements und die Organisation der Entscheidungsprozesse in 36 zufällig ausgewählten Krankenhäusern untersucht und beurteilt. Der eigentliche Mangel der in den untersuchten Krankenhäusern praktizierten Struktur und Organisation des Krankenhaus-Managements und der festgestellten Organisation der Entscheidungsprozesse ist in der häufig unbefriedigenden Umsetzung getroffener Entscheidungen zu sehen. Entscheidungen werden nicht immer zeit- und/oder sachgerecht getroffen.
Aus dem Inhalt: Merkmale des Krankenhauses und des Krankenhaus-Managements · Aspekte betrieblicher Leitungstätigkeit · Beurteilung der in ausgewählten Krankenhäusern festgestellten Struktur und Organisation des Krankenhaus-Managements · Wirkungen der Struktur und Organisation des Krankenhaus-Managements auf die Zielerreichung · Weiterentwicklung der Struktur und Organisation des Krankenhausmanagements

Peter Lang ≡≡≡ Europäischer Verlag der Wissenschaften
Frankfurt a.M. • Berlin • Bern • New York • Paris • Wien
Auslieferung: Verlag Peter Lang AG, Jupiterstr. 15, CH-3000 Bern 15
Telefon (004131) 9402121, Telefax (004131) 9402131
· Preisänderungen vorbehalten · *inklusive Mehrwertsteuer